»Eine kleine Warnung vorab: Es ist nicht einfach, nichts zu tun, ohne sich dabei lächerlich zu machen. Wer etwas tut, hat das Verständnis auf seiner Seite. Wer nichts tut, leidet unter Rechtfertigungsdruck. Erst arbeitet man, heißt es, dann vergnügt man sich. Die Irrlehre sitzt tief. Noch heute fällt es mir leichter, am Abend nichts zu tun, als am Morgen. Ich muss nicht erwähnen, dass morgendliches Nichtstun die eigentliche Königsdisziplin darstellt.«

Björn Kern, 1978 im Südschwarzwald geboren, lebt in Berlin und in Brandenburg. Bisher erschienen seine Romane ›Einmal noch Marseille‹, ›Die Erlöser AG‹ und ›Das erotische Talent meines Vaters‹ bei C. H. Beck. Seine Bücher wurden vielfach ausgezeichnet, unter anderem mit dem Brüder-Grimm-Preis, dem Casa-Baldi-Stipendium der Villa Massimo und dem Alfred-Döblin-Stipendium der Akademie der Künste Berlin. ›Die Erlöser AG‹ wurde 2012 fürs ZDF verfilmt.

Weitere Informationen, auch zu E-Book-Ausgaben, finden Sie bei www.fischerverlage.de

BJÖRN KERN

Das BESTE, was wir TUN können, ist nichts

FISCHER Taschenbuch

2. Auflage: April 2016

Erschienen bei FISCHER Taschenbuch
Frankfurt am Main, April 2016

Satz: Pinkuin Satz und Datentechnik, Berlin
Druck und Bindung: CPI books GmbH, Leck
Printed in Germany
ISBN 978-3-596-03531-1

Unterm Birnbaum

Wenn ich im Hochsommer auf meiner Bank im Oderbruch sitze, die Füße in eine Wanne voll Eiswasser getaucht, ein kaltes Bier neben mir, dann weiß ich, dass ich es geschafft habe. Vor mir leuchtet das Kornfeld so gelb, dass es beinahe schon blendet, und die Libellen aus dem Entwässerungsgraben schießen in die Luft und umkreisen mich und verschwinden dann wieder im Wiesengrund. Mal huscht ein Wiesel vorbei, mal bricht ein Wildschwein aus dem gegenüberliegenden Hain, der Birnbaum über mir treibt seine Früchte aus.

Bin ich einmal traurig, genügt es, dass ich mich ausreichend lang auf die Bank setze, schon sind meine Sorgen nichtig geworden und klein. Vor keiner noch so großen Kinoleinwand kann ich annähernd so schöne Bilder bestaunen, wie ich das von meiner Bank aus vermag, den Himmel, das Feld und die Weite. Und wenn direkt über mir eine Biene den Birnbaum anfliegt und zehn Fuß vor der Bank ein Reh durch das Gras streift, klingt das besser als Dolby Surround. Ich brauche nicht fortzugehen, um aufzubrechen, ich muss nichts tun, nur das Richtige unterlassen, ich brauche nichts als die Bank und das Feld.

Die Bank war ein Bausatz und hat neunzehn Euro neunzig gekostet. Ein paar Bretter, ein paar Schrauben, mehr nicht. Doch die Bank war nicht nur günstig, es lässt sich sogar Geld mit ihr verdienen. Freilich braucht es dafür bereits einige Erfahrung im Nichtstun. Der Trick kann daher an dieser Stelle noch nicht verraten werden, nur so viel vorab: Wenn man mit der Bank Geld verdienen will, genügt es, sich daraufzusetzen und, ganz wichtig, nicht wieder aufzustehen.

Luftschlösser und Sandburgen

Nichtstun hat mich in meinem Leben immer sehr glücklich gemacht. Schon als Kind lag ich lieber im Sandkasten, als darin zu sitzen, und schaute lieber in den Himmel, statt Sandburgen zu bauen. Als Jugendlicher verbrachte ich ganze Sommer rücklings auf dem Steg eines nahen Waldsees. Ohne Weltschmerz, ohne Drogen, vor lauter Nichtstun war ich viel zu glücklich dazu. Im Grunde war mir damals bereits klar, dass Nichtstun meine Berufung ist, der mir vorherbestimmte Weg. Ich traute mich nur nicht, es mir einzugestehen. Als Dinge wie Ausbildung, Erwerbsarbeit und Familiengründung in mein Leben traten, schienen sie einem umfassenden Nichtstun im Wege zu stehen. Erst mit den Jahren fand ich heraus, dass sich Nichtstun hervorragend mit ihnen vereinbaren lässt.

Eine kleine Warnung vorab: Es ist nicht einfach, nichts zu tun, ohne sich dabei lächerlich zu machen. Wer etwas tut, hat das Verständnis auf seiner Seite. Wer nichts tut, leidet unter Rechtfertigungsdruck. Angeblich muss man es sich verdienen, nichts zu tun. Frei zu sein. Erst arbeitet man, heißt es, dann vergnügt man sich. Die Irrlehre sitzt tief. Noch heute fällt es mir leichter, am Abend nichts zu tun, als am Morgen. Ich muss nicht erwähnen, dass morgendliches Nichtstun die eigentliche Königsdisziplin darstellt.

Nichtstun widerfährt einem nicht nebenbei. Es bedeutet nicht, nichts zu tun zu haben. Gelingendes Nichtstun fordert Konzentration ein und bedarf eines magischen Quäntchens Glück. Im Grunde ist Nichtstun nicht, was es behauptet, sondern ebenfalls eine Tätigkeit. Die Urtätigkeit, die uns lange geläufig war und dann verlorenging. Nichtstun ist keine Tätigkeit wie Radfahren, einmal erlernt, für immer beherrscht, es bedarf täglichen Trainings. Wer außer Übung ist, erfährt Nichtstun als Melancholie. Auch ich muss das Nichtstun immer wieder neu erlernen.

Wer nichts tut, befindet sich in der Verteidigungshaltung. Wer seine Gesundheit nicht ruiniert und keine Dinge erwirbt, die seine Lebensgrundlage zerstören, und dann auch noch gut gelaunt ist, weckt Unmut. Früher habe ich mich noch jedem Einwand gestellt. Wer soll das finanzieren? Halte ich mich für etwas Besseres? Verschwende ich mein Leben? Bin ich faul? Irgendwann wurde mir das zu mühselig. Die Auseinandersetzung mit der Meinung der anderen brachte mich um erquickliche Stunden voll erfüllendem Nichtstun. Seitdem höre ich auf niemanden mehr. Meinen märkischen Nachbarn einmal ausgenommen.

Wenn man aufhört, auf die anderen zu hören, nimmt man auf einmal wahr, was man davor überhört hatte: die leise, vom Unterbewusstsein aufsteigende Stimme menschlicher Bedürfnisse, die nur selten darum bittet, zur Arbeit zu fahren, im Stau zu stehen, sich vor dem Bildschirm den Nacken zu reiben oder schon wieder eine Mail mit ›Lieber Herr Hartmann‹ zu beginnen, obwohl der liebe Herr Hartmann der letzte Idiot ist, wie jeder weiß. Eigentlich will man das alles nicht. Eigentlich will man frische Luft, weite Sicht, ein bisschen platonische und sehr viel körperliche Liebe. Grundlage dafür: gelingendes Nichtstun.

Nichtstun ist oft nicht einfach. Es verlangt uns viel, manchmal alles ab. Dafür macht Nichtstun glücklich, ist unschädlich und umweltfreundlich. Nur die Wirtschaft kurbelt Nichtstun nicht an. Wir können nun entweder glücklich sein und auf das Kurbeln verzichten, oder wir kurbeln und verzichten aufs Glücklichsein. Noch entscheiden wir uns für die zweite Möglichkeit. In Bhutan haben sie sich dagegen fürs Bruttoinlandsglück entschieden. Das wächst vor allem dann, wenn man gar nichts tut.

Kleine Morgenmeditation

In bester Absicht habe ich mich an den Rechner gesetzt und warte nun geduldig, dass er hochfährt. Solange er hochfährt, kann ich leider nicht arbeiten. Ich schaue durchs Fenster. Da es geregnet hat, stehen die Felder in leichtem Nebel. Am Birnbaum taumelt ein abgeknicktes Blatt, das sich auch bei stärkeren Böen nicht vom Ast löst, Tag für Tag trotzt es dem Wind. Genau in dem Moment, in dem der Rechner hochgefahren ist, lichtet sich draußen der Nebel, die Sonne bricht durch. Sofort verlasse ich das Haus. Ich bin nicht gläubig und nicht spirituell. Aber es scheint mir unanständig, die Schönheit draußen nicht anzunehmen, die sich auflösenden Nebelbänder über dem Feld, das Reh, das davonspringt, sobald ich die Tür öffne, den Reiher, der am aufklarenden Himmel kreist.

Vor dem Rechner zu bleiben, das ist, als würde man in eine

Ausstellung gehen, sich aber keines der Bilder ansehen. Zu Recht wäre der Künstler enttäuscht. Auch ich wäre enttäuscht, wenn ich die Schönheit des Oderbruchs geschaffen hätte, die Bewohner des Oderbruchs aber nur vor dem Rechner säßen. Ich würde mir eine Strafe für jede vor dem Rechner verbrachte Stunde ausdenken. Hier eine Sehnenscheidenentzündung, dort ein Bandscheibenvorfall.

Ich stehe. Ich staune. Ich atme.

Das Reh verharrt, begreift mich nicht mehr als Gefahr, nähert sich wieder den Ähren, gelbrotes Fell vor rotgelbem Korn. Es wittert, macht halt, senkt den Hals, erst zur Probe, dann ein zweites Mal, sieht zu mir herüber, als bitte es um Erlaubnis. Endlich zupft es den ersten Strohhalm hervor.

Schönheit muss man sich leisten können?

Zeitlich? Finanziell?

Das habe ich auch lange gedacht. Doch es ist höchste Zeit, mit diesem weitverbreiteten Irrtum aufzuräumen. Der Genuss von Schönheit ist nicht nur günstig und jedem von uns zugänglich, sondern auch immerzu möglich. Grundlage dafür: gelingendes Nichtstun. Wie sich diese Grundlage schaffen, pflegen und nach und nach erweitern lässt, steht in diesem Buch. Geld benötigen Sie jedenfalls nicht dafür.

Einige meiner Nachbarn verwechseln mein morgendliches Nichtstun mit Faulheit. Tatsächlich aber ist es Ausdruck von Hochachtung, wenn nicht von Verehrung. Ich tue nicht nichts, um nicht zu arbeiten, sondern ich arbeite nicht, um die Bank am Grundstücksende von Morgentau zu befreien, ein erstes Bier darauf zu trinken, in die Weite zu schauen, auf den schwirrenden Punkt, der nicht oben, nicht unten ist, und aus Gründen der Ehrfurcht einmal nichts zu tun. Vor einem

Bandscheibenvorfall hat mich diese kleine Morgenmeditation bislang bewahrt.

Nicht alle Nachbarn haben dafür Verständnis, dass ich bei schwindendem Nebel gerne mit einer Bierflasche auf meiner Holzbank sitze, auch wenn es gerade zehn Uhr morgens und zufällig Montag ist. Seltsamerweise ist mir das gesammelte Verständnis gewiss, wenn ich das Bier am Samstagabend um acht trinke. Der Unterschied leuchtet mir nicht recht ein.

Pierre und Marie und die Ziegen

Ich fürchte, dass ich Nichtstun bis heute mit Faulheit verwechseln würde, wenn ich damals, nach der Schule, nicht Pierre und Marie kennengelernt hätte. Pierre und Marie hatten einen wundervoll verkommenen Hof im französischen Doubs mit einem Stall voller Ziegen. Ich wurde ihr Praktikant. Anfangs sollte ich nur lernen, Ziegenkäse zu machen, doch dann lernte ich weit mehr. Ich war nur sechs Wochen dort, doch vor allem Pierre lehrte mich, unnötige Tätigkeit und nötiges Nichtstun genau zu unterscheiden. Gerade weil er nichts Missionarisches an sich hatte, wurde er mir zum Missionar.

Pierre war alle nötigen Karriereschritte rückwärtsgegangen, um endlich zum Nichtstun zu finden. Er war etwa fünfzig und hatte seine zweite Lebenshälfte dazu verwendet, die Fehler der ersten ungeschehen zu machen. In seinen Zwanzigern hatte er als Bauunternehmer bereits fünf Angestellte beschäftigt. Als einige Jahre später aus fünf Angestellten fünfzig geworden waren, zog er die Notbremse. Seine Tage müssen damals ausschließlich aus dem Bedienen von Versicherungspolicen, dem Analysieren von Steuerbescheiden und schlaflosen Nächten vor den Monatsersten bestanden haben, an denen er zu Hochzeiten eine knappe Million Francs zu löhnen hatte.

Er zahlte seine Mitarbeiter aus und machte den Laden dicht. Dann ging er auf die Walz. Er lebte in Paris und München auf der Straße, und da es dort zu kalt war, bald in Rom und Marseille. Als das Finanzamt ihn einbestellte, war er ungewaschen und drehte effektvoll seine Hosentaschen um. »Rien ne va plus«, sagte er dann. Das Spiel wiederholte sich einige Jahre, bis man ihn von der Liste strich. Dass er heute wieder ein Dach über dem Kopf hat, ist ausschließlich Marie zu verdanken, die sich von seinem Aussehen nicht abschrecken ließ, als er an ihrem kleinen Hof vorbeikam.

Als ich die beiden kennenlernte, war das alles Geschichte. Sie lebten bereits seit zehn Jahren zusammen und hatten einen kleinen Sohn, der sich weigerte, sprechen zu lernen. Sie liebten ihn über alles. An meinem ersten Arbeitstag geschah eine Überraschung. Da ich gelernt hatte, dass der Bauer früh in den Stall geht, weckte ich mich um sieben und saß danach volle drei Stunden allein in der Küche. Der frühe Vogel fängt den Wurm. Morgenstund hat Gold im Mund. Die Irrlehren kreisten in meinem Kopf wie die Stubenfliegen auf dem etwas speckigen Küchentisch. Erst gegen zehn knarrten über mir Dielen, rauschte Wasser durch Leitungen. »Schon wach?«, wunderte sich Pierre, als er mich sah. Und er klopfte mir auf die Schulter und rauchte erst einmal zwei Gitanes ohne Filter.

Die Tage dort behielten diesen Rhythmus bei. Kurz nach

Mittag, wenn wir gefrühstückt hatten, fuhr einer von uns mit einem dreißig Jahre alten Toyota rüber in den Stall. Wenn ich an der Reihe war, genoss ich die einsame Fahrt über Feldwege und Waldpfade, und wenn ich ankam, kniff ich die Augen gegen die Sonne zusammen und tat erst einmal nichts. Dann molk ich die Ziegen, was ich schneller beherrschte als gedacht: Zitze oben mit Daumen und Zeigefinger abdrücken, Milch mit den restlichen drei Fingern herausstreichen, aufpassen, dass der Eimer nicht umfällt, fertig. Natürlich taten mir bald die Finger weh. Aber dann hörte ich eben auf.

Für zwanzig Ziegen hatte ich den ganzen Tag Zeit. Es war Pierre und Marie egal, wann ich zurückkehrte, sie wollten nur bis zum Abend die Milch. Die Ankunft der Milch auf dem Hof glich einem täglichen, kleinen Fest, es wurde augenblicklich Landwein aus einem Fünfliterfass ausgeschenkt, dessen Duft sich mit dem sämigen Geruch der Milch mischte. Und da der kleine Sohn nun, am frühen Abend, seinen Mittagsschlaf hielt und nicht bespaßt werden wollte, taten wir erst einmal nichts.

Allenfalls aßen wir ein wenig Brot, ein wenig Chèvre, bevor wir alle zusammen in die Käserei hinübergingen, die Milch labten, den frischen Chèvre vom Vortag wendeten, den aus der Vorwoche aus der Form brachen, den für den morgigen Markttag in Folie wickelten, um dann wieder ins Wohnzimmer zum Rotwein zurückzukehren, wo der kleine Sohn eines Tages sein erstes Wort sagte, nämlich, so waren wir uns alle drei einig: *rien*, also nichts. Die wenigen Käserollen, die wir am Wochenende auf dem Markt verkauften, brachten so gut wie kein Geld ein, aber mehr, als sie einbrachten, brauchten Pierre und Marie nicht.

Herr Schrader, was können wir für Sie tun?

Im Rückblick ist es nicht unwahrscheinlich, dass meine Initiation ins Nichtstun schon lange vor Pierre und Marie stattfand, nämlich in einem Elektrofachgeschäft, in welches ich meinen Vater seit meiner Kindheit regelmäßig begleite. Mein Vater ist ein feiner Mensch, der sich viele Gedanken gemacht hat, wie wir alle anders zusammenleben könnten. Aber in einem tut er mir sehr leid. Im materiellen Sinne ist er immer Kind seiner Zeit geblieben. In seinem Fall heißt das: Kind der Wirtschaftswunderzeit. Ich kenne keine Generation, die so viel Lebenszeit darauf verwendet hat, sich dem Unbill der Dingkultur zu widmen. Dem Anschaffen, Reparieren, Austauschen und Neukaufen von Gegenständen, ohne die man vermutlich auch ganz gut gelebt hätte. Für gelingendes Nichtstun blieb da keine Zeit.

Als mein Vater seinen Haushalt einmal verkleinerte, fielen große Kisten voller Telefone aus den Sechzigerjahren, Stereoanlagen aus den Siebzigerjahren, Massagegeräten aus den Achtzigerjahren an. Mein Vater telefoniert nicht sonderlich gern. Er hört so gut wie keine Musik. Er leidet nicht unter Verspannungen. Er weiß vermutlich selbst nicht, wie die Dinge in seinen Haushalt fanden. Seit den Neunzigerjahren füllen sich neue Kisten, nunmehr mit staubigen Tastaturen, Kabellabyrinthen und Computermäusen, die entweder noch nicht per Infrarot funktionieren oder bei denen das Infrarot bereits wieder ausgefallen ist.

Denn leider war es nie damit getan, diese Dinge zu kaufen. Die meiste Zeit waren diese Dinge auch kaputt. Wenn ich meinen Vater anrufe, komme ich alle paar Wochen nicht durch. Dann wird das neue ISDN, DSL, VDSL konfiguriert, bis eine Woche später die gesamte Telefonanlage zusammenbricht. Wenn ich zu Besuch bin, müssen wir schnell mit einer Halbleiterplatine in einem Plastikgehäuse unter dem Arm in die Stadt aufbrechen (Fön, Mikrowelle, Heizkissen, Bewegungsmelder), denn in Kürze schließt der Kundendienst des Elektrofachgeschäfts. Dort kennen sie meinen Vater seit Jahren mit Namen, er trägt einen anderen als ich.

»Herr Schrader, was können wir für Sie tun?«

»Das Ding hier tut's irgendwie nicht. Der Fernseher geht damit nicht an.«

»Die Infrarot Fujitsu Siemens DLX 2311? Die ist nicht für Ihren Fernseher, sondern für Ihren Videorekorder.«

»Ich habe keinen Videorekorder!«

»Sie haben kein VHS, richtig, aber Blu-ray haben Sie letzten Monat gekauft.«

»Aber Sie hatten gesagt, das ist eine Fernbedienung für alles. Fernseher. Radio. Video.«

»Nur, wenn die Geräte von derselben Marke sind. Ihr Fernseher ist aber nicht von Siemens.«

»Dann brauche ich einen Fernseher von Siemens.«

»Vielleicht nehmen Sie erst einmal eine neue Fernbedienung?«

»Eine neue? Ich dachte, die alte ist gar nicht kaputt?«

Von diesen Gesprächen führt mein Vater im Monat durchschnittlich zwei. Dabei hat er keinerlei Drang zur Selbstzerstörung. Er liebt lange Waldspaziergänge und ist ein hervorragender Großvater. Es ist nicht so, dass er all diese Dinge freiwillig gekauft, repariert, ersetzt hätte. Er konnte nicht anders. Er war Gefangener seiner eigenen Gegenstandswelt. Irgendwann begriff ich, dass er damit nicht alleine ist: Wer eine Nespresso-Maschine hat, muss in den Laden fahren, in dem es diese speziellen Kapseln gibt. Oder sich durch das Bestellformular im Internet arbeiten. Wer eine Mikrowelle hat, muss irgendwann die Glühbirne darin ersetzen. Und eine Mehrfachsteckleiste besorgen, weil der Tischgrill auch noch angeschlossen werden will.

Wenn er abends beim Wein saß, konnte mein Vater überzeugend darlegen, warum er verachtete, was er da tat. Aber am nächsten Morgen funktionierte schon wieder der Drucker nicht.

Letztlich bin ich meinem Vater sehr dankbar dafür, dass er mir gezeigt hat, wie Nichtstun niemals gelingt. Das hat mir viele Umwege erspart. Und was ist gelingendes Nichtstun anderes als das Vermeiden unnötiger Umwege?

Zehntausend Dinge

Auf einmal war die Zahl in der Welt und wurde immer wieder abgeschrieben. Ob sie stimmt, lässt sich schwer überprüfen, aber irgendjemand hatte offenbar nachgezählt. Über zehntausend Dinge müllen angeblich einen durchschnittlichen Haushalt voll. Zehntausend Dinge, die angeschafft und in Betrieb genommen, die repariert und ersetzt und instand gehalten werden müssen, die klemmen und quietschen und tropfen und brechen, die immer zu laut oder zu leise sind, die immer langsamer werden oder zu schnell funktionieren, die hinter Sofas rutschen und wieder hervorgeangelt werden müssen, im Winter schnell spröde werden und im Sommer leicht austrocknen, die herunterfallen und springen, an denen man sich sticht und stößt, die einem die Bewegungsfreiheit rauben und manchmal den Schlaf, die an der Wand mit Nägeln befestigt werden müssen, die aus dem Putz brechen, deren Rahmen verbiegen, die zu modern anfangen oder versehentlich mit dem Altpapier aus dem Haus getragen werden, die man erst braucht, wenn sie verschwunden sind.

Zehntausend Dinge, die schon wieder einen Fettfilm bilden oder sich bei zu starker Hitze verformen, die eine Entscheidung vor dem Spiegel einfordern, lang oder kurz, Wolle oder Seide, die nie aufeinander liegen bleiben, deren Akku schon wieder leer ist, weil sie auch im Stand-by-Modus Strom verbrauchen, die Pflegeprodukte benötigen und Sorgfalt im Umgang, denen man das Alter auch schon wieder ansieht und von denen es bereits Nachfolgemodelle auf dem Markt gibt, die man nicht braucht, aber ausstellt, wenn derjenige zu Besuch kommt, der sie geschenkt hat, die man besser nicht einatmen sollte, auf deren Existenz man noch vor kurzem nicht gewettet hätte, auf die man dann aber nicht verzichten will, die nicht so gut wärmen wie erhofft, die beim Einfrieren tropfen, schon beim Auspacken kaputtgehen oder nur dann funktionieren, wenn man sie hart gegen die Tischkante schlägt.

Zehntausend Dinge, die man immer länger schütteln muss und aus denen dann doch nur die Hälfte herauskommt, die früher irgendwie einfacher zu bedienen waren, heute dafür unglaublich viel können, die man mal wieder ordnen sollte, wenigstens nach Größe oder nach Farbe, die man zum Säubern mal in den Hof tragen sollte oder wenigstens aufschrauben und nach dem Batteriekontakt sehen und die danach noch immer nicht funktionieren, die immer vom Wannenrand rutschen, Falten werfen oder von Motten zerfressen sind, denen ein Knopf fehlt, über die man schon wieder stolpert und die man manchmal gern aus dem Fenster werfen würde, aber vielleicht eines Tages noch brauchen kann, die nicht mehr richtig schließen und deren Plastiklaschen schon wieder abgebrochen sind, zehntausend Dinge, die nur dafür in unserem Haushalt sind, damit sie uns davon abhalten, nichts zu tun.

Rückwärts aus der Sackgasse

Zwanzig Jahre. So lange ist es her, dass ich bei Pierre und Marie in die Lehre gegangen bin. Ich weiß nicht, wie viele Klischees mich damals leiteten (Praktische Arbeit! Vor der Uni! Ziegenkäse! Bukolik! Frankreich!), aber ich war glücklich dort. Das folgende Studium hätte ich mir sparen können. Das Büro. Die Stadt. Erst nach einem zwanzigjährigen Umweg kam ich wieder dorthin zurück, wo ich offenbar hingehöre, nämlich aufs Land.

Zwar ist ein geisteswissenschaftliches Studium für jemanden, der nichts tun möchte, nicht völlig ungeeignet. Erst ist man nicht gefordert und dann nicht zu vermitteln. Doch der Aufwand für diese Erkenntnis war im Rückblick deutlich zu hoch. Heute weiß ich: Wer nichts tun will, sollte gleich nach der Schule mit dem Nichtstun beginnen. Learning by doing führt deutlich schneller zum Ziel.

Damals jedoch hatte die Irrlehre mich fest im Griff. Mache Praktika! Gehe ins Ausland! Ziehe in die Stadt! Vernetze dich! Und so nahm das Unheil seinen Lauf. Da sich unglücklicherweise eine Berliner Textagentur für mein Diplom interessierte, wurde ich freier Mitarbeiter in einem Büro. Dazu kaufte ich mir ein Auto. Damals hielt ich Büros für Orte, an denen sich gut arbeiten lässt. Mein Irrtum hätte größer nicht sein können. Das Büro lag im Souterrain und blühte im Winter feucht aus, die Kollegen nannten es nur noch die Gruft. Ich war nicht fest angestellt, für meinen Arbeitsplatz musste ich sogar Miete zahlen. Durch das Fenster drang der Lärm der Schnellstraße herein. Wenn ich es öffnete, roch ich die Abgase.

Meine ersten Aufträge kamen von Firmen, die Plastikspielzeug importierten. Ich deutschte Texte wie diesen ein: »Abwurf schleisslich mit Ringen, welcher ins Mantelkarosserie einzuführen. Vor Initial mit Öllumpen (beigefügt) durch und durch fetten. Wurf niemals auf Müttern oder Kühen gestattet. Mit geübten Wartem ein wenig Zerbrechlichkeit, wünschen das Bereitstellungs-Team.«

Erst nach Monaten – oder waren es Jahre? – schwante mir, dass ich irgendetwas falsch gemacht hatte. Die Arbeit in der Gruft machte nicht nur keinen Spaß, sie brachte auch kaum Geld ein. Vom morgendlichen Berufsverkehr war ich meist schon erschöpft, bevor ich den Computer auch nur anschaltete. Zur Erholung gönnte ich mir aufwändige Mischgetränke. Triple Hot Chocolate. Iced Caramel Macchiato. Spiced Root

Beer Fizzio. Mit großem Trostbecher neben der Tastatur verbrachte ich meine Nachmittage überwiegend auf Spiegel Online und mit dem Lesen privater Mails. Abends bei meiner Freundin klagte ich über alles und nichts, ich zog sie mit in die Gruft hinab.

Irgendwann fiel Pierre mir wieder ein. Der Hof, die Ziegen, das Glück. Und ich beschloss, jeden Schritt, den ich getan hatte, um in die Gruft zu gelangen, rückwärts wieder aus ihr hinauszugehen. Als Erstes schaffte ich das Auto ab. Mein nötiges Arbeitspensum reduzierte sich sogleich um ein Fünftel. Prompt erschien ich freitags nicht mehr im Büro. Die festangestellten Kollegen beneideten mich. Leider musste ich feststellen: Wer mit dem Fahrrad zur Arbeit fährt, tut sich nichts Gutes. Das ist eine der größten Gesundheitslügen überhaupt. Wer mit dem Fahrrad zur Arbeit fährt, bringt sich vielmehr in höchste Gefahr. Atemraubende Abgase, rücksichtslose Rechtsabbieger, hemmungsloser Straßenkampf – nach wenigen Wochen war ich am Ende. Als Nächstes gab ich also meinen Arbeitsplatz in der Gruft auf. Mit einem Schlag musste ich zweihundertfünfzig Euro Büromiete weniger verdienen. Nur langsam realisierte ich, dass ich auf eine Goldader gestoßen war.

Das nach und nach einsetzende Glücksgefühl bestärkte mich darin, weitere Dogmen der Irrlehre in Frage zu stellen. Warum durfte Arbeit nur in der Stadt, im Büro, am Computer stattfinden? Warum musste sie täglich acht Stunden umfassen? Wer schrieb das eigentlich alles vor? Jetzt wollte ich es wissen. Mit aller Kraft rüttelte ich an den Festen des Gesellschaftsvertrags, mit stetig zunehmender Konsequenz verfolgte ich den Pfad des Nichtstuns. Ich arbeitete nur noch von zu

Hause und nie länger als drei Stunden täglich. Ich tauschte mein Blackberry gegen ein Handy für fünfzehn Euro ein. Ich erklärte meiner Freundin, dass ich niemals Karriere machen und niemals ernsthaft Geld verdienen würde. Sie sagte, nicht zuletzt deshalb habe sie sich für mich entschieden.

Alles in Ordnung, mein Schatz?

Dann kündigte sich das Kind an. Im Krankenhaus machte sich meine Freundin große Sorgen um mich. Sie ließ den Blick nicht von mir. »Geht's?«, fragte sie mich. Die Geburtshelferin war empört. »Sie sind es, die hier das Kind bekommt!« – »Aber er ist so blass?« Meine Freundin blieb tapfer bis zum Schluss. Ich aber tat so verkrampft nichts, dass ich noch Wochen später unter Muskelkater litt. Als sie wieder sprechen konnte, nahm sie mich als Erstes an die Hand und fragte: »Alles in Ordnung, mein Schatz?« Tatsächlich war die Geburt der einzige Moment meines Lebens, in dem ich gern etwas getan hätte, aber zum Nichtstun verdammt war. Gütigerweise behauptet meine Freundin noch heute, in meinem Nichtstun sei ich ihr eine große Hilfe gewesen. Eine schöne Geste, wie ich finde. So war mein Nichtstun nicht ganz umsonst.

Normalerweise ist es ja so: Erst haben wir keine Zeit für uns wegen der Schule, dann keine Zeit für die Partnerschaft wegen der Ausbildung, dann keine Zeit für Kinder wegen des Berufs, dann keine Zeit für den Beruf wegen der Kinder, wir lassen uns ausbilden, dann auspressen, und erst wenn wir uns aussortieren lassen, kommen wir wieder zu uns. Mein Vater, wie viele Väter seiner Generation, wickelte und badete nicht zum ersten Mal in seinem Leben einen Säugling, als er ein Kind bekam, sondern dann, als dieses Kind seinerseits Vater wurde.

Heute ist er vernarrt in sein Enkelkind und macht wett, was er beim eigenen Kind ausgelassen hat, als er arbeiten musste. Aus nächster Nähe verfolgt er das ganze mühsame Austasten und Einfinden, Sprechenlernen und Regelbrechen, Schelmischwerden und Angstempfinden eines Charakter werdenden Menschenkinds. Mir scheint dieses Modell etwas heikel, der Scheck nicht gedeckt. Was, wenn ich nicht mehr auf der Welt bin, wenn es mein Enkelkind ist? Warum arbeiten, um Geld zu verdienen, um die Kita zu bezahlen, um arbeiten zu können? Das ließe sich doch abkürzen, dachte ich. Folglich ließ ich die Karriere einfach aus.

Inzwischen ist das Kind drei. Und ich muss zugeben: Es gibt wenig, was mehr Zeit einfordert als ein Kind in seinen ersten Lebensjahren. Nichtstun und Vaterwerden schließen sich aus, sollte man meinen. Doch das Nichtstun, das ich meine, zielt vor allem darauf, nicht das Falsche zu tun. Gelingendes Nichtstun ist ein vorzeitiges Aussortieren dessen, was man im Nachhinein besser unterlassen hätte. Gemeint ist das Nichtstun, das verhindert, dass man später einmal bereut. Und was könnte man später einmal weniger bereuen als das eigene Kind?

Zunächst jedoch litt ich unter Anlaufschwierigkeiten. Das Kind warf meine noch junge Praxis des Nichtstuns einfach über den Haufen. Auf einmal war ich effizient, leistete sogar Multitasking. Eine scheußliche Fähigkeit, die einem noch fragilen Nichtstun schnell Schaden zufügt. Es kam vor, dass ich links ein Milchfläschchen schüttelte, während ich rechts die Maus bediente, dabei aber das Telefon zwischen Schulter und Wange geklemmt hielt und mit einem Auftraggeber sprach.

Es gab diese Momente, in denen ich nicht lebte, sondern Zeit nutzte. Bevor das Kind in die Kita kam, frühstückte ich nicht, sondern las meine Mails und trank dabei einen Kaffee. Wenn ich nachts wach lag, weil das Kind schlecht träumte, tröstete ich es mit der Linken und las mit der Rechten Korrektur. Wenn es krank war, genügte es mir nicht, es gesundzupflegen, ich räumte parallel noch die Wohnung auf. In meinen dunkelsten Stunden betrieb ich Online-Shopping und rief bei Hotlines an.

Heute weiß ich, dass Nichtstun mit dieser Haltung niemals gelingen kann. Nichtstun muss sich entfalten, muss Zuwendung erfahren, gehegt werden und immer wieder eingeübt. Die Attribute seines natürlichen Lebensraums sind Stille, Weite und Reizarmut. Berlin dagegen war Enge, Feinstaub und Lärm. Mehr und mehr musste ich mir eingestehen, dass mein Traum vom gelingenden Nichtstun hier nicht gedeihen konnte. Ich hatte zwanzig Jahre verloren. Aber noch war es nicht zu spät. Ich war bereit für den letzten Schritt.

Beinahe in Polen

In Brandenburg geht man nicht zelten, in Brandenburg kauft man ein Haus. Der Preis ist in etwa derselbe. So lautet zumindest ein böses Berliner Sprichwort. Auch wenn es ziemlich überheblich daherkommt, trifft es einen wahren Kern. Der Leerstand hat die Preise vielerorts sinken lassen. Wenn es unbedingt die Villa am Starnberger See sein muss, das Loft an der Elbe, die Wohnung in der Freiburger Innenstadt, dann könnte es schwierig werden mit dem Nichtstun. Daher habe ich die Suche umgedreht. Ich habe mir keine Ziele gesteckt und überprüft, wie viel ich dafür arbeiten muss, sondern ich habe abgesteckt, wie viel ich arbeiten will, und dann überprüft, welche Ziele sich damit erreichen lassen.

In Brandenburg mehr, als man denkt. Vor allem in den schönen, verlassenen Weiten des Oderbruchs gibt es Häuser zu einem Preis, für den man in München seine Gästetoilette renoviert. Es ist ein Glücksfall, dass Berlin mitten im sandigen Nichts liegt, dass Mietwucher und Immobilienblase strikt auf das Stadtgebiet beschränkt sind. Ob Nord, ob Ost, ob Süd, ob West, man kann sich darauf verlassen, dass die Freiheit, sobald das Berliner Ortsschild rot durchgestrichen ist, ringsum beginnt. Bekanntlich ist Berlin überhaupt nur deshalb erträglich, weil es von Brandenburg umgeben ist.

Auf dem Weg zum Nichtstun verfiel ich also erst einmal in Aktionismus und kaufte ein Haus. Der kleine, verfallene Hof, den ich übernommen habe, liegt beinahe in Polen. Für den Kaufpreis erwies sich diese Tatsache als besonders förderlich. Offenbar ist die Nähe zu Polen für einen allzu hohen Kaufpreis ein Hindernis. Dass vor Polen die Oder kommt, ein Naturspektakel aus schilfgesäumten Auen, endlosen Zugvogelschwärmen und kleinen Flussinseln, auf denen einzelne Trauerweiden stehen, wurde vom Makler offenbar übersehen. Neben der Bank auf meiner Wiese kenne ich keinen Ort auf der Welt, an dem es sich besser nichts tun lässt als hier, auf dem Oderdamm, an einem bereits fahlen, windigen Nachmittag im Herbst.

Dass diese Rechnung nicht aufgehen würde, liegt auf der Hand. Als ich den Kaufvertrag unterschrieben hatte und an einem regnerischen Nachmittag versuchte, das Grundwasser im Keller abzupumpen, konnte ich mich nur noch dunkel erinnern, warum ich der Meinung war, dass ausgerechnet der Kauf eines baufälligen Hofs im Oderbruch zu einem Mehr an Freiheit, Freizeit und gepflegtem Nichtstun führen oder gar dem Familienglück dienlich sein sollte. Zumindest die erste Zeit nach dem Kauf führte ohne größeren Umweg in den Untergang: damals, als diese Sache mit dem Keller passierte und dann diese Sache mit dem Dach und schließlich noch diese Sache mit dem Geschoss dazwischen. Ich hatte geglaubt, zehn Jahre Berlin hätten mich auf die Herausforderungen gelingenden Nichtstuns hinlänglich vorbereitet. Doch weit gefehlt. Die wahre Schule sollte erst noch beginnen.

Die Weltzeitskala

Wer nichts tut, hat ein unschlagbares Argument auf seiner Seite. Es ist die Zeit. Man muss sich nur einmal zurücklehnen und nicht an das Kind denken, das mit dem Auto von der Kita abgeholt werden muss, weil die Arbeit, mit der man das Auto finanziert, fünfzehn Kilometer von der Kita entfernt liegt. Einmal nicht an die Kündigung denken, die droht, wenn man nachmittags zu früh zum Kind aufbricht, und die zur Folge hätte, dass man nicht mehr tun müsste, was einem nie

Spaß gemacht hat. Einmal vergessen, dass man das Kind vor allem wollte, weil man mit seinem Partner glücklich war, den man nun aber nicht mehr sieht, weil er immer mehr arbeitet, für das Kind.

Einmal nicht daran denken, dass man in der Zeit, in der man das Geld verdient hat, um die Putzhilfe zu zahlen, auch selbst hätte putzen können. Einmal nicht daran denken, dass früher der Mann unglücklich war, weil er die Familie vernachlässigte, und die Frau unglücklich, weil sie die Karriere vernachlässigte, während heute beide wegen beidem unglücklich sind und weder Zeit für die Karriere noch für das Kind noch füreinander haben. Einfach einen kurzen Moment lang zulassen, dass das alles auch anders zu organisieren sein muss.

Es ist so eine Sache mit den Vergleichen. Meistens treffen sie nicht zu, oder sie werden missbraucht, um eine Haltung plausibel aussehen zu lassen, die es nicht ist. Einen Vergleich aber gibt es, der einem zu sofortiger Gelassenheit verhilft. Es ist der Vergleich der Weltgeschichte mit den vierundzwanzig Stunden eines Tagesverlaufs. Man kennt das. Vor vierundzwanzig Stunden wäre der Urknall gewesen, und dann käme sehr, sehr lange nichts. Vor zehn Minuten hätte es den ersten Menschenaffen gegeben, der erst seit zwei Minuten aufrecht gehen kann und seit gerade einmal null Komma zwei Sekunden Ackerbau und Viehzucht betreibt.

Die Zeit, in der dieser Mensch sich rechtfertigen muss, wenn er sich nicht in die Fabrik oder an den Schreibtisch setzt, wenn er sich weigert, morgens um sieben den Wecker zu stellen, sich in ein Auto, einen Zug oder ein Flugzeug zu setzen, um Kilometer entfernt Dinge herzustellen, zu vertreiben oder zu bewerben, die ihm langfristig seine Lebensgrundlage entziehen, ist viel zu kurz, um sie auf der Weltzeitskala darstellen zu können. Wann immer ich an diesen Vergleich denke, fällt es mir besonders leicht, mich zurückzulehnen, tief durchzuatmen und erst einmal eine gehörige Weile gar nichts zu tun.

Tag der Buße

»Wo sind denn die blauen Fensterläden?«, fragte meine Freundin enttäuscht, als sie den Hof erstmals besichtigte. Sie stieg mit Putzbröckchen im Haar und einer kleinen Spinne im Gesicht aus Räumen, die einmal unser Zuhause werden sollten. Der Charme wehender Fetzen von pink plastinierter Samttapete vor schiefen Wänden erschloss sich ihr nicht. Immerhin war ihr beim versuchsweisen Öffnen nicht das Badfenster in die Hand gefallen.

»Vielleicht ist noch ein wenig visionäre Kraft gefragt«, sagte ich.

»Und der weiße Putz? Die roten Rosen?«

Zugegeben: Auch ich hatte diese Bilder im Kopf gehabt, als ich mir das Landhaus im Grünen ausmalte. Blaue Fensterläden. Stuckelemente säuberlich herausgearbeitet. Zufahrt feldsteingesäumt. Holz golden aufgeschichtet. Baum voller Kirschen. Kachelofen mit Katze davor. Katzenschwanz pittoresk zusammengerollt. Die Landlustindustrie war offenbar stärker als ich, die Bilder waren nicht aus meinem Kopf zu bekommen. Wo, dachte ich, ließe sich besser gar nichts tun als auf einem solchen Hof?

Doch nicht nur mein Hof, auch mein märkischer Nachbar sollte mich bald lehren, was gelingendes Nichtstun bedeutet. Wie wenig es damit zu tun hat, nichts zu tun.

Wie arbeitsintensiv es tatsächlich ist.

Wenn man nichts haben möchte, um nichts tun zu müssen, ist der Erwerb eines baufälligen Hofes keine kluge Idee, wie sich bald herausstellte. Eine Anschaffung, die in eine schlimmere Abhängigkeit von Folgekäufen führte, gab es nicht. Mein Vater wurde im Elektrofachgeschäft mit Namen begrüßt, ich bald im Baumarkt. Bei keinem der fünfundzwanzigtausend Produkte, von der Heizlamellenreinigungsbürste über das Haftgrundierungsmittel bis zur Fertigspachtelmasse, war ich mir sicher, es nicht eines Tages zu benötigen. Und damit Zeit für ihren Kauf, für ihre Pflege, für ihre Anbringung aufzuwenden. Der Horror war perfekt. Nicht nur einmal fragte ich mich: Wie konnte das passieren? Wie komme ich da wieder raus?

Es war völlig klar, dass ich dafür würde büßen müssen. Es gab wenig, was mich erfolgreicher hätte vom Nichtstun abhalten können, als die Differenz zwischen dem Zustand meines Hofes und dem Zustand, den ich meiner Freundin am Telefon geschildert hatte. Zwar hatte ich nicht von blauen Fensterläden und roten Rosen gesprochen, unter Umständen waren meine Schilderungen dennoch nicht ganz sachlich ausgefallen. Meine Freundin war nur schwer aus ihrem geliebten Berliner Kiez herauszulocken gewesen. Gipsbruch, Bauschutt und Teerpappe bestätigten sie nun. Unsinnig verteilte ich Decken und Kissen über den schlimmsten Löchern und Rissen.

Um zu verschleiern, wie es um die Substanz des Wohngebäudes stand, wollte ich den Innenhof umso schneller nutzbar machen und stellte zwei Klappstühle auf. Wenn drinnen schon die Decke herunterbrach, sollte es draußen wenigstens gemütlich sein. Aber dann, als das wenige Monate alte Kind im Hof an der Teerpappe knabberte und ein rostiger Baunagel nur durch Zufall zwischen seinen winzigen Zehen und nicht durch den Fußrücken wieder zum Vorschein kam, lud meine Freundin das Kind auf ihre Schulter und nahm die nächste Bahn zurück nach Berlin.

»Hier und da muss vielleicht noch ein wenig Farbe drauf«, rief ich ihr hinterher, doch die Besichtigung war offensichtlich beendet.

Ich öffnete erst mal ein Bier. Leider fand ich inmitten des Bauschutts keinen Platz, mich zu setzen, die Bank am Grundstücksende gab es noch nicht. Ich fuhr mit der Bahn in den Baumarkt, irgendwie beruhigte mich das. Zwei Stunden später lud ich aus dem gemieteten Transporter: eine Schubkarre, einen Spaten, eine Harke, eine Spitzhacke, eine Sense, einen Schleifstein, einen Vorschlaghammer, einen Fuchsschwanz, eine Axt. Alles zusammen hatte nur unwesentlich weniger gekostet als der Hof. Es war ein lichter Frühlingstag, die Sonne stand hoch über dem Weizen, ich beschloss, einfach nicht nachzudenken, und stellte meine Geräte stolz an der Schuppenwand ab, die Metallteile blinkten in der Sonne.

Beim nächsten Mal fragst du mich!

Mein märkischer Nachbar, der auf der anderen Seite eines groben Drahtverhaus seine Enten und Gänse züchtet, sah sich das alles eine Weile an, dann sagte er: »Sieht ja aus wie im Fernsehen!« Er schüttelte den Kopf, stopfte seine Pfeife und trollte sich. Eben so hatte ich ihn eine Woche zuvor kennengelernt: Rauchend. Am Drahtverhau. Und voller Skepsis, was sein neuer Nachbar wohl trieb. Eigentlich wollte ich zunächst den Innenhof von Teerpappe säubern, damit das Kind sie nicht weiter verzehren würde, doch dann versprach das Sensen der Wiese am Grundstücksende ein größeres Freiheitsgefühl. Ich rieb eine Weile mit dem neuen Schleifstein an der neuen Sense, bis sie ausreichend scharf war, und drosch auf einige Grasbüschel ein.

Seltsamerweise schien ich das Gras weniger zu schneiden, als herauszureißen, ganze Büschel mit Erdballen und Wurzelenden segelten bald durch die Luft. Dann klappte die Sense zusammen. Das Blatt legte sich an den Stil, als wolle es gegen meine Technik revoltieren. Nichts zu machen. Offenbar hatte ich eine Klappsense gekauft. Einen passenden Schraubenschlüssel, um das Blatt wieder festzusetzen, hatte ich nicht.

Als ich mit einem Miettransporter, der lediglich einen Vierzehnerschlüssel beherbergte, aus dem Baumarkt zurückkam, hatte mein Nachbar die Wiese komplett heruntergesenst. Mit seiner Sense. Er betrachtete den neuen Schraubenschlüssel in meiner Hand und führte mich wortlos über das Feld und den Entwässerungsgraben zu seinem Schuppen. Säuberlich hingen dort an der Wand: eine Schubkarre, ein Spaten, eine Harke, eine Spitzhacke, eine Sense, ein Schleifstein, ein Vorschlaghammer, ein Fuchsschwanz, eine Axt. Und das komplette Schraubenschlüsselsortiment vom Vierer zum Zweiunddreißiger.

»Beim nächsten Mal fragste mich, du Köppken!« Und dann trollte er sich nicht etwa, sondern legte erst richtig los. Ihm blieb nicht einmal Zeit, seine Pfeife neu zu entzünden, Wellen der Wut überzogen sein Gesicht, seine Stirn rötete sich. »Deine sogenannte Sense kannste gleich wieder zurückbringen, die is nich jegossen, sondern jewalzt und kann im Herbst nich mal jedengelt werden, die kannste direktemang zurück innen Baumarkt tragen, wo nur noch Schund verkooft wird. Da haste ja schon Angst, der mit nem Schleifstein zuleibe zu rücken, da zerbricht die noch. Hat's früher nich jegeben, sowat, hier kannste kieken –« Und er hielt mir sein eigenes Prachtstück von Sense so nah und so energisch vor die Augen, dass ich einen Moment fürchtete, er wolle mich damit enthaupten. »Stammt noch aus baumarktfreien Zeiten, da hat man seine Sachen jeteilt, aber da haste ja keene Ahnung von, zum Teilen biste dir ja zu dufte!«

Endlich nahm er die Sense herunter und zündete sich seine Pfeife an. Er rauchte keinen Tabak, sondern in den Pfeifenkopf gedrückte Zigarillostumpen, die er in der Vordertasche seiner Latzhose stets mit sich führte. Er ging noch immer nicht, sondern schien zu überprüfen, wie seine Standpauke auf mich gewirkt hatte. Tatsächlich fühlte ich mich getroffen. Wenn ich Reparatur und Instandnahme des Hofes alleine bewältigen wollte, würde es schwer werden, auch einmal nichts zu tun. Oder andersherum: Wenn ich hier draußen nichts tun wollte, würde ich lernen müssen, fremde Hilfe anzunehmen. Noch fiel mir das ganz schön schwer.

Tauben aufblasen

Im Sommer, wenn der Weizen hoch steht, liegt das Dorf eingelassen in den Ähren wie in einem Nest. Von weitem ist es dann kaum zu erkennen. Ein Längsweg. Ein Querweg. Mehr nicht. An der Kreuzung der beiden Wege die Dorfpfuhle, das Reiterdenkmal, die Straßenlaterne, die im Abendwind zu flackern beginnt. Wie sich das Dorf in die Felder kauert, so ducken sich die Höfe zur Dorfstraße hinab. Keiner von ihnen ist weiter als drei Gehminuten vom Dorfkrug entfernt, und doch gelten am anderen Ende des Dorfes eigene Gesetze. Hier schwört man auf anderes Holz, züchtet man andere Hühner, pflanzt man andere Sorten Kohl. Abends aber, wenn das Licht schräg steht und hinter den Feldern die Sonne verschwindet, dann rücken die Höfe zusammen, dann verbindet die Dämmerung das Dorf zu einer einzigen Burg.

Um im Oderbruch zu überleben, braucht man eine gewisse Haltung. Es genügt nicht, einfach aufs Land zu ziehen. Keine Frage, dass mein märkischer Nachbar in hohem Grade über die benötigte Haltung verfügt. An schönen Sommerabenden humpelt er manchmal am Grundstücksende über das Feld, der rote Sonnenball hinter ihm. Während ich die Augen zusammenkneife und ihn nur als schwarzen Scherenschnitt erkenne, wütet er gegen die Linken und gegen die Rechten, gegen die Reichen und gegen die Armen, gegen seinen Hund Bismarck, vor allem aber gegen seine Kreissäge, die in irgendeinem Zusammenhang mit seinem nachgezogenen Fuß zu stehen scheint.

Am nächsten Morgen erkenne ich eine Metallklammer in seiner Wade. Hund Bismarck leckt geronnenes Blut von der Wunde.

»Warum ist da eine Metallklammer in deinem Bein?«, frage ich. Für einen chirurgischen Tacker wirkt die Klammer etwas grob. Außerdem rostet sie. Der Wundrand hat sich bereits bräunlich verfärbt.

Mein märkischer Nachbar sagt: »Schreib dein Buch und halt die Klappe!«

Am Abend steckt die Klammer noch immer in seinem Bein. Von seiner Frau erfahre ich, dass mein märkischer Nachbar am Vorabend Bauholz zerkleinert hat. Mit der Kreissäge. Das Sägeblatt hat die Klammer offenbar aus dem Holz und in das Fleisch hineinkatapultiert.

Die Sorgfalt, die mein märkischer Nachbar seinen Hühnern und Enten entgegenbringt, lässt er der eigenen Gesundheit gegenüber manchmal vermissen. Ich möchte ihn vor größeren Schäden bewahren und lade ihn zu mir auf die Bank unter den Birnbaum. Das Feld ist bereits abgeerntet, blond stehen die Stoppeln, bis zum Horizont liegen die Ballen gepresst. Warme Luft, die nach Stroh riecht, zieht zu uns herüber, sie Sonne neigt sich schon tief.

»Warum holst du die Klammer nicht raus?«, frage ich, nachdem ich meinem Nachbarn zwei Flaschen Bier eingeflößt habe, das ich für solche Fälle stets in Form seiner Lieblingsmarke vorrätig halte.

»Ick hab jezerrt und jerüttelt, aber ick hab sie einfach nüscht rausjekriegt.«

»Und jetzt?«, frage ich entsetzt.

»Wird schon rauseitern.«

Einen Tag später steckt nicht nur dieselbe Klammer noch immer im selben Bein, sondern ist der Kopf meines Nachbarn auch noch blutüberströmt. Besorgt starre ich ihm ins Gesicht. Aber nein, keine neue Klammer.

»Was war denn nun schon wieder?«

»Das Vieh wollt sich nich mehr aufblasen lassen. Musst ick schlachten. Hat bisschen jespritzt.«

»Was?«

»Hab ick dir nie jezeigt?«

Und mein märkischer Nachbar steht von der Bank am Feldende auf und winkt mich, blutend und humpelnd, hinter sich her. Als wir sein Grundstück erreichen, springt der Hund an ihm hoch, um ihm das Taubenblut aus dem Gesicht zu lecken.

»Fein, Bismarck«, sagt mein märkischer Nachbar, »muss ick mir schon nüscht schrubben!«

Und dann nimmt er eine seiner Tauben aus dem Gehege und führt sich den Schnabel in den Mund, er holt tief Luft und schließt die Lippen, wobei er das Tier mit beiden Händen ruhig hält, und dann bläst er es auf. Dem Tier wächst zunächst ein Kropf, der sich immer mehr ausbeult, bald zur Größe eines zweiten Kopfes anschwillt und schließlich den Umfang des gesamten Vogels überragt. Voller Stolz erwartet mein Nachbar meine Reaktion und lässt das aufgeblasene Tier fliegen. Es torkelt wie ein Ballon, dem die Luft entweicht, zu Boden.

»Willste auch mal?«

»Nein, danke.«

So in etwa meine ich das, wenn ich sage, dass man hier eine gewisse Haltung braucht. Man lebt eben weit draußen. Manche Normen und Regeln gelten hier nicht.

Nicht viel anders verhält es sich mit dem Nichtstun. Auch hierfür braucht man eine gewisse Haltung. Es reicht nicht, von der Stadt aufs Land zu ziehen und sich unter den Birnbaum zu setzen. Auch wenn das ein lobenswerter Anfang ist. Man muss sich von seiner alten Haltung befreien, um eine neue zu verinnerlichen. Kategorien wie Blutvergiftung, Wundstarrkrampf und Notaufnahme sind sofort zu verabschieden. Es darf einen nicht kümmern, wie man getackert und voller Taubenblut auf seinen Nachbarn wirkt. Man darf sich nichts vorschreiben lassen, wenn man nichts tun möchte. Schon gar nicht von einer Vorschrift.

Glauben Sie an das, was Sie nicht tun. Hinter [illegible] nicht. Bitten Sie nicht um Anregung oder Kriti[illegible] niemanden nach seiner Meinung. Bitten Sie ni[illegible]. Sagen Sie nicht: Fahr mich ins Krankenhaus. Sag[illegible]: Wird schon rauseitern. Sagen Sie am besten ge[illegible]. Tun Sie einfach, was Sie für richtig halten, auch [illegible]tet. Wenn Sie Kritik erbitten, kommt auch welche. Nur wer selbstsicher auftritt, wirkt. Bitten Sie niemals um eine Stellungnahme. Versetzen Sie sich niemals in den anderen. Versuchen Sie niemals zu sehen, wie andere Sie sehen. Hören Sie auf mit dem feinen Unsinn. Seien Sie einfach Sie selbst.

Auch Gips sollte man nicht unterschätzen

»Ich schau noch mal vorbei, wenn die Dielen geschliffen sind«, sagte meine Freundin und bestaunte in einem Berliner Straßencafé das nicht verebbende Defilee internationaler Passanten. »Falls beim Schleifen nicht alles einstürzt, meine ich!«

Das war nicht fair.

Nicht meinem geliebten Hof gegenüber.

Zumindest der Fußboden sah gar nicht so schlecht aus. Nur das Linoleum darauf wirkte tatsächlich nicht schön. Doch irgendwann kommen sie immer, die Dielen. Das hatte ich in Berlin gelernt. Und dann gehören sie sofort geschliffen. Also machte ich mich an die Arbeit. Wider Erwarten ließ sich das Linoleum zusammenrollen und bequem in den Innenhof tragen. Unter dem Linoleum kam ein Gipsboden zum Vorschein. Der lässt sich doch schnell herausreißen, dachte ich, energisch meißelte ich auf die erste Gipsplatte ein. Der Gips war überraschend dicht. Man kann nicht behaupten, dass die Arbeiten keinen Staub verursachten. Da ich keine Lust hatte, schon wieder und nun auch noch weiß gepudert in den Baumarkt aufzubrechen, arbeitete ich ohne Atemschutz. Ist ja nur Gips, dachte ich mir.

Auch Gips sollte man nicht unterschätzen. Am Abend hatte ich gerade einmal eine zehn Quadratmeter umfassende Vorratskammer entgipst. Überraschenderweise kam nach dem letzten Spitzen und Hebeln kein Dielenboden, sondern Dämmwolle zutage. Ich war damals noch nicht gut darin, begonnene Arbeiten vor ihrer Beendigung wieder aufzugeben, was eine der Kernkompetenzen jeden Nichtstuns darstellt. Noch hätte ich die wenigen freigelegten Quadratmeter schnell wieder übergipsen können. Noch war der Großteil des Wohnbereichs mit einer intakten Bodendecke versiegelt. Doch durch sträflich unterlassenes Nichtstun nahm das Unheil weiter zu.

Ich arbeitete die ganze Nacht. Offenbar wusste ich noch nicht, dass unnötige Arbeit nicht dadurch nötig wird, indem man sie nachts erledigt. Unausgeschlafen und damit der Fähigkeit zum sachlichen Abwägen beraubt, suchte ich nun doch den Baumarkt auf, kaufte einen Mundschutz und lieh eine Schleifmaschine. Bis zum Mittag riss ich in Küche, Wohnzimmer, Schlafzimmer und Flur die Dämmwolle heraus. Radioaktive Schlackenwolle, realsozialistisch. Sobald die letzte Wolle entfernt war, stellte ich fest, dass meine Maske für das Arbeiten mit alter Dämmwolle nicht zugelassen war. Zu diesem Zeitpunkt flog sie, von aufkommenden Böen angestachelt, bereits durch den Innenhof.

Dafür hatte ich nun tatsächlich alte Dielen entdeckt. Sie waren mit ornamentalen Fraßgängen von Holzwürmern verziert. Ich begann zu schleifen. Bald sah ich nichts außer Schleifstaub. Ich hätte besser einen Sichtschutz gekauft. Die Holzwürmer hatten gute Arbeit geleistet, wie sich bald herausstellte. An vielen Stellen schliff ich direkt ins Nichts. Dort ließ sich nun in den Keller blicken. Unter Umständen hatte der Vorbesitzer Dämmwolle und Gips mit einem Hintergedanken aufgebracht.

Auf einmal stand mein märkischer Nachbar in der Tür. Vielleicht stand er auch schon die ganze Zeit dort. Im Nachhinein fühlte ich mich, als habe er mich beobachtet.

»Na, schön einjegiftet?«

Er informierte mich, nicht ohne schelmischen Blick, dass der Schleifstaub, der auf Öfen und Fenstersimsen, auf meinen Augenbrauen und vor allem in meiner Lunge lag, mit Insektiziden verseucht war, um die Holzwürmer abzutöten. Mich plagte ein sofortiger Hustenreiz.

»Und woher willst du das wissen?«, fragte ich.

»Hamse hier alle so jemacht. War früher so Usus. Holz jesehen? Insektizide druff. Loch im Dach? Teerwalze drüber. Ick könnt dir wat zeigen, hinter meine Tapeten und unter meine Dielen und oben inne Dachkammer. Ick fass dit gar nüscht erst an. Erste Regel: Gar nüscht erst anfassen. Alles belassen, wie's is. Also, zum Mitschreiben: Wie heißt Regel Nummero eens?«

»Ähm – nix anfassen?«

»Na, jeht doch. Und nu erst mal raus mit dir anne frische Luft!«

Ich begriff, dass ich meinen Landlusttraum würde verabschieden müssen, wenn ich am Hof nichts verändern durfte. Immerhin gab es nun keine Schicht mehr, die ich noch hätte abtragen können. Wo das Kind spielen würde und wo man direkt in den Keller sah, nagelte ich billige Schalbretter auf. Die hätte man der Einfachheit halber auch gleich auf dem Linoleum auslegen können. Gips-, Schleif- und Vergiftungsarbeiten waren gewissermaßen fakultativ gewesen. Arbeit, die nicht hätte geleistet werden müssen. Schauerlich. Ich hätte meine Gesundheit schonen, Geld sparen und frische Luft auf dem Grundstücksende genießen können. Ich hätte nur eine einzige Regel befolgen müssen. Nämlich gar nichts zu tun. Aber ich ging ja noch in die Lehre. Denn Nichtstun geschieht nicht von allein.

Die Welt in einer Nussschale

Sobald der Boden wieder begehbar war und der Schleifstaub sich gelegt hatte, lud ich meinen märkischen Nachbarn und seine Frau zum Kaffee. Es war Sonntag, draußen ging ein kalter Ostwind, ich hatte den Ofen geheizt. Die Küchenfenster begannen wohlig zu beschlagen, von der Dachrinne fielen dicke Tropfen in den Vorgarten herab, Dorfstraße und Bahndamm, Acker und Nachbarhof zerfielen in der Dämmerung zu immer blasseren Schemen. Dann sprang die einzige Straßenlaterne an der Dorfpfuhle an.

»Eigentlich doch ganz schön hier«, sagte meine Freundin verwundert.

Mein märkischer Nachbar aber ließ Kaffee und Kuchen links liegen und steuerte direkt auf den Ofen zu.

»Haste nich jeheizt?«

»Wieso, is doch warm?«

»Warm? Wenn dit warm is, fängt Wasser neuerdings bei zwanzig Grad an zu kochen. Dit gloob ick jetz nich!«

Und er öffnete das Ofentürchen und schaute ins Innere und schlug die Hände über dem Kopf zusammen. Was er zu sehen bekam, bereitete ihm offensichtlich körperliche Schmerzen. Völlig verzweifelt verließ er das Haus.

Seine Frau hatte das Kind auf dem Schoß und trank genüsslich einen Kaffee aus ihrem eigenen, hochwandigen Becher, den sie stets mitbrachte, damit niemand unnötig spülen musste. Kind und Kaffee zeichneten Spuren von Glück in ihr Gesicht.

Sie schwieg.

Offenbar war das Treiben ihres Mannes nichts, was es zu kommentieren galt.

Ich aber verstand nicht. Bis eben hatte ich einen Ofen für einen praktischen Gegenstand gehalten, in den man Papier knüllt und Holzscheite wirft, damit das Zimmer warm wird. Doch als mein märkischer Nachbar wenig später mit Kartonstückchen, Nussschalen und säuberlich auf gleichen Durchmesser gehackten Holzscheiten zurückkam, lehrte er mich, einen Ofen als das zu sehen, was er tatsächlich ist: eine steingewordene Heiligkeit.

Zunächst verteilte mein märkischer Nachbar die verbliebenen Glutnester mit dem Schürhaken und schlug mit einem der Holzscheite darauf, bis das letzte erlosch.

»Is nich mehr zu retten. Besser, wir fangen noch mal von vorne an!«

Dann faltete er mit der Fingerfertigkeit eines Origamikünstlers ein Pappzeltchen, das er behutsam in der Mitte der Feuerstelle absetzte, drapierte die halbierten Nussschalen darum und legte nicht etwa zwei oder drei Holzscheite darüber, wie ich es gehandhabt hatte, sondern schichtete den Ofenraum bis zur Brennplatte auf, wobei er die Scheite platzsparend ineinanderkantete, gleichzeitig aber auf Zwischenräume achtete, damit das Feuer später gut zog.

Mit einem einzigen Streichholz setzte er das Schichtwerk in Brand. Die Flamme schwelte am Kartonzelt entlang, griff bald auf die Nussschalen über, je nach Flammenstand öffnete oder schloss mein märkischer Nachbar das obere Ofentürchen, wenige Millimeter nur, es schien, als könne er das Feuer fernsteuern, die Flammen gehorchten ihm anstandslos.

Aus dem rauchigen Schwelbrand wurde ein knisterndes

Flammenbündel, die Nussschalen erzeugten eine starke Initialhitze – »Anzünder kannste dagegen verjessen!« – und bald schlugen die Flammen um die Scheite herum, zwängten sich durch die Freiräume, brannten an der Ofenwand empor. Das Knistern ging in ein Prasseln über, der aufkommende Feuersturm sog die innere Feuerklappe heran, mein märkischer Nachbar schloss das obere Ofentürchen ganz, gewährte über das untere aber weiterhin Sauerstoff.

Der Ofen begann zu fauchen und zu bullern, leichte Vibrationen gingen auf die verwurmten Holzdielen über. Als ich mich umdrehte, merkte ich, dass Freundin, Kind, märkischer Nachbar und Frau des märkischen Nachbarn im Halbkreis um den Ofen standen und gebannt auf den Widerschein der Flammen in der Aschelade starrten. Keiner sprach, keiner bewegte sich. Nach einigen ehrfurchtsvollen Minuten öffnete mein märkischer Nachbar mit einem Feuerhandschuh das obere Türchen und vergewisserte sich des Brennstandes – »Jawoll, astrein durchjeglüht!« – drehte beide Türchen fest zu und setzte sich nun, da das Hochamt beendet war, zu Kaffee und Kuchen an den Tisch, die er sich schweigsam einverleibte.

Erst einmal tat sich gar nichts. Der Ofen knackte und klickte nur ein wenig. Eine halbe Stunde später wurde das Kind unruhig, auf seiner Stirn glänzte ein leichter Schweißfilm.

Und dann zogen wir einer nach dem anderen unsere Pullover aus.

Manchmal denke ich: Gib meinem märkischen Nachbarn ein Stück Land und er errichtet dir ein Haus darauf. Gib ihm einen See, er baut dir das passende Schiff dazu. Hätte man ihm damals die Erde anvertraut, hätte er keinesfalls sieben

Tage dafür gebraucht. Offenbar ist es so: Mein märkischer Nachbar beherrscht all das, was tatsächlich wichtig ist, während ich ausschließlich mit Dingen beschäftigt bin, die absolut überflüssig sind. Er senst Gras, ich ändere die Satzstellung. Er hackt Holz, ich suche das Java-Update für mein Elsterprogramm.

Kennen Sie diese martialischen Rehabilitierungslager? Vor allem Drogensüchtige, die in der Stadt nicht zurechtkommen, werden dort in Grund und Boden geschrien, um dann Stück um Stück wieder aufgebaut zu werden. Man kann sagen: Das Oderbruch ist mir zum Rehabilitierungslager geworden. Ich war der Drogensüchtige, der in der Stadt nicht zurechtkam. In letzter Sekunde traf ich auf meinen Ausbilder. Er brüllte nicht, das hatte er nicht nötig, doch mein Selbstbewusstsein wurde hier ebenfalls erst einmal in seinen Grundfesten zerstört. Bis heute würde ich niemals einen Fuchsschwanz in die Hand nehmen, solange mein märkischer Nachbar in Sichtweite ist. Aber heimlich schiele ich ihm über die Schulter, wenn er selbst mit einem zugange ist.

Ich habe mich lange gefragt, ob es wirklich gar nichts gibt, was ich beherrsche und was dennoch von Nutzen ist. Meine Fähigkeiten waren seit jeher überschaubar. Schon früh traf ich keinen Ball und im Deutschunterricht kein Thema, ich war nie schnell und nie witzig, Lernen war mir nie etwas anderes als vorweggenommenes Vergessen. Bis ich auf meinen märkischen Nachbarn traf, konnte ich nichts und wollte ich auch nichts können, ich war eben einfach nur da. Doch hier draußen wurde mein Ehrgeiz geweckt. Es konnte doch nicht sein, dass Schürhaken und Spaten, Axt und Sense, Saatkartoffel und Holzscheit, dass Feuer und Erde unter meiner

Handhabung verlässlich zur Lächerlichkeit zerfielen. Wenn man so will, hat mein märkischer Nachbar meine Drogensucht erfolgreich beendet. Neulich nahm ich zum ersten Mal in seiner Gegenwart einen Hammer in die Hand. Aber zum Fuchsschwanz ist es noch ein langer Weg.

Nichtstun bedeutet nicht, nichts zu können. Im Gegenteil. Nichtstun fordert einen Fundus an Fähigkeiten ein, der unter der Oberfläche schlummert. Das Nichtstun meines märkischen Nachbarn verhält sich wie das Nichtstun eines asiatischen Kampfmönchs. Der sitzt und meditiert, um plötzlich, im richtigen Moment, zuzuschlagen. Nichtstun ist nichts als die Vorbereitung auf genau diesen Moment der Aktion. Nichtstun bedeutet, seine Fähigkeiten sparsam einzusetzen. Aber wenn, dann mit ganzer Leidenschaft und Konzentration.

Angeln ist auch keine Lösung

Es gibt Hilfestellungen, die beim Nichtstun vermeintlich weiterhelfen. Kreuzworträtsel lösen. Pfeife rauchen. Angeln gehen. So verlockend solche Hilfestellungen beim Nichtstun auch erscheinen, trügen sie doch. Verlassen Sie sich nicht darauf. Ehe Sie sich versehen, müssen Sie zum Zeitschriftenkiosk, in den Tabakladen oder gar einen Fisch ausnehmen. Man wird Sie in Fachgespräche verwickeln. Sie werden Mitreisende nach einem Siebenbuchstabenwort aus der Botanik fragen. Das ist alles nicht im Geringsten verwerflich. Aber zum Nichtstun finden Sie so nicht.

Beispiel Angeln: An schönen Sommerabenden radelt eine lose Karawane von Dorfbewohnern an meinem Küchenfenster vorbei. Es handelt sich ausschließlich um Männer, die eine Angel auf den Rücken geschnallt haben, am Lenker baumelt ein roter Eimer. Vor Einbruch der Dunkelheit wird man diese Männer im Dorf nicht wiedersehen.

Da dem Angeln ein besonders tätigkeitsarmer Ruf vorauseilt, wurde ich neugierig. Stundenlang an der Oder liegen und auf einem Grashalm kauen? War das nicht ideal für meine Belange? Da ich bereits über erste Erfahrungen im Nichtstun verfügte, rannte ich nicht ins nächste Fachgeschäft, sondern zu meinem märkischen Nachbarn, der mir freimütig die älteste seiner drei Angeln verlieh.

»Dit is aber für Fische«, sagte er.

»Was?«

»Sense is dit ohne Schnur, falls du was für deine Wiese suchst.«

»Sehr witzig. Ich gehe angeln!«

Schon die Vorbereitungen enttäuschten mich. Bis ich Taschenmesser, Kordel, Brot, Ersatzhaken, Wachsplane, Fliegennetz, Luftpumpe, Blechteller, Streichhölzer, Jagdmesser, Angel, Hartkäse, Gabel, Ersatzschnur, Kurbelleuchte, Wolldecke, Totmacher, Metallbecher, Bier, Geländekarte, Flickzeug und Kescher zusammengesucht hatte, waren zwei Stunden vergangen, in denen sich partout nicht nichts tun ließ.

Doch es wurde schlimmer. Als ich eine schöne Landzunge gefunden hatte, direkt unterm Oderdamm, erwies sich Angeln als arbeitsintensive Angelegenheit. Schon das Entwirren der Schnur machte mich so nervös, dass ich erst mal das Bier trank. Danach war ich eine volle Stunde damit beschäftigt, auszuwerfen und einzuholen, auszuwerfen und einzuholen. Der Schwimmer kam in wippenden Bewegungen auf mich zu, als wolle er mich verspotten. Ich ließ ihn einige Meter treiben. Der Köder sank. Ich kurbelte. Der Köder glitt durchs Wasser zurück.

Nach einer weiteren Stunde öder Kurbelei hatte ich erstmals Zug auf der Leine. Ich kurbelte langsamer, verhielt, gab nach, holte auf, holte ein, der Zug nahm zu, verschwand mit einem wippenden Brechen des Köders, enttäuscht angelte ich einen Schweif Algen heraus. Ich warf das grüne Gekröse ab, es verhedderte sich an meinen Fingern, landete auf meinen Schuhen. Einziger Vorteil: Ich hatte keinen Fisch geangelt. Ich hätte nicht das Geringste mit ihm anzufangen gewusst.

Ich merkte, dass meine Angel einer Ausrede gleichkam. Ich fing nichts und wollte nichts fangen, ich wollte nicht einmal angeln. Aber warum hatte ich dann eine Angelrute in der Hand? Von meiner eigenen Logik beeindruckt, warf ich sie ins Gras, setzte mich ins Schilf und tat dasselbe, was ich zuvor getan hatte, nur weniger aufgeregt: Ich starrte aufs Wasser. Das Unglück ließ nicht auf sich warten. Ich hatte kaum fünf Minuten nichts getan, als der erste Radfahrer auf dem Oderdamm hielt, zu mir herabstieg und fragte, ob alles in Ordnung sei. Er habe Ersatzhaken dabei, falls meine alle verloren seien? Zehn Minuten später hielt der nächste. Ob ich eine Reifenpanne habe? Ob ich Flickzeug benötige?

Offenbar war der Anblick eines Mannes, der einsam am Ufer sitzt und aufs Wasser starrt, aber keine Angel in der Hand hält, nicht auszuhalten. Nach dem dritten Hilfsangebot (»Brauchst du mein Handy? Willst du wen anrufen?«) gab ich auf und nahm die Angel wieder zur Hand, entfernte aber heimlich den Haken. Nachkommende Radfahrer ließen mich ab sofort wieder in Ruhe. Merke: Eine Angel ist beim Nichtstun keine Hilfe. Eine Angel folgt vielmehr strikt den Gesetzen des Beschäftigungsgebots.

Am Abend folgte eine begeisterte Begrüßung durch meine Freundin, die ich mit einer Sandelecke für das Kind aus ihrem Berliner Kiez herausgelockt hatte.

»Und was ist das für ein Gefühl, wenn einem der erste Fisch an die Angel geht?«

Sie stutzte, sah dann in meinen leeren Plastikeimer und konnte ihre Enttäuschung nicht verbergen. Sie hatte den Grill angeworfen, ich merkte, dass sie, die sonst auf geläufige Männlichkeitsattribute keinen Wert legte, gerne einen Mann begrüßt hätte, der mit einem gigantischen Fang nach Hause kommt.

»Du machst dir was vor«, sagte sie später, als einige Brotscheiben auf dem Grillrost welkten und die Unterseite des Fetakäses schwarz wurde, während die Oberseite nicht zerfließen wollte. »Du kannst nicht von Nüssen leben und in einer Erdhöhle überwintern. Du willst wenig, brauchst aber viel. Du kannst nicht mal angeln, was soll das alles?«

Das Gegenteil davon war richtig. Ich brauchte wenig und wollte viel. Indem ich weniger brauchte, wollte ich alles. Glück. Freiheit. Autarkie. Vor allem damit hatte ich mich auseinandergesetzt in den letzten Jahren: mit dem Weniger-werden. Weihnachten hatte ich schon vor Jahren reduziert. Meine Arbeit, meine Verpflichtungen, mein Haushalt: Alles war erfolgreich weniger geworden. Letztlich folgte auch mein Angelversuch dem Gesetz der Reduktion. Dass auch meine

Freundin weniger werden könnte, wenn ich es übertrieb, hatte ich bislang nicht bedacht. Grund genug, das Nichtstun einmal auszusetzen. Gleich am nächsten Tag startete ich einen neuen Angelversuch. Sogar mit Haken. Gefangen habe ich freilich wieder nichts.

Tabubruch

Einen Teil meiner neugekauften Gartengeräte habe ich wieder zurückgebracht. Mein märkischer Nachbar ist stolz auf mich. Er hält den Kauf von Neugegenständen in Großmärkten für die schlimmste Verfallsform der Bedürfnisbefriedigung überhaupt. Die wenigen Exberliner, die außer mir in das Dorf gezogen sind, grüßen ihn nicht einmal, wenn sie mit ihren vollgeladenen Kombis durchs Dorf rollen. »Und in ihren Schuppen horten sie glitzernde Neugeräte wie du Blubberkopp auch. Was für eine Verschwendung dit is!«

Es gibt noch viele andere Dinge, die mein märkischer Nachbar gern teilt. Überschüssige Kirschen. Sorgen. Kinderkleidung. Visionen. Selbstgebackenes Brot. Teilen ist weit mehr als nur Tauschhandel. Teilen zielt nicht auf Gewinn. Teilen ist elementarer. Es steht kurz vor dem Schenken. Es verlangt nichts. Es stellt zur Verfügung, was ohnehin besteht. Teilen und Nichtstun ergänzen sich. Wer teilt, produziert, handelt, erwirbt nicht. Die Sense meines Nachbarn leidet nicht darunter, dass ich sie mitbenutze. Schließlich lässt sie sich nach Gebrauch nicht nur schleifen, sondern auch dengeln, wie ich jetzt weiß.

Berlin verhindert jede Grundlage fürs Teilen. Da Teilen keinen Handel darstellt, möchte der Teilende gern wissen, mit wem er teilt. In Berlin einen Hausmitbewohner zu fragen, ob man einmal sein Fahrrad, seinen Schraubenzieher oder gar seinen Computer mitbenutzen darf, kommt einem Tabubruch gleich. Lieber zieht sich der Berliner ins Schneckenhaus des Selbsthelfers zurück. Früher haftete dem Begriff etwas Sympathisches, Autonomes an. Der moderne Selbsthelfer aber ist einfach nur Konsument. Er bestellt im Internet, was sich hinter der Tür seiner Nachbarn bereits befindet.

Einmal fehlte mir tatsächlich nur ein Korkenzieher. Obwohl die Wohnung von meiner Freundin angemietet wird, hat sie nichts dagegen, wenn ich die Küche gelegentlich als meine betrachte und koche, wenn sie mit dem Kind nach Hause kommt. Ein geöffneter Wein erzielt dabei meist größeres Lob als das Ergebnis meiner Kochbemühungen. Aber neulich fand ich einfach den Korkenzieher nicht. In Berlin bedient an jeder zweiten Straßenecke ein Selbstausbeuter die Bedürfnisse des Selbsthelfers. Und doch war es bei zwei glühenden Herdplatten bis zum nächsten Eckladen zu weit.

Ich tat mich wirklich schwer. Dabei ging es nur um einen Korkenzieher! Niemand hatte mir beigebracht, ein Netz aufzubauen, um leichter teilen zu können. Beruflich hatte man mich geschult: Mache Praktika. Knüpfe Kontakte. Vernetze dich. Auch für die großen, letzten Fragen stand ein Netz bereit. Am Schluss ist es doch die eigene Familie, die einen erträgt oder beerdigt. Aber was war mit der viel profaneren Gegenstandswelt? Warum hatte man mir hier nicht beigebracht, mich zu vernetzen? Was war so peinlich daran?

Wenn in Berlin doch einmal geteilt wird, dann ist das Teilen kostenpflichtig. Man kann Autos und Fahrräder teilen, Bodenschleifmaschinen und sogar den menschlichen Körper, aber für das Teilen wird immer ein Entgelt gefordert. Letztlich handelt es sich also nicht um Teilen, sondern um Kaufen. Die großen Autofirmen bieten ihre Carsharingdienste nicht an, um ihre Autos zu teilen, sondern um ihre Autos werbewirksam in der Stadt zu platzieren und damit auch noch Geld zu verdienen.

Der moderne Selbsthelfer ist der Liebling aller im Deutschen Bundestag vertretenen Parteien. Er verhindert das Eintrüben und betreibt das Ankurbeln, vor allem, wenn er Gewichtigeres anschafft als nur einen Korkenzieher. Er dient der Aufhellung und dem Wachstum. Er ist der mit der Kauflaune, er ist derjenige, der sein Geld nicht auf die hohe Kante legt. Allein er schafft die Jobs, die krank machen, er ist es, der den ganzen Saustall am Laufen hält.

Doch zurück in die Berliner Wohnung. Mir fehlte noch immer der Korkenzieher.

Etwas trotzig trat ich auf den Flur hinaus und schlich an fremden Türen und Klingelschildern vorbei, die Namen darauf sagten mir nichts. Ich entschied mich für die Tür gegenüber. Ich klingelte. Die junge Frau, die mir öffnete, hatte ich noch nie gesehen. Ein beträchtlicher Teil der Berliner wohnt allein deswegen in Berlin, um seine Nachbarn nicht kennen zu müssen. Die Frau, etwa in meinem Alter, musterte mich. Da ich weder der Briefträger noch ihr Freund war, wusste sie mit meinem Klingeln nichts anzufangen. Sie schloss die Tür einen Spalt weit. Meine Anfrage machte es nicht besser. Korkenzieher? Korkenzieher! Sie war sichtlich beschämt. Nach einigen Sekunden des Zögerns entfernte sie sich wortlos und kam mit der Standardausführung zurück. Klappbar. Plastikgriff.

»Ich bring ihn sofort zurück«, sagte ich.

»Nein. Nein. Kannst du behalten. Ich habe noch zwei!«

Dann schloss sie die Tür. Mein Essen war in der Zwischenzeit angebrannt.

Ganz schön fleißig

Unter der Wohnung meiner Freundin leben die Paulis. Die Paulis sind eine Wohngemeinschaft, benannt nach ihrem bevorzugten Fußballverein, den sie auf einer Zimmerleinwand, nicht aber in Zimmerlautstärke feiern. Die Paulis bestehen aus einem unentwirrbaren Geflecht aus Hauptmietern, Untermietern und Strohmietern, die im Nichtstun eine gewisse Kennerschaft an den Tag legen. Seltsamerweise sieht das Nichtstun bei den Paulis aber ganz anders aus als bei mir. Das Nichtstun bei den Paulis geht nicht mit Bierchen, sondern mit Bierkästen einher.

Ein vorbildlicher Pauli schlüpft frühestens gegen Mittag aus seinem Übertragungsstudio, das auch als Schlafstatt dient und unbedingt nach kaltem Rauch und überhitztem Frittierfett riechen muss. Ein vorbildlicher Pauli trägt Armeewesten mit Naziverreckesprüchen über quellwurstengen Lederhosen und schleppt entweder gerade eine leere Bierkiste zum Spätkauf oder eine volle zurück. Derselbe Pauli, der einem mittags den Gruß verweigert, kann einem abends schon einmal volltrunken um den Hals fallen. Natürlich qualmt ein vorbildlicher Pauli das gesamte Treppenhaus voll.

Bevor hier ein falsches Bild entsteht, sollte ich schnell hinzufügen, dass mir die Paulis sympathisch sind. Sie würden niemals ihre Lebenszeit dafür hergeben, Dinge zu produzieren, die so unnötig sind, dass sie nur mit gewaltigem Werbeaufwand an den Konsumenten zu bringen sind. Nur ein einziger Pauli fährt Auto, die anderen schlurfen energiesparend zu Fuß. Die Paulis trinken eine regionale Biermarke, welche lange Transportwege unnötig macht, fliegen niemals in Urlaub, da es im Urlaub kein heimisches Bier gibt, und kaufen keine neue Kleidung, da neue Kleidung nicht über den nötigen Grad an Speckigkeit verfügt.

Seltsamerweise stehen unsere Konzepte des Nichtstuns dennoch in Konkurrenz. Seit ich mich nicht mehr alleine durch die Rauchschwaden im Treppenhaus nach oben taste, sondern ein zunächst hilflos geschlüpftes, bald krakeeler werdendes und inzwischen betörendes Wesen meines Nachnamens mit nach oben trage, beurteile ich den Sauerstoffgehalt im Treppenhaus etwas nachdenklicher. Die Lunge meines Kindes ist noch nicht ausgereift. Auf meinen freundlichen Vorschlag, in der Wohnung oder auf der Straße zu rauchen, im Grunde also überall, nur das kurze Stück Hausflur dazwischen auszulassen, antworteten die Paulis mit einem Mangacomic.

Der Mangacomic zeigte ein entfernt asiatisch wirkendes Gesicht unter einer Art Sturmhaube, das Kinn unter einem Schutztuch versteckt, wie man es von Fans aus dem Stadion kennt, die ihre Pyrotechnik abbrennen, leider war der Comic äußerst stümperhaft gezeichnet. Die nicht verfasste Umschrift dieses Comics lautete in etwa: »Wenn du Familienspießer, der du vor zwei Uhr nachmittags aufstehst, keine Naziverrecke-sprüche trägst und über deinem verfehlten Leben so muffig geworden bist, dass du unseren Lebensentwurf ablehnst, nur weil wir Raucher sind und nicht arbeiten, dann zieh doch in ein katholisches Bundesland!«

Es dürfte ersichtlich geworden sein, dass die Paulis mich nicht sonderlich gut kennen. Sie sehen in mir den Feind, der ich nicht bin. Wahrscheinlich gibt es kaum jemanden in der immer stärker gentrifizierten Straße, der ihren Lebensentwurf sympathischer findet als ich. Fast alles an ihnen ist mir sympathisch. Nur nicht die wenigen Meter von Haustür zu Wohnungstür, die ihnen als geübte Raucher genügen, das Treppenhaus bis in den vierten Stock hinauf auszuräuchern.

Es gibt wenig, was spießiger ist, als andere für spießig zu halten. Ihr Nachbar arbeitet früh oder spät oder gar nicht? Ihr Kind trägt Tattoos? Oder aber Scheitel? Ihr Kollege trinkt zu viel? Oder immer nur grünen Tee? Ihre Untermieterin ist vierzig und kinderlos? Oder zwanzig und dreifache Mutter? Ist doch alles egal. Gelingendes Nichtstun setzt voraus, sich darüber keine Gedanken zu machen. Nichtstun ist nicht gleichgültig und nicht teilnahmslos. Es hilft nur zu unterscheiden, worüber es sich aufzuregen lohnt. Wer andere bewertet oder sich mit ihnen vergleicht, tut nicht nichts. Insofern sind die Paulis ganz schön fleißig.

Ab in den Warenkorb

Außer einer Zimmerleinwand besitzen die Paulis nicht viel. Das immerhin spricht für sie. Denn was ich nicht habe, hindert mich nicht am Nichtstun. Logisch. Umso mehr wundere ich mich, was ich dann doch alles besitze. Unfreiwillig, wie mein Vater auch. Auch dieses Buch wurde nicht per Hand, sondern an einem Computer geschrieben. Ich musste sogar eine Maus dazu kaufen, weil der Computer noch nicht über einen Touchscreen verfügt, und irgendwann habe ich noch eine Tastatur besorgt, wegen dieser Sache mit der Sehnenscheidenentzündung, das muss man verstehen. Ich gebe zu: Der Computer ist ein wenig langsam. Filme aus Mediatheken ruckeln mit etwa fünf Standbildern pro Minute über den Bildschirm. Wie wäre es, einen neuen zu kaufen?

Ich gestehe, trotz jahrelangem Training und großen und frühen Erfolgen im Nichtstun erleide ich bis heute schwere Konsumrückfälle mit schädlichen Auswirkungen auf das Nichtstun. Es wäre mir lieber, ich müsste nicht das digitale Aufnahmegerät beichten, das ich zum Schnäppchenpreis von vierhundert Euro im Internet kaufte. Die Idee war, damit den Gang ins Aufnahmestudio einzusparen, wenn ich einmal einen Beitrag fürs Radio einsprechen muss. Einen Monat nach Kauf kostete es seltsamerweise nur noch hundertfünfzig Euro.

Doch mit diesem Gerät (Putziger Antisturmwuschel fürs Mikrophon! Aufnahmefunktion per Infrarotfernbedienung! Upload direkt in die Cloud!) erlebte ich noch eine weitere Überraschung. Kaputt ging es erst nach drei Monaten, da kann man nichts sagen. Die Überraschung aber war, dass es völlig unbemerkt kaputtging. Zu einer Zeit, in der ich es längst nicht mehr nutzte. Im Grunde hatte ich das Ding nie gebraucht. Ich sprach weiter im Aufnahmestudio ein. Das war viel bequemer. Ich weiß nur nicht, warum mir das bei der Bestellung nicht auffiel.

Besonders kurz halten möchte ich die Erinnerung an die drei Kopfhörer, die sich in einer Mülltüte neben meinem Kleiderschrank, seltsamerweise aber noch immer nicht im Müll befinden. Dass der erste Hörer keine Bässe brachte, der zweite keine Höhen und der dritte schepperte, fiel mir jeweils einen Tag nach Ablauf der Umtauschfrist auf. Man kann nicht unbedingt sagen, dass ich aus dem Fehler des jeweils zuvor getätigten Kaufs lernte.

Und dann war da noch dieser Fahrradanhänger für das Kind. Er kam, daran waren sich die Detailseiten aller Onlinehändler einig, ohne Plastik aus, war durchweg mit fünf Sternen bewertet und sah gut aus. Eine einzige Rezension beklagte Schwierigkeiten beim Aufbau, aber die hatten sich sicherlich umständlich angestellt. Ein so unbedenklicher wie nachhaltiger und, da das Kind noch nicht Rad fahren konnte, zwingender Kauf, wie mir schien. Ab in den Warenkorb. Sie können Ihre Bestellung noch einmal überarbeiten. Jetzt kaufen. Leider ist ein Fehler aufgetreten. Angaben mit (*) sind Pflichtangaben. Wir bedanken uns für Ihre Bestellung und wünschen Ihnen viel Freude mit Ihrem *Allstar for Kids one to three.*

Der erste von insgesamt drei Beziehungsstreits, den der Anhänger auslösen sollte, erfolgte noch beim Zusammenbau. Nach einer Stunde hatte ich noch nicht einmal alle Bauteile aus den Tütchen gerissen. Nach einer weiteren Stunde meinte ich mich zu erinnern, dass den Anhänger vor allem meine Freundin haben wollte. Ich wäre letztlich auch ohne ausgekommen. Als ich fünf Minuten lang versucht hatte, Klemmbügelhalter E in den Aufnahmestutzen C zu pressen, dabei aber übersehen hatte, dass es zwei verschieden lange Inbusschrauben gab, weswegen eines der dann doch großzügig verbauten Plastikteile, nämlich der Schockabsorberpfropfen Y unter meinem Druck absplitterte, sagte ich – angeblich! –: Bau doch alleine, deinen Scheiß!

Nicht zu verzeihen. Völlig ungerecht. Ist ja richtig. Die Montageruine zierte einige Wochen unser Wohnzimmer. Fertig wurde der Anhänger, als mit dem Herbst die ersten langen Regentage einsetzten. Als ich den Anhänger im nächsten Frühjahr aus dem Keller holte, waren die Stoffbahnen verschimmelt. Der zweite Streit folgte beim Auseinandernehmen und anschließenden Waschen der Stoffbahnen. Meine Freundin war der Meinung, die Waschmaschine müsse danach in einem Leergang auf fünfundneunzig Grad ausgekocht werden. Ich war dieser Meinung nicht. Sie war dafür der Meinung, die Atemmaske aus dem Baumarkt, die ich beim Abbürsten der dicksten Sporen umband, trage ich nur, um ihr zu zeigen, dass sie an allem schuld sei. In diesem Punkt gab ich mich geschlagen.

Auch nach dem Auskochen wurde der Anhänger kein einziges Mal an ein Fahrrad gekoppelt. Für längere Radtouren waren wir viel zu müde. Nicht wegen Zusammenbaustreit und Auseinanderbaustreit, sondern wegen der durchwachten Nächte, in denen wir das Kind auf dem Arm umhertrugen. Manchmal, wenn wir ein oder zwei Stunden hatten schlafen dürfen, schlurften wir müde zum Schuppen, zogen mit letzter

Kraft den Anhänger hervor, waren zu müde für Vorwürfe und zu müde zum Radfahren, montierten mit sedierten Bewegungen die Kupplung ab und das Spazierrad an, laut Anleitung eine Sache von Sekunden, und drehten eine Runde im Hof.

Da das Kind partout nicht in dem Wagen fahren wollte, setzten wir einen Teddy hinein. Das Kind ist nun drei. Für Vierjährige ist der Anhänger nicht mehr zugelassen. Ich weigere mich nachzurechnen, wie viele Stunden mich dieser praktische, familienfreundliche und nachhaltige Kauf von unserer Bank mit Feldblick vertrieben hat. Und alles, was ich gerade über meinen Vater gesagt habe, habe ich eigentlich über mich gesagt. Auch ich bin nur Kind meiner Epoche.

Wahrscheinlich geht es uns gar nicht um die Gegenstände, die wir allesamt nicht brauchen, es geht um die Folge der Abwesenheit dieser Gegenstände, um das Nichtstun, das ohne diese Gegenstände zwangsläufig eintritt, auf das uns niemand vorbereitet hat, das man erst einmal erlernen und bewältigen muss.

Wie wende ich entbehrliche Taten ab?

Wie verhindern Sie, sich unnötig ums Nichtstun zu bringen? Wie wenden Sie entbehrliche Taten ab? Kürzen Sie bitte ab. Reparieren Sie nichts. Es wird wieder kaputtgehen. Rufen Sie bitte keine Hotline an. Entledigen Sie sich stattdessen des dazugehörigen Produkts. Kaufen Sie nicht bei Tchibo. Niemals.

(Keine Ausnahme.) Schreiben Sie keine E-Mails. Sie erhalten sonst eine Antwort. Gehen Sie besser nicht ins Internet. Wenn Sie ins Internet gehen und eigentlich nach dem Wetter sehen wollen, sind Sie am Ende leicht um ein oder zwei Stunden Nichtstun gebracht und haben einen neuen Staubsauger gekauft. Hier ist höchste Vorsicht geboten.

Nehmen Sie sich bitte nichts vor, sondern lassen Sie sich treiben. Schreiben Sie Erledigungen auf eine Liste und vergessen Sie sie. Wenn Sie der Tatendrang überkommt, trinken Sie sofort zwei Bier. Werfen Sie alle Planungen über den Haufen. Kommt Ihnen eine Idee, üben Sie, diese nicht zu verwirklichen. Passen Sie Ihr Kind nicht Ihren Vorstellungen an, sondern Ihre Vorstellungen dem Kind. Belassen Sie es laut und schmutzig.

Vor allem aber: Verkaufen Sie bitte Ihr Auto. Mehr Nichtstun lässt sich nicht auf einen Schlag gewinnen. Sie sind nun vom TÜV-Zwang befreit. Sie müssen nicht mehr auf dieses seltsame Bremsgeräusch hören. Sie können sich von Ihrer Werkstatt verabschieden. Sie müssen keine neuen Scheibenwischer kaufen. Sie brauchen Autoschlüssel und Wagenpapiere nicht mehr zu suchen. Sie müssen nicht mehr im Stau stehen, keine Umleitungen fahren und keinen Parkplatz suchen. Seien Sie vorsichtig. Sie haben mit einem Schlag so viel Zeit eingespart, dass Sie das Nichtstun kalt angehen könnte.

Wenn Sie alles mit Erfolg unterlassen haben, ist es bald Abend, ohne dass Sie etwas Nennenswertes zustande gebracht hätten.

Seien Sie stolz.

Damals in der Lehre

Wie war das noch mal bei Pierre und Marie? Einmal täglich wurde ich zum Melken geschickt, einmal die Woche auf den Markt, einen Handkarren mit Käse hinter mir herziehend. Der Rest der Zeit war angefüllt mit Wein, Sonne und Schlaf. Ein kleiner Acker neben dem Hof warf einige Kartoffeln ab, aber Gemüse und Fleisch kauften Pierre und Marie im Supermarkt wie alle anderen auch. Ein Grundstück wie das meines märkischen Nachbarn wäre Pierre und Marie zu anstrengend gewesen. Zu arbeitsintensiv. Es gibt also eine große Bandbreite von Nichtstun. Unzählige Spielarten. Immer neue Nebenströmungen. Selbst Kenner der Materie verlieren leicht den Überblick.

Wenn man es unbedingt mit Worten belegen will, dann tendiert das Nichtstun meines märkischen Nachbarn in Richtung Nachhaltigkeit und Autarkie, das Nichtstun von Pierre und Marie hingegen in Richtung Faulheit und Bequemlichkeit. Ich muss nicht sagen, welcher Ansatz mir noch verlockender erscheint. Ich überschlug, was ich seit meiner Zeit in Frankreich alles unterlassen hatte. Ich war nicht herumgekommen, hatte nichts gesehen von der Welt und vor allem keine Karriere gemacht. Das konnte sich sehen lassen, wie ich fand. Sicherlich wäre Pierre stolz auf mich.

Nachdem ich meine erste Woche bei Pierre und Marie in die Lehre gegangen war, begann ich ernsthaft nach einem Versteck für ihre Drogen zu suchen. Paare, hatte ich gelernt, sind mal glücklich und mal nicht so glücklich, streiten sich und versöhnen sich wieder, lieben sich und zetern sich auch mal an. Aber was war mit Pierre und Marie? Morgens, im Grunde also mittags, stiegen sie mit einem vielsagenden Grinsen aus ihrem Schlafzimmer herab, und es gelang ihnen den ganzen Tag über nicht, ihr Grinsen aus dem Gesicht zu bekommen. Obwohl sie seit zehn Jahren ein Paar waren, konnten sie die Hände nicht voneinander lassen. Wenn ihr kleiner Sohn seinen Becher vom Tisch stieß, fluchten sie nicht, sondern hoben den Becher eben wieder auf. Und wenn es nicht gerade Milch war, ließen sie die Flüssigkeit einfach in den groben Dielen versickern.

Natürlich kannten auch Pierre und Marie Meinungsverschiedenheiten, sonst wären sie mir unheimlich geworden. Zum Beispiel war Marie der Meinung, ihr kleiner Sohn müsse jeden Tag eine Tomate essen, während Pierre diese Tomate auch gern einmal selbst aufaß. Aber sie schafften es nicht, darüber in Streit zu geraten. Sie bedienten sich auch nicht der Hilfestellung eines therapieerfahrenen Paares. (An geraden Tagen bekommt der Vater die Tomate, an ungeraden das Kind.) Niemand musste sich durchsetzen. Niemand musste Recht erhalten. Irgendjemand aß eben die Tomate, und irgendjemand fand das eher gut oder eher nicht so gut. Aber so wichtig war das auch wieder nicht mit der Tomate. Und schon strichen sich die beiden wieder durchs Haar.

Allein durch dieses Beziehungsmodell hatten Pierre und Marie unendlich viel Zeit zum Nichtstun, in der andere Paare gerechnet und aufgewogen, argumentiert und verglichen hätten, die beiden ließen diesen Teil einer Beziehung schlicht aus. Natürlich gab es neben der Liebe noch andere Dinge, die zu bewältigen waren. Das Bewältigen oder eher Nichtbewältigen verlief dabei nach festgelegtem Muster. Stets war es Marie, die nach einer Lösung suchte, wo Pierre noch nicht einmal das Problem sah. Ihr fehlten eben seine Jahre auf der Walz.

Marie: »Wir müssen dringend den Ziegenstall neu kalken.«

Pierre: »Haben wir den nicht letztes Jahr neu gekalkt?«

»Das war vor fünf Jahren.«

»Kalk hält mindestens zehn.«

»Es sieht wirklich schmuddelig aus.«

»Glaubst du, die Ziegen stören sich daran?«

Und dann wurde feierlich Wein eingeschenkt und feierlich Tabak entzündet und feierlich durchs Haar gestrichen. Pierres Strategie, ein Problem gar nicht erst anzuerkennen, wurde mir zum Modell. Letzten Sommer wurde dieses Modell wieder einmal bestätigt. Meine Freundin sorgte sich ums Kind, das mit eineinhalb Jahren ein einziges Wort sprach. *Weiß*. Aufs Anrührendste gelispelt. Dass das Kind beim Weißsagen nicht auf Weißes, sondern an die Decke zeigte, verschärfte die Sorge meiner Freundin. Gerade noch rechtzeitig, bevor sie einen Termin beim Kinderlogopäden ausmachen konnte, erinnerte ich mich.

Hatte sich nicht auch der kleine Sohn von Pierre und Marie lange geweigert zu sprechen? *Rien* – das war nicht nur sein erstes, sondern lange Zeit sein einziges Wort gewesen. Auch Marie hatte zwischenzeitlich auf einen Gang zum Logopäden gedrängt. Und Pierre? Hatte Marie theatralisch vor die Wahl gestellt. Entweder der Logopäde. Oder ich. Es versteht sich von selbst, dass ihr kleiner Sohn ganz normal eingeschult wurde und keinerlei Probleme mit der französischen Sprache bekam. Es versteht sich von selbst, dass der Stall nie wieder gekalkt wurde. Es war alles so einfach. Abwarten hat immer genügt.

Auch unser Kind plaudert natürlich längst ohne Unterlass. Und so versetze ich mich, wenn ich einmal nicht weiterweiß, an den leicht speckigen Küchentisch von Pierre und Marie zurück. Probleme wurden dort nicht gelöst, sondern aufgelöst. Letztlich also ignoriert. Außer Rotwein und Gitanes nahmen die beiden im Übrigen keine Drogen zu sich. Zumindest habe ich bis zu meiner Abfahrt keine gefunden.

Nichtstun ist schön, macht aber viel Arbeit

Nichtstun bedeutet nicht unbedingt, nichts zu tun. Manchmal macht Nichtstun ziemlich viel Arbeit. »Schön grün hier«, sagte mein märkischer Nachbar, als er eines Tages ohne jede Ankündigung mein Grundstück betrat. Er meinte es nicht als Lob. Er rief nach seiner Frau, sie sah sich meinen Rasen an und schlug die Hände über dem Kopf zusammen. Mit bissigem Spott berichtete sie, welche Verfallsform einstiger Grundstücksnutzung eine Rasenfläche darstellt. »Früher gab es einen heimlichen Wettbewerb. Wer als Erster seinen Acker bestellt hatte, galt etwas im Dorf. Heute gewinnt, wer als Erster seinen Rasen gemäht hat.« Diese unnütze Ästhetisierung ärgerte sie. »Der Boden hier könnte deine ganze Familie ernähren!«

Niemals werde ich vergessen, wie ich eine Rose in meinen Vorgarten setzte, statt ein vernünftiges Kräuterbeet darin zu ziehen. Ich ahnte schon, dass das nicht gutgehen würde, freute mich aber an dem altroten Farbton der Lili Marleen. Binnen Minutenfrist kam die Frau des märkischen Nachbarn vorbei, schaute auf mich und die Rose, und dann folgte ein Blick, trotz aller Freundlichkeit so eindeutig, dass ich am liebsten an Stelle der Rose in der Erde verschwunden wäre.

Das Grundstück meiner Nachbarn ist nicht grün, schon gar nicht rosenrot, es ist vorwiegend ackerbraun. Links und rechts der Hofauffahrt ist Getreide gepflanzt, als künftiges Hühnerfutter. In einem Unterstand trocknen Maisstauden und Zwiebelbündel. Selbstgezogen. Hinter dem Schuppen halten meine Nachbarn Hühner. Die fressen selbst angebaute Kartoffeln, eigens für sie gekocht, und zum Nachtisch ein wenig Grasschnitt. Einige Brocken Sandputz aus Ostzeiten versorgen die Hühner mit Kalk. Sie legen so viele Eier, dass mein Nachbar jeden Morgen eine kleine Verkaufsrunde durchs Dorf drehen kann.

Stolz zeigt er mir seine Hühner, gefolgt von einem Gewächshaus, das ihn bis in den Herbst hinein mit frischer Paprika versorgt. Die Erdbeerernte im Frühjahr war so üppig, dass er gläserweise Marmelade einkochen konnte. Überschüssige Tomaten, Zucchini, Gurken, Kürbisse, Karotten wurden eingelegt, getrocknet, verkauft. Der Kartoffelkeller hat den Namen verdient. Durch eine schmale Luke führt eine Leiter in einen Vorrat, der weit über den Winter reicht. Kartoffeln auf dem Boden, an den Wänden, über und neben einem, beinahe tritt man darauf.

Meine Nachbarn verstehen ihr Grundstück als kleinen Naturkreislauf, der sich aus sich selbst versorgt. Sie nennen das Permakultur. Bei meinem ersten Rundgang, der zu einem Lehrgang werden sollte, staunte ich nicht schlecht. Kaum wagte ich, irgendwo aufzutreten. Der kleinste Raum war mit Setzlingen oder Kräutern bepflanzt. Hühner und Enten kamen sich nicht in die Quere. Alles wuchs und wuselte. Es kam mir vor, als sei das gesamte Grundstück ein einziger, zusammengehöriger Organismus, vollendet in klug abgestimmter Vielgliedrigkeit.

Mit jedem Schritt stellte ich meine Auffassung vom Nichtstun in Frage. Offenbar hatte ich es mir mit einem simplen Hofkauf zu leicht gemacht.

Nach dem Lehrgang wurde ich zum Kaffee eingeladen. Der war gekauft. Aber die Erdbeeren auf dem Kuchen stammten aus eigener Produktion, die Eier für den Belag, die eingelegten Kompottschlitze aus Birnen und Äpfeln. Bis auf wenige Wochen im Frühjahr sind meine Nachbarn autark. Und sie arbeiten daran, es in den Frühlingswochen auch noch zu werden. Stets probieren sie etwas Neues aus. Eine schonende Einlegemethode, eine neue Lagertechnik, eine besonders vitaminreiche Beerenart. Nach dem selbstgemachten Holunderlikör war es Zeit aufzubrechen. Als ich wenige hundert Meter entfernt meinen Handrasenmäher aus dem Schuppen zog, um eine Sitzecke in die Wiese zu mähen, fühlte ich mich, als machte ich irgendwas falsch.

»Wenn de nichts tun willst, musste erst mal fleißig sein«, hatte ich die Stimme meines märkischen Nachbarn im Ohr.

Und das ist auch gut so

Man kann nun nicht behaupten, dass mein märkischer Nachbar über besonders ausgeprägte Fähigkeiten im Nichtstun verfügt. Im Gegenteil. Egal, wann ich ihn antreffe, er ist immer auf den Beinen. Er sammelt, säubert, verkauft Eier. Er gräbt, mulcht, lüftet Beete. Er pflanzt, schient, erntet Tomaten. Er hackt, trocknet, bunkert Rüben. Auch sonntags schneidet er für seine Hühner ein wenig Gras. Eine nach Westen ausgerichtete Bank am Grundstücksende, wie ich sie habe, über die verfügt sein wuselndes, wachsendes, gedeihendes Grundstück nicht. Er käme ohnehin kaum zu sitzen darauf.

In der Statistik gilt mein Nachbar aber als arbeitslos. Das ist einigermaßen irrwitzig, wenn man sein Arbeitspensum betrachtet. Er gilt als arbeitslos, weil er, der Flugzeugingenieurswesen studiert hat, nicht als Flugzeugingenieur arbeitet. Was er stattdessen Tag für Tag leistet, bleibt den meisten verborgen. Um in der Statistik nicht als arbeitslos zu gelten, müsste er morgens mit dem Auto aufbrechen, tagsüber nicht zu sehen sein, abends im Supermarkt Gemüse erstehen und erst nach Einbruch der Dunkelheit mit vollgepackten Tüten im Dorf erscheinen.

Mein Nachbar ist nicht nur fleißig, er ist auch sehr klug. Das kann man doch abkürzen, mag er sich gedacht haben. Warum sollte er ins Büro gehen, um Geld für Gemüse zu verdienen, das er selbst anbauen kann. Warum sollte er am Computer verkümmern, wenn er draußen viel glücklicher ist. Warum sollte er nicht bleiben, mag er sich gedacht haben, wo er frei und unabhängig und keinem Chef untergeben ist. Obwohl er ganz schlecht im Garnichtstun ist, wurde mir mein märkischer Nachbar zum Vorbild. Er hat nicht das Arbeiten an sich eingestellt, sondern die Umwege, die man mit der Arbeit meist einschlägt, einfach abgekürzt. Er arbeitet nicht wenig, aber er wird seine Arbeit nicht bereuen. Ein größeres

Maß an Unabhängigkeit, Freiheit und Autarkie ist nicht zu erlangen.

Wenn er stattdessen einem Supermarkt nach Büroschluss Tomaten und Gurken abkaufte, müsste er einen hohen Preis dafür zahlen, nicht nur an der Supermarktkasse. Straßen müssten gebahnt werden für diese Tomaten und Gurken, Lastwagen darauf fahren, die Teerlungen der Straßenarbeiter kuriert werden, was allenfalls dem Bruttoinlandsprodukt zugute käme. Die Dorfbewohner sollten sich bei meinem Nachbarn bedanken. Frühmorgens weckt er niemanden mit einem Automotor. Er verbraucht kaum Plastik. Seine Arbeit verursacht keine Folgeschäden. Er zerstört nichts. Und er ist immer gutgelaunt. Wahrscheinlich ist mein Nachbar einfach zu fortschrittlich. Er geht nicht arbeiten, sondern er arbeitet, er gilt in der Statistik als arbeitslos, bezieht aber kein Geld vom Staat, er passt einfach nicht ins System. Und das ist auch gut so.

Wildschweinbefall

Irgendwann war ich fällig. Der bisherige Zustand ließ sich keinesfalls halten. Nicht, wenn ich mir einen zarten Rest an Respekt bei meinem märkischen Nachbarn erhalten wollte. Mein Grundstück überwuchern zu lassen und ›Naturwiese‹ zu taufen entsprach allenfalls der Vulgärform des Nichtstuns. Letztlich also einer Nebenströmung der Faulheit. Das Gras wachsen zu lassen, das bedeutete vor allem, dass ich ständig bei meinem Nachbarn Gemüse schnorrte. Das musste ein Ende haben. Mein Nichtstun erforderte eine erste, zarte Tat.

Glücklicherweise war es Frühling. Über Nacht platzten neue Knospen auf, streckten sich Strünke und Ranken, rollten sich Blätter aus. Der Birnbaum stand in voller Blüte, in eine beständig summende Haube aus kreisenden Bienen gehüllt. Morgens wurde es immer schneller warm. Der Tau, den ich beim ersten Gang zum Birnbaum unter den Fußsohlen spürte, verdampfte nach kurzem Sonneneinfall.

Als ich die grobe Lage des Beetes absteckte, spürte ich den Blick meines märkischen Nachbarn auf meiner Schulter lasten. Ich drehte mich um. Tatsächlich stand er vor seinem Drahtverhau und stopfte seine Pfeife mit Stumpenresten.

»Wenn de hier buddelst, kannste dein Jemüse ebenso jut im Keller ziehn. Haste mal überlegt, bis wann der Schuppen da Schatten wirft? Und sach ma, ist dit nen Damenspaten? Dit zierliche Ding willste'n Beet mit ausheben? Dit würd vielleicht als Pinzette taugen!«

Unter diesen Rahmenbedingungen ließ sich keinesfalls arbeiten. Meine einzige Chance bestand darin, meinen Nachbarn mit einem fertigen Beet zu überraschen. Etwas beleidigt zog ich mich ins Haus zurück. Einige Tage später fuhr mein märkischer Nachbar zur Cousine seiner Frau. Nach der Abfahrt wartete ich eine halbe Stunde, falls die beiden etwas vergessen hatten. Dann griff ich nach meinem Spaten.

Unter der Grasnarbe schlummerten vor allem Ziegelsteine, Teerpappe und Blechdosen, die beim Ausgraben seltsamerweise an Volumen gewannen. Nachdem ich eine drei Meter lange Reihe umgegraben hatte, waren bereits sechs Meter Schrott angefallen. Ein letztes Mal fuhr ich in den Baumarkt und besorgte einen verstärkten Müllsack. Darin versenkte ich: eine Wäscheleine, zwei Feuerzeuge, eine Gaskartusche, ein bisschen radioaktive Schlackenwolle, etwas Wellasbest, Farbdosen mit aufgeprägtem Totenkopfzeichen.

Der Fund eines kleinen Teerfasses für den Hausgebrauch ließ mich zweifeln, ob mein hier gezogenes Gemüse der Gesundheit zuträglich sein würde. Ich beschloss, auf eine Bodenprobe in jedem Fall zu verzichten. Eine Bodenprobe würde meinem Nichtstun schweren Schaden zufügen. Eine Bodenprobe würde mit Sicherheit eine Blutprobe nach sich ziehen.

Bienen, Stechmücken und Libellen, die mir auf der Bank unterm Birnbaum stets freundlich Gesellschaft leisteten, waren bei der Arbeit durchaus hinderlich. Bei jedem Spatenstich brannte ein neuer Biss. Nach einiger Zeit überfiel mich auch noch ein Muskelkrampf. Wahrscheinlich hatte sich beim Graben Dioxin freigesetzt. Immerhin hatte ich bereits ein Beet von zwei mal drei Metern entmüllt. Leider war es nicht eben, wie ich es von meinem Nachbarn kannte. Ich machte mich an die Veredelung, indem ich die Schollen platttrat. Bald klumpte so viel Erde unter meinen Stiefeln, dass ich merklich an Höhe gewann. Es war, als ginge ich auf Stelzen. Nach einer weiteren halben Stunde schien sich die Erde mehr oder weniger vollständig unter meinen Schuhsohlen eingefunden zu haben.

Obwohl ich gerade erst angefangen hatte, wurde es bereits wieder dunkel. Zwei Erklärungen taten sich auf. Möglichkeit eins: Ich war erst kurz vor Einbruch der Dunkelheit aus dem Bett gekommen. Mit dieser Möglichkeit konnte ich leben. Möglichkeit zwei: Ich hatte über Baumarktfahrt, Entsorgungsfuror und Grabungseifer völlig die Zeit vergessen, war also zum arbeitswütigen Philister geworden, der mal eben einen vollen Arbeitstag wegarbeitete, ohne es auch nur zu bemerken. Diese Möglichkeit machte mir Angst. Sofort ließ ich den Spaten fallen.

Da ich ahnte, dass mein märkischer Nachbar und seine Frau bald zurückkehren würden, musste ich aber noch einige Kartoffeln unter die Erde bringen. Im Westen verglühte das allerletzte Wolkenband, Birnbaum und Naturwiese traten als scherenschnittartige Zacken hervor, die Luft schmeckte frisch und erdig und feucht. Ein weiter entfernter Nachbar schloss seine Hühnerställe, damit der Fuchs sich keines der Tiere holte, müde schlug ein Hund an, dem das Bellen schon nach kurzer Aufregung wieder verging.

Ich holte einen feucht treibenden Bodensatz aus meinem Kartoffeleimer, in der Hoffnung, dass es sich hierbei um Saatkartoffeln handelte, und schüttete sie über meinem neuen Beet aus. Es war nun komplett dunkel. Ich ertastete mehr, als dass ich sah, was ich tat. Ich fühlte mich wie beim Topfschlagen. Irgendwann waren keine knotigen Erhöhungen mehr zu spüren, und ich beglückwünschte mich zu meiner erfolgreichen Pflanzung. Ab sofort würde mir das Gemuse direkt auf den Teller wachsen. Mit einem milden Lächeln verabschiedete ich mich von dem Irrsinn eines Supermarkteinkaufs. Ich war so gut wie autark geworden. Selig wie selten sank ich ins Bett.

Am nächsten Morgen weckte mich ein Schrei, der sofortige Hilfe erforderte. Im Halbschlaf taumelte ich in den Garten hinaus.

»Wat is denn hier passiert?«, rief mein märkischer Nachbar, der neben meinem frischen Beet stand. »Wildschweine aufem Grundstück jehabt?«

»Ich hab bisschen was angepflanzt.«

»Wenn de Wildschweine aufem Grundstück hast, sollteste nen Zaun ziehen.«

»Das ist ein Beet«, stellte ich fest.

»Die werden sonst immer frecher. Irgendwann haste die bis vorne im Hof. Aber wat is denn ditte?«

Und er bückte sich und zog eine Saatkartoffel, die ich in der Dunkelheit nicht vollständig mit Erde bedeckt hatte, aus dem Beet.

Er schlug die Hände vor dem Gesicht zusammen.

»Haste Knollen versenken jespielt?«

Und er krempelte seine Ärmel hoch und entfernte meine Saatkartoffeln restlos aus dem Beet: »Die sind ja schon halb verwest!« Er grub die umgegrabene Fläche noch einmal um, zerhackte und zerkleinerte den Boden, bis er ihn gleichmäßig rechen konnte und holte dann einen Satz Saatkartoffeln aus seinem Keller. Und dann ging er genau umgekehrt vor wie ich, brachte also nicht etwa die Kartoffeln unter die Erde, sondern die Erde auf die Kartoffeln, indem er sie nicht vergrub, sondern auslegte und dann Erdwälle darauf schichtete, er sprach von aufhäufeln: »Dit musste aufhäufeln, du Troll, sonst viel Spaß bei der Ernte!«

Nach zwei Stunden hatte ich ein so vollkommenes, gleichmäßiges und augenschmeichelndes Beet auf meinem Grundstück, dass ich sofort ein Foto machen wollte. Ein Drang, den ich mir selbstverständlich verkniff.

»Die Ernte von der Briefmarke da, dit reicht fürn halbet Wochenende. Aber nur, wenn deene Olle keen Hunger hat!« Und zum Abschied machte er eine ausladende Bewegung über tausend restliche, noch nicht umgegrabene Quadratmeter Wildwiese.

»Ein Glück biste früh uff de Beene. Hast noch bisschen Maloche vor dir!«

Die Welt ohne Bildschirm

Das Leben in der Stadt führt meist dazu, dass wir unseren Haushalt mit Dingen überfrachten, die wir nicht brauchen, während wir von Dingen, die uns am Leben halten, keine Ahnung haben. Ein längerer Aufenthalt auf dem Lande eignet sich in herausragender Weise, diesen Missstand zu beheben. Bevor ich ins Oderbruch zog, kam ich stets nur als Gast. Jetzt aber verschrieb ich mich dem Landleben mit jeder Faser meines Körpers. Ich lernte wieder, dass ich Hände hatte. Füße. Die letzte Ahnung eines Armmuskels.

In der Stadt hatte man mir beigebracht, dass mein Hirn wie ein Muskel funktionierte. Am besten solle ich es täglich trainieren. Andersherum galt das nun genauso: Ich trainierte auf dem Land meine Muskeln, wie ich in der Stadt mein Hirn trainiert hatte. Ich kündigte alle ungenutzten Mitgliedschaften in Fitnessstudios, Sportvereinen und Laufgruppen, verschenkte meine ungetragenen Hundert-Euro-Joggingschuhe und verabschiedete die Wörter Workout, Muskelaufbau und Ausdauertraining aus meinem aktiven Wortschatz. Wer so an seinen Körper herantritt, muss sich nicht wundern, wenn ihm sein Körper stets aufs Neue entwischt. Wer hinter seinem Körper herrennt, tut nicht nichts.

Stattdessen nahm ich eine Axt in die Hand. Ich hackte mir versehentlich ins Schienbein, aber das förderte die körpereigene Abwehr, und die Narbe war schmuck. Ich fasste zum ersten Mal in meinem Leben eine Säge an. Das kalte Metall. Die Zacken. Der Holzgriff. (Bei meinem ersten Schnitt war ich zum Glück allein.) Ich haute einen Spaten in den Boden. Und, huch? Was war denn das? Fühlte sich ganz anders an als meine Tastatur? Könnte sich um ein Holzscheit gehandelt haben. Ich steckte es probeweise in einen Ofen. Ich kletterte aufs Dach und ersetzte einen gebrochenen Ziegel. (Einer war immer kaputt.) Ich genoss die Aussicht, überprüfte aber auch gleich noch den Schornsteinkopf.

Ich musste noch einmal ganz von vorne anfangen. Mühsam lernte ich, die Welt ohne Bildschirm zu bedienen. Die Bäumchen dahinten, die waren nicht wirklich so klein, die standen nur etwas weiter weg. Zoombewegungen von Daumen und Zeigefinger konnten daran nichts ändern. Federn waren leicht, Backsteine schwer. Holz konnte man sägen, Eisen eher nicht. Eine Eisenstange half beim Hebeln, Thymian musste man trocknen, Blech konnte man biegen, aber, Überraschung, auch schneiden, in Stein hielt kein Nagel, im Holz fehlte kein Dübel, ich fuhr ruhig einmal frische Muttererde in einer Schubkarre im Kreis. Ich lernte: Ein Rechen aus Holz wird brechen, einer aus Metall verbiegen, deswegen nahm ich lieber gleich eine Harke, nur keine zu grobe, denn die drosch Löcher ins Gras. Zement rührte ich an wie Pudding, und wenn ich dann noch einen Stein drauflegte, nannte sich's Mauer, Putz dran, Farbe drauf, fertig war das Haus, und ab in den Dorfkrug mit Freundin und Kind.

Als mir meine Erfolge zu schnell zu sichtbar wurden, Bizeps und Waden unschön anschwollen, ging ich ein paar Schritte rückwärts, das förderte das Gleichgewicht, aber ich achtete darauf, nicht gegen die Kreissäge zu stoßen, das machte nur Sauerei. Ich dachte längst nicht mehr in Scheiten, sondern in Klaftern, baute eigenen Weizen an, zermahlte die Körner am Mühlrad am Fluss und backte rasch mein eigenes Brot im Holzofen, und wenn bis zum Abendbrot noch Zeit blieb, fing ich mir schnell ein Bienenvolk ein und schleuderte ein paar Waben, schon hatte ich eigenen Honig zum eigenen Brot.

Sie sehen: Ich musste wirklich nur den Computer ausschalten und das Buch zuklappen, alles andere kam von ganz allein.

So einfach ist das.

Sie können mir vertrauen.

Wer will fleißige Handwerker sehen?

Neulich in Berlin. Regen. Regen. Regen. Wenige Meter auf der Straße genügten, um bis auf die Haut zu durchweichen. Kleidung wie Laune waren nicht mehr in bester Verfassung, als ich die Kita erreichte. Doch dann? Wollte das Kind von schlechter Laune nichts wissen. Es ergötzte sich nicht nur am Regen, sondern auch am Ölzeug, in das ich es zwängte, und sprang glücklich von Pfütze zu Pfütze.

Dabei sang es: »Wer will fleißige Handwerker sehen, der muss zu uns Kindern gehen.« Ich war entsetzt. Dafür zahlte ich Beiträge? Ich versuchte etwas dagegen anzudichten, kam aber über »Enzian« und »Schlendrian« nicht hinaus. »Papa, das geht so: Stein auf Stein, Stein auf Stein, das Häuschen wird bald fertig sein.« Ich gab auf. Und lernte: Steineschichten ist gut. Fleiß ist gut. Immer. Überall. Kinderarbeit ist besser als Kinderfaulheit. Wozu die geschichteten Steine verwendet werden, interessiert nicht.

Ich sprang unter den nächsten Baum, das Kind hingegen in die nächste Pfütze.

»O wie fein, o wie fein, der Glaser setzt die Scheiben ein!«

Doch was, überlegte ich im endlich schwächer werdenden Regen, wenn eine Sekte in das Haus zieht? Zum Beispiel der Bund der deutschen Industrie? Die Industrie- und Handelskammer? Wenn das Haus mit Asbest verseucht wird? Wenn beim Bau kein anständiger Lohn gezahlt wird? Wenn das Haus dem Nachbarn die Sicht auf das Feld versperrt?

»Tauchet ein, tauchet ein, der Maler streicht die Wände fein!«

Auch in der nächsten Strophe waren meine Überlegungen kein Thema. Es wurde gemauert und geglasert und gemalert. Zu welchem Zweck? Egal. Letztlich war das nicht dumm. Kleinkinder, die das Lied auswendig können, sind auf eine spätere Fleißarbeit hervorragend vorbereitet.

»Zisch, zisch, zisch. Zisch, zisch, zisch.
Der Tischler hobelt glatt den Tisch!«

Wie zwei nasse Hunde erreichten wir die Wohnung und schüttelten uns trocken.

Doch das Thema ließ mich nicht los.

Lässt es bis heute nicht.

In der Schule habe ich gelernt, dass elektrische Webstühle, Roboter und Bulldozer viele Handwerker arbeitslos gemacht haben. Doch das Gegenteil ist der Fall. Der wahre Fleißigkeitswahn begann erst mit der Industrialisierung. Früher war allen Beteiligten klar, dass der Bau eines neuen Hauses zwei bis drei Jahre in Anspruch nimmt und man es danach einfach bewohnt. Heute hingegen wird derselbe Bau in drei oder vier Monaten erledigt und die verbleibende Zeit mit dem Bau eines Zweithauses gefüllt. Falls sich partout keine Zeit finden sollte, darin zu wohnen, lässt es sich notfalls bequem vermieten.

Hydraulikkräne und Betonmischer, Motorfräsen und Dieselbagger haben uns nicht arbeitslos gemacht, sondern zum Fleiß erst angespornt. Wenn man nur noch drei Monate für ein Haus braucht, dann baut man im Jahr eben vier. Und wenn dann immer noch Zeit übrig ist, baut man ein neues Verwaltungshochhaus. Oder, das geht immer, ein neues Autobahnkreuz. Je mehr Arbeit uns durch Maschinen abgenommen wird, umso mehr Arbeit erfinden wir uns, die es zuvor gar nicht gab. Offenbar stellt uns das schiere Beenden einer Arbeit ohne sofortigen Neubeginn einer anderen Arbeit vor unlösbare Schwierigkeiten.

Man kennt das auch von weniger martialischer Arbeit. Wenn Thomas Mann morgens die Buddenbrooks beendet hatte, schrieb er abends noch schnell den Zauberberg. Offenbar machte ihm das Nichtstun besonders große Angst.

Doch wie lässt sich diese Angst überwinden? Mein märkischer Nachbar hat es vorgemacht, als er blutend die Taube aufblies. Wie das Aufblasen einer Taube auf mich wirkte, kümmerte ihn nicht. Davon kann man lernen. Ob nach außen hin seltsam oder normal erscheint, was wir tun oder besser noch unterlassen, darf zu keiner Zeit interessieren. Schon gar nicht, ob es als fleißig gilt oder als faul. Wichtig ist also, nicht auf die anderen zu hören. Niemals. Auf die anderen zu hören kommt in keinem Moment in Frage. Die geballte Meinung der anderen ist für gelingendes Nichtstun Gift. Wenn ich auf die anderen hören würde, müsste ich den Führerschein machen, meinen Hof versichern, mehr in die Rentenkasse einzahlen, einen sogenannten Beruf ergreifen, und vor allem, das ist besonders wichtig, endlich einen Staubsauger kaufen.

Fleiß und andere Altlasten

Die Küche meines Hofes ist von der Dorfstraße aus einsichtig. Die Dorfbewohner, die morgens zur Arbeit aufbrechen, können sehen, wie ich verschlafen und verstrubbelt Kaffee aufsetze. Wenn sie nach acht Stunden zurückkehren, sehen sie mich manchmal ebenso verschlafen und verstrubbelt am Küchentisch. Nur der Kaffee ist einem Bier gewichen. Bis letzte Woche war mir das peinlich. Ich empfand sogar so etwas wie ein schlechtes Gewissen. Bei jedem nahenden Auto ging ich in die Hocke und versteckte mich unter dem Küchentisch. Auch wenn ich aufgehört hatte, auf die anderen zu hören, stand mir noch immer der Fleiß im Weg. Und war es auch nur der Fleiß, mit dem ich verbarg, dass ich gar nichts tat.

Doch letzte Woche kam mir der rettende Gedanke. Ich lauschte gerade auf Knien dem leiser werdenden Rauschen von Autoreifen und wartete, bis ich mich wieder sehen lassen konnte. Doch es folgte ein zweites Auto. Und auf das zweite ein drittes. Es wurde unbequem auf dem Boden. Also suchte ich nach einem anderen Ausweg. Wenn ich mein Nichtstun in den Innenhof verlegen würde, müsste ich auch nicht mehr verstecken, dass ich nichts tat. Im Hof würde mich ohnehin niemand sehen. Also ging es gar nicht ums Nichtstun, überlegte ich, sondern allein um die Sichtbarkeit meines Nichtstuns. Anders verhielt es sich mit einem Mord, der auch dann noch zu verbergen war, wenn er im Verborgenen stattfand. Erfreut stellte ich fest, dass das Nichtstun völlig unbeschädigt aus meiner Analyse hervorging. Und so wechselte ich nicht in den Innenhof, sondern stand einfach wieder auf. Ich hatte nichts zu verbergen.

Sie sehen: Es bedarf manchmal einiger Anstrengung, den Fleiß zu verabschieden. Aber am Ende hat der Fortschritt gesiegt. Zumindest, was den Fleiß betrifft, habe ich sichtbare Fortschritte gemacht. Denn Fleiß spielt in meinem Leben keine wahrnehmbare Rolle mehr. Nicht einmal beim Verstecken. Freundlich grüße ich die wenigen, vorbeirollenden Autos, morgens wie abends, den Blick wende ich nicht ab. Ich mache das nicht als Statement. Ich bin nicht besser, weil ich nichts tue, ich würde mir nur so sehr wünschen, dass alle Menschen sich öfter einmal zurücklehnen und durchatmen dürften: zarte Ansätze, gar nichts zu tun. Denn Nichtstun ist machbar, wie sich zeigen wird. Selbst für den, der gerade zur Arbeit fährt.

Schmerzensgeld

Das mit den fleißigen Handwerkern war nicht ganz fair. Meistens bringt die Erzieherin dem Kind keine fragwürdigen Aufbaulieder bei, sondern leistet ganz hervorragende Arbeit. Wenn ich ihr zuschaue, wie sie links ein Kind auf dem Arm trägt, rechts ein anderes tröstet, dabei gutgelaunt Verse von Wilhelm Busch vorträgt, eine Wachsmalgruppe anleitet und gleichzeitig einen Bärenschritt vortanzt, bin ich manchmal beschämt.

Bin ich vielleicht zu streng?

Ist Arbeit wirklich verdorben?

Immer?

Nicht ganz. Es gibt ein kleines Nest aus anständiger Arbeit, das sich gegen die Invasion der verdorbenen tapfer zu behaupten weiß. Nichts ist dagegen einzuwenden, Kinder zu betreuen, Kartoffeln anzubauen oder Stühle zu drechseln. Gute und schlechte Arbeit? Kann man das trennen? Darf man das definieren? Muss das nicht jeder für sich entscheiden dürfen? In letzter Zeit ist das Anbieten von Sinn in schweren Misskredit geraten. Das lag aber nicht am Anbieten, sondern am Angebot. Tatsächlich ist die Trennlinie gar nicht so kompliziert. Eine überaus genaue Richtgröße, was gute Arbeit ist und was nicht, bestimmt das Gehalt.

Logisch, dass eine Erzieherin nicht nennenswert Geld verdient. Das gehorcht nicht dem Zufall, das ist durchdacht. Auch ich würde hingegen mehrere Millionen Schmerzensgeld verlangen, wenn ich auf den Bankrott ganzer Staaten wetten müsste, wenn ich anderen Menschen ihr Land wegnehmen und mit ihren Nahrungsmitteln spekulieren müsste, wie ein Topbanker das tun muss. Auch ich würde so betrübt ins Bett fallen, dass ich wenigstens ein paar Millionen Euro benötigte, um am nächsten Morgen überhaupt wieder aufzustehen. Das kann man doch abkürzen, mag sich die Erzieherin gedacht haben, mache ich einfach gute Arbeit, bekomme ich kein schlechtes Gewissen, brauche ich kein Schmerzensgeld.

Das Vertrackte an der Arbeit ist, dass sie ein Menschenleben sowohl retten als auch zerstören kann. Letztlich verhält es sich mit der Arbeit wie mit der Ordentlichkeit und der Pünktlichkeit. Mit allem kann man viel Unheil anrichten. Es ist also nicht schlimm, nichts zu tun. Es ist nur schlimm, das Falsche zu tun. In völliger Verdrehung der Tatsachen ist derjenige zum Feindbild geworden, der morgens nicht aufsteht, der lieber Bier trinkt und auf der Bank sitzen bleibt. Es ist genau derjenige, der uns allen am wenigsten Schaden zufügt.

Wenn der Vater eines Kindes, der zu Hause bleibt, größere Bestätigung erzielte als der Ingenieur des Nachfolgemodells eines Küchenmixers, wäre der Drang zu arbeiten vielleicht weniger groß. Es wird viel Arbeit geleistet, die sich wegkürzen lässt, die darauf zielt, Dinge herzustellen, die niemand braucht, und Arbeitsplätze zu schaffen, die keiner will. Ohne diese Arbeit wäre auf einmal viel Zeit freigestellt. Zeit, die eigenen Kinder zu betreuen. Zeit, einmal gar nichts zu tun. Es würde keinen Karriereknick bedeuten, möglichst lange zu Hause zu bleiben, sondern eine der größten Auszeichnungen überhaupt.

Der neue BMW lässt sich so aber nicht zusammenbauen?

Umso besser.

Wir nennen es Arbeit

Da ich aus dem Büroleben hoffentlich für immer ausgeschieden bin, kann ich nun schonungslos offenlegen, was sich ereignete, wenn ein halbes Dutzend Kollegen und ich morgens am Computer saßen.

Ich habe ja nichts mehr zu befürchten.

Lesen Sie also meinen ersten, absolut wahrheitsgetreuen Bericht.

Gegen zehn Uhr morgens schlich sich der erste Kollege an meinen Arbeitsplatz in der Gruft und fragte: »Hast du schon nachgeschaut?«

Die Frage war so eingespielt, dass sie keinerlei Ergänzung benötigte. Was ich nachgeschaut haben sollte, war sofort klar.

»Lauchsuppe mit Speck«, sagte ich nur.

»Und vegetarisch?«

»Grillgemüse.«

»Na, toll.«

Nach diesem Informationsaustausch sank die Arbeitsmoral in unserer Textagentur rapide. Wir waren zu klein für eine eigene Kantine, doch der Mittagstisch beim nächstgelegenen Ecklokal war unangefochtener Fixpunkt des gesamten Arbeitstages. Der Mittagstisch strukturierte unser Bürodasein, er teilte den Tag in ein davor und ein danach. Problemlos ließ sich die erste Hälfte des Arbeitstages damit verbringen, von Zanderfilet mit frischen Bohnen zu träumen und die zweite Hälfte des Arbeitstages über verbranntes Grillgemüse zu klagen.

»Wollen wir dann?«

»Ist ja schon Viertel vor zwölf!«

Das Klopfen an den Bürotüren der Kollegen, der gemeinsame Aufbruch, das Belegen des Stammplatzes oder der stille Ärger darüber, dass der Stammplatz schon belegt war, die Diskussion, ob die Küche heute schnell war oder schon wieder auf sich warten ließ, ob die Brotbeilage geiziger wurde und seit wann es kein Baguette mehr zur Suppe, sondern nur noch eine Scheibe Graubrot gab, das Klappern der Löffel in den Gesprächspausen, das heimliche Amüsieren über die nette Kollegin, die sich dreißig Cent Wechselgeld auszahlen ließ, das Stühlerücken und Kreuzdurchstrecken und das gemeinsame Defilee zurück ins Büro: Es hatte etwas von einer Prozession.

»Ich glaub, ich brauch erst mal einen Espresso.«

»Machste mir einen mit?«

Eine ähnliche Aufgabe, wie sie der Mittagstisch innehatte, kam anschließend der Kaffeemaschine zu. Das Büro gab sich kreativ, folgerichtig gab es keine elektrische Kaffeemaschine mit Kapseln, sondern ein italienisches Siedetöpfchen. Klarer Vorteil: Es konnten nur zwei winzige Tässchen auf einmal aufgekocht werden. Um ein halbes Dutzend Mittagstischheimkehrer zu bedienen, ließ sich eine Dreiviertelstunde sieden und spülen, Kaffeesatz herausklopfen und Pulver nachfüllen. Keine Frage, dass diese Aufgabe ungemein begehrt war.

Auf aufgebrauchtes Espressopulver war niemals mit simplem Espressopulverneukauf zu reagieren. Zunächst war zu klären, ob die Chefin nicht auch mal Espressopulver kaufen könne. Dann, ob die Praktikantin nicht etwas viel Espresso trank. Das Thema hatte Potential: Eine eben erst geöffnete

Packung Espressopulver war in jedem Fall mit sofortiger Arbeitsunterbrechung zu quittieren, um bei den Kollegen anzukündigen: »So langsam geht der Espresso aus!«

Neben dem Sieden eine andere Arbeit aufzunehmen war zum Scheitern verurteilt, nicht einmal die kleine Spülmaschine ließ sich parallel ausräumen, was Anfänger stets aufs neue probierten, doch denen brannte dann nur der Kaffeesatz an. Bald stellte ich fest: Vor allem älteren Kollegen gelang das Nichtstun im Büro besser als gedacht. Im Nichtstun versierte Vollprofis waren am Werk. Und das nicht nur bei uns. Angeblich findet der allergrößte Traffic auf pornographischen Webseiten während der Arbeitszeit statt. Die allermeisten Onlinekäufe sollen zwischen neun Uhr morgens und fünf am Nachmittag getätigt werden. Die Überstunden, die wir im Büro anhäuften, wurden bei weitem übertroffen durch die Bürostunden, in denen wir gar nichts taten.

Die digitale Stechuhr, das System, in dem wir uns zwischen acht und neun anmelden mussten, bot uns den Vorteil, nachweisbar in der Arbeitswelt weggeschlossen zu sein. Ob wir zwischen Anmeldung und Abmeldung arbeiteten, war da zweitrangig. Im Gegensatz zu meinem märkischen Nachbarn, der den Dorfbewohnern immerzu sichtbar ist und dabei viel leistet, waren wir im Büro unsichtbar, leisteten aber oft nichts. Dagegen, dass wir nichts leisteten, ist natürlich nichts einzuwenden. Nur warum gingen wir dafür ausgerechnet ins Büro?

In Finnland gab es einen Finanzbeamten, der an seinem Schreibtisch verstarb. Der Mann arbeitete mit hundert Kollegen auf einer Etage. Sein Tod wurde erst zwei Tage später entdeckt, als ihn ein Freund zum Essen abholen wollte. Die fehlende Arbeitsleistung des Steuerbeamten schien niemand vermisst zu haben. Und wer hat mir diese hübsche, etwas morbide Anekdote geliefert?

Spiegel Online. Erwischt.

Doch Moment.

Bei Ihnen geht es ganz anders zu? Bei Ihnen folgt Meeting auf Auftrag auf Stress?

Ich will in vollem Maße die Wahrheit sagen, nichts weglassen und nichts hinzufügen: Auch wir durchliefen Phasen äußerst zehrender Arbeit.

Dazu folgt später ein zweiter Bericht.

Die Stunde der heimlichen Sammler

Da das Oderbruch an Polen grenzt, finden sich manchmal originell getextete Wurfzettel in meinem Briefkasten, die nach Staubsaugern, Rasenmähern, Kühlschränken und Autoreifen fragen, nach den Ausscheidungen des Warenhandels, deren Vernichtung weiteren Handel erst möglich macht. Und da ich weder Autoreifen noch Staubsauger besitze, bleibt für mich immer nur der schöne Nachsatz: »Auch Kleineisenteile jede Masse sie bitte placieren im Hoftorbereich.«

Was immer ich schon einmal im Hoftorbereich platzierte, rostige Schraubensammlungen vom Vorbesitzer des Hofes, defekte Wassermischbatterien aus dem Bad, Außenverkabelungen mit brüchigem Isoliermantel, fand niemals über die polnische Grenze. Noch bevor die offizielle Sammlung begann, schlug die Stunde der heimlichen Sammler. Bei der letzten Sammlung stellte ich eine Kiste mit rostigen Unterlegscheiben und eine gebrochene Harke heraus, mit der ich einen zu großen Findling aus dem Boden gehebelt hatte. Noch vor dem Morgengrauen erwachte ich von einem vielteiligen Klimpern vor meinem Fenster, Eisenteile schlugen gegen Blech, es klirrte und schepperte. Dann war Stille, ich schlief wieder ein.

Eine Stunde später wurde ich abermals geweckt. Meine Fensterscheiben vibrierten. Es war noch immer dunkel. Vorsichtig lugte ich durch das Fenster. Im Licht der einzigen Straßenlaterne stand ein riesiger schwarzer Geistertruck mit getönten Scheiben. Sein Licht war ausgeschaltet, der Motor aber lief weiter im Standgas. Das tiefe Tuckern dröhnte mir in den Knien. Dann erkannte ich einen ganz in Schwarz gekleideten Mann, der eben die Einfahrt meines märkischen Nachbarn mit einer Taschenlampe durchsuchte. Hinter dem Geistertruck kam ein weiterer Mann hervor. Die Lichtkegel der beiden Taschenlampen kreuzten sich, verliefen einen Moment parallel, glitten dann auseinander. Die Männer näherten sich meinem Hof. Ich hielt den Atem an. Bis auf den Truck lag die Dorfstraße leer und verlassen. Die beiden Männer leuchteten meinen Vorplatz aus, doch sie winkten nur ab und entfernten sich wieder.

War ihnen meine Harke nicht gut genug?

Erst als der Truck endlich abgefahren war, beugte ich mich aus meinem Fenster. Meine Harke war nirgends zu sehen. Verwirrt legte ich mich zurück ins Bett, schlief aber nicht wieder ein.

Einige Tage nach der letzten Sammlung lud mich mein

märkischer Nachbar in einen seiner zahlreichen Hinterschuppen. Wir passierten die Gartengeräte, die ich bereits kannte, Spinnweben sogen sich mir ins Haar. In einer dunklen Ecke stand: meine gebrochene Harke. Mein märkischer Nachbar lächelte nur. Er hebelte Holzverschläge auf, winkte mich immer weiter hinter sich her, entzündete ein Gaslicht, dann ließ er mich einfach nur schauen. Drahtschlingen, ein halber Autoreifen, Wellblechstücke, Sortierkästchen mit Eisenwaren, Winkelbleche, Abflussrohre, Wasserhähne, Glühbirnen mit und ohne Glühdraht, Kalkbruch, Fensterkitt, Plastikfolie in Fetzen, Umzugskartons, alte Farbeimer, Scheibenwischer, Flickzeug, ein Zwanziglitertank mit Benzin.

»Im Baumarkt war ich seit Jahren nicht mehr«, sagte mein märkischer Nachbar voller Verachtung. Ich war ein wenig durcheinander. Bei meinem Vater hatte ich gelernt, dass unnötig viele Dinge unnötig viel Arbeit machen und einen vom Nichtstun abhalten, die Telefone und Stereoanlagen und Massagesets. Bei meinem märkischen Nachbarn hingegen lernte ich nun, dass es nicht auf die Anzahl der Dinge, sondern auf eine gebrauchskluge Auswahl dieser Dinge ankam. Mein Nachbar gehört nicht zu den Bewohnern des Oderbruchs, die den alten Ostzeiten nachtrauern. Aber die Sozialisation in einer Gesellschaft, die im Nichtstun nicht unerfahren war und grundlegende Bedürfnisse dennoch befriedigte, macht offenbar bis heute erfinderisch.

Teilen erleichtert das Nichtstun. Sammeln auch. Bis vor zwei Generationen war es unüblich, Dinge nach einmaliger Nutzung zu entsorgen. Heute ist ihre Entsorgung Bürgerpflicht. Einwegflaschen, Papiertaschentücher und Wegwerfwindeln erleichtern die Pflichterfüllung. Auch ich bin erfolgreich geschult worden. Zu viele Dinge belasten mich. Dinge, die Platz benötigen, an die man sich erinnern, die man unterhalten, verstauen, entstauben und eines Tages vererben muss. Am liebsten, denke ich manchmal, möchte ich als unbeschriebenes Blatt davonsterben, ohne Ansammlung von Lebensdingen, ohne Haus, Frau, Kind, und in den eigenen Acker hineinmodern, ohne Nachlass, ohne Erbschaft, als hätte die Welt mich nicht gekannt.

Was ein wenig dramatisch daherkommt, ist nicht sonderlich tiefsinnig, es ist die ungeschlachte Vulgärphilosophie des Kapitalismus, die uns gelehrt hat, Bindungen zu kappen, um neue einzugehen, fortzugehen und aufzubauen, fortzugeben und neu zu erwerben. Eine zeitgenössische Sammlung von Dingen befindet sich nicht mehr im Keller oder im Schuppen, sondern in den Anhängern von Lastwagen, die durch Europa kreuzen, um nachzuliefern, was gerade entsorgt worden ist.

Ich überarbeitete mein Lernergebnis. Nicht der leere Raum, nicht die freie Sichtachse befreit. Zumindest nicht auf Dauer. Erst das eigene Ersatzteillager erspart die Fahrt in den Baumarkt, ermöglicht längeres Nichtstun, macht tatsächlich frei. Aber wie sammle ich richtig? Für den Anfang bietet das Material eine gute Orientierung. Was aus Eisen ist oder aus Holz oder aus Stein, was schmutzig ist oder rostest oder in alten Kisten auf dem Dachboden liegt, hat sich bewährt. Auch wenn sich der Sinn einer Schelle, Manschette oder Quaste, eines Pfropfens, Schnappers oder Keils nicht immer gleich erschließt, bewahrt das Sammeln doch vor dem künftigen Kauf. Richtiges Sammeln ist vorgezogenes Nichtstun. Bei der nächsten Altmetallsammlung werde ich früh auf den Beinen sein. Dann sammle ich auch.

Nichtstun in der Unterwelt

Neulich traf ich einen lange verschollenen Gefährten wieder. Eben waren wir noch befreundet, feierten und fabulierten, doch auf einmal waren zehn Jahre seit dem letzten Treffen vergangen. Ich kann mir das nicht erklären. Es gab keinen Streit. Es lag nicht an uns, dass die Freundschaft pausierte, es lag an der Zeit. Sie hatte unsere Freundschaft rücksichtslos überholt.

Wir saßen in einer Bar. Dass wir uns nichts zu sagen hatten, war nicht weiter schlimm. Das war früher nicht anders gewesen. Nur war es früher weniger aufgefallen. Ich sagte Dinge, die nicht der Wahrheit entsprachen und die zu sagen ich nicht beabsichtigte, die ich letztlich also sagte, um nicht nichts zu sagen. Gesprächsthema war, was man gerade sah: Tresen, Aschenbecher, Kellnerin.

»Warum tanzt keiner?«, fragte ich mit Blick auf die verwaiste Tanzfläche.

»Ist noch zu früh. Was willst du trinken?«

»Ist hier nicht mit Bedienung?«

»Kommst du vom Dorf?«

»Dann ein Bier.«

»Ach, lass uns weiter. Das wird hier nix mehr.«

Und wir verließen die Bar, die über eine Bedienung verfügte, die nicht bediente, und über eine Tanzfläche, auf der niemand tanzte, er winkte ein Taxi heran und zog mich auf den Nebensitz. Wir fuhren endlos durch die endlose Stadt und stiegen in einer Straße aus, die genauso aussah wie die, der wir eben entkommen waren, Clubschilder, Neonröhren, kaum bekleidete Menschen, mein verschollener Freund steuerte auf einen Club zu, in den eine dichte Menschenschlange drang, hinter uns dockten weitere Menschen an, die uns nach vorne schoben, wir standen fast eine halbe Stunde, in der mein verschollener Freund eine Zigarette nach der anderen rauchte.

Die zehn Jahre hatten ihm genügt, um Kettenraucher zu werden. Er sog und zündete, inhalierte und aschte, bis ich selbst zur Zigarette griff. Das hatte ich seit Jahren nicht mehr getan. Die Zigarette erzeugte einen angenehmen Schwindel. Da mein verschollener Freund uns die Wartezeit zusätzlich mit einer Flasche Kräuterschnaps verkürzte, kam mein Raum-Zeit-Gefühl ein wenig durcheinander. Irgendwann passierten wir eine magere Türsteherin, irgendwann liefen wir durch blau beleuchtete Gänge, irgendwann gelangten wir in eine Fabrikhalle mit einer schon wieder vollständig entvölkerten Tanzfläche, irgendwann setzte ein Stück ein, der Bass fuhr mir ins Herz, was mir gefiel.

Mein verschollener Freund sah mich an, als wolle er sagen: Na siehst du!, im Gesicht dasselbe Grinsen, mit dem er im Studium eine Eins unter einer Arbeit betrachtet hatte, die mutig aus dem Netz zusammenkopiert war. Wir hatten einen heimlichen Wettbewerb des universitären Schummelns ausgefochten, doch der Wettbewerb war unentschieden ausgegangen, im universitären Schummeln hatten wir ähnlich große Erfolge gehabt.

Als der Bass pausierte, folgte ein Schweigen, das die Fabrikhalle bis in den letzten Winkel kaltstellte. Mein verschollener Freund überlegte, nun doch lieber in die benachbarte Bar zu gehen, weil dort die Caipis billiger seien, aber er wusste nicht, ob wir danach mit dem Stempel an der Schlange vorbeikämen, dann setzte die Musik wieder ein, und am Ende war es der Bass, der uns dann doch noch einander näherbrachte, Beine vor, Arme hoch, ging doch, ich glaube, ich summte sogar ein wenig die Melodie mit, eigentlich alles ganz lustig hier.

Er aber wollte weiter. Die zehn Jahre hatten meinen verschollenen Freund mit einem Maß an Grundunruhe ausgestattet, das unmöglich an einem einzigen Abend zu beheben war. Ich gab mir wirklich Mühe. Man kann mir nichts vorwerfen. Ich wechselte die Bar, sobald er das vorschlug, hatte stets Kräuterschnaps, Falafeln, Kaffee oder Baklava in der Hand, wenn ich nicht gerade im Taxi saß, weil mein verschollener Freund noch einen Club kannte, der gerade eröffnete oder zum letzten Mal öffnete, ich verstand ihn zunehmend schlecht.

»Lass uns doch einfach mal sitzen bleiben«, schlug ich irgendwann vor.

»Mit Sitzkissen? Ne, klar, holen wir'n Sitzkissen, kein Problem!«

»Wir schaffen nicht die ganze Stadt, heute Nacht.«

»Die Hälfte ist sowieso Schrott.«

Als mein verschollener Freund morgens um drei versuchte, zwei Zigaretten gleichzeitig zu rauchen, und er mir eröffnete, dass wir nun nach Potsdam führen, weil dort ein ehemaliger Kollege seiner Exfreundin oder so etwas auflegte, gab ich ihm erschöpft die Hand und verabschiedete mich. Ich konnte nicht mehr. Punkt 4 Uhr 37 führte mich die erste Pendlerbahn ins Oderbruch, ich war weniger betrunken, als in Leere und Einsamkeit gehüllt. Selbst als der freundliche Schaffner mir einen köstlichen Kaffee anbot, erschien mir das trist. Ich ging nicht ins Bett, sondern setzte mich direkt unter den Birnbaum. Zum ersten Mal in meinem Leben beruhigte mich das nicht. Es lag an der Uhrzeit. Von einer Bank, die nach Westen weist, ist ein Sonnenaufgang nicht zu betrachten.

Gegen Mittag saß ich noch immer unterm Birnbaum. Doch erst als die Sonne sich endlich nach Süden neigte, sah ich klarer. Ich war in der Unterwelt gewesen. In einer Welt, die sich aus schierer Tätigkeit speist, um Tatenlosigkeit nicht zuzulassen. In der Unterwelt ist Nichtstun nicht Ziel, sondern Gegner. Noch für jeden Moment unscheinbarer Tatenlosigkeit steht hier eine Tätigkeit zur Verfügung, das Nachbestellen von Caipirinhas oder das Kramen im Erdnussschälchen.

Man kann Taxis heranwinken und ein Kaugummi einschieben, bevor man sich vor fremden Frauen zum Idioten macht, man kann auf den Gehwegen Drogen einkaufen und mit Menschen, die man im Leben nicht wiedersehen will, über ihr Kindheitstrauma sprechen, man kann Getränkekarten studieren und Geld für den Automaten wechseln, oder aber vom Englischen ins Französische, man kann langsam mal eine Kleinigkeit zu essen gebrauchen und schon wieder Durst haben und dem Blick beim nächsten Mal standhalten, falls die Frau am Nebentisch noch einmal herübersieht. Man kann Rosen kaufen.

Hier also meine Empfehlung für die Unterwelt: Treten Sie am besten gar nicht erst ein. Verweigern Sie sich. Wenn Sie sich doch einmal gehalten sehen, die Unterwelt aufzusuchen, dann trinken Sie niemals Wasser zwischen den Getränken, und verschaffen Sie sich niemals mit fettigen Speisen eine sogenannte Grundlage. Beides wird Ihren Aufenthalt nur verlängern. Seien Sie bitte zügig, frühzeitig und vollständig betrunken. Geben Sie allen Anlass zu Peinlichkeit. Torkeln Sie, lallen Sie, seien Sie in der Zurschaustellung Ihrer Peinlichkeit kreativ. Trinken Sie in jedem Fall bis zum Filmriss. Nur so wird man Sie nicht so schnell wieder einladen.

Wenn Sie meinen Tipp freundlich befolgen, werden Sie im Nichtstun ganz von allein einen großen Sprung nach vorne machen. Sie müssen nie wieder vor dem Betreten der Unterwelt das schwarze Hemd gegen das blaue tauschen, den Filzrock gegen das Abendkleid, Sie müssen Ihren Partner nie wieder zur Eile mahnen, um dann doch viel zu früh vor Ort zu sein, Sie müssen Ihrem Gastgeber keine Blumen mehr kaufen, die ihn nicht freuen, keine Schokolade, die er nicht mag, keine Bücher, die er nicht liest. Es werden sich Zeiten zum Nichtstun auftun, von denen Sie zuvor nicht einmal wussten, dass es sie gibt.

Am Morgen nach der unterlassenen Feier sind Sie von allen Nachbereitungsgesprächen befreit, Sie müssen sich nicht gegenseitig daran erinnern, wie der Henrik die Fatima vor der Stereoanlage oder die Ines den Boris im Bad, Sie müssen kein Aspirinwasser trinken und Ihre nächtlich entstandenen freien Radikale nicht mit Fruchtsaftgetränken beruhigen, Sie können die Zeit für Vorbereitung, Verwirklichung und Nachbereitung der Unterwelt komplett unterm Birnbaum verbringen. Auch dafür garantiere ich: Am nächsten Tag wird niemand ein Foto von Ihnen auf Facebook posten, das Sie an den Rand der gesellschaftlichen Achtung bringt.

Aber ich will meinen verschollenen Freund nicht aufgeben. Einmal noch werde ich ihn unter den Birnbaum laden. Vielleicht wird es ja dort etwas mit uns.

Unterm Zapfhahn

Das Dorf im Oderbruch hat zwei große Vorteile. Es verfügt über einen Dorfkrug, und das nächste Jugendamt ist weit weg. Vereint führen diese Vorteile zu folgender Abendgestaltung: Das Kind steht auf dem Tresen, hilft der beliebten Dorfwirtin beim Zapfen und schlummert irgendwann, sanft in Hopfenduft gehüllt, auf meinem Schoß ein. Eine friedlichere, sorglosere, wohligere Form des Zubettgehens kenne ich nicht. Das Kind muss sich fühlen, als hausten wir noch alle eng an eng in der Höhle. Es ist warm. Es ist voll. Stimmen raunen. Das Kind ist niemals allein.

Davor sah die familiäre Abendgestaltung anders aus. Weniger kompatibel mit dem Nichtstun, wenn man so will. Gegen sieben, wenn das Kind zu Hochform auflief und Klötze balancierend Malstifte ableckte und dabei neu gelernte Silben ausprobierte, musste es ins Bett. Allein der Gedanke an das nahende Zubettgehen verdarb der gesamten Familie den Abend. Wir versuchten den Moment hinauszuzögern, brauten noch einen Kaffee, hörten noch ein Feature, doch um acht hatte sich die Lage nicht wesentlich verändert. Außer, dass das Kind sich nun Schuhe anzog, um noch mal in den Garten zu gehen.

Stress kam auf, der natürliche Feind gelingenden Nichtstuns. Das Zubettgehen ohne Dorfkrug endete allabendlich in Zeter und Geschrei. Ausgeschaltetes Licht wurde augenblicklich wieder angeknipst, zum dritten Mal vorgelesene und endlich zugeklappte Bücher wurden für den vierten Durchgang wieder aufgeschlagen, es wurde durchs Bett gerobbt und aus demselben gesprungen, und dem Vater wurden die herabgesunkenen Augenlider mit brachialer Kinderkraft wieder aufgestemmt.

Gegen zehn erfolgte die Schichtübergabe. Nun las meine Freundin das pädagogisch wertvolle, praktisch aber wertlose Buch zum fünften Mal vor. Gegen Mitternacht turnte das Kind endgültig aus dem Bett und beschloss, eine kleine Mitternachtsminestrone sei nun an der Reihe. »Mama, Suppe!« Gegen eins schlief ich über eine Stuhllehne gefaltet, meine Freundin sitzend auf dem Bett, in der Pose des Denkers von Rodin, das Kind aber noch immer nicht.

Ich will Leser ohne Kind nicht langweilen und kürze ab. Als sich zu Augenringen, Ganzkörperermattung und seelischer Gereiztheit Kopfschmerzen und partielle Sichtfeldausfälle gesellten, suchte ich einen Ausweg. Ich verabschiedete mich für den Rest des Tages unter den Birnbaum und verweigerte jede weitere Tat. Nicht einmal ein Getränk stand an meiner Seite. Niemand sägte Holz, kein noch so entfernter Hund bellte, die Tauben meines märkischen Nachbarn hielten Mittagsschlaf. Ich tat zwei volle Stunden lang nichts. Mit erstem Erfolg. Noch unscharf tat sich eine Erklärung auf.

Die Erklärung kreiste im weitesten Sinne um das Gegensatzpaar Höhle und Wohnung. Rund gegen eckig. Eine Öffnung gegen viele Öffnungen. Eine Feuerstelle gegen viele Feuerstellen. Wenn die ganze Sippe nach Beerensammeln und Rentierjagd in der Höhle am Feuer lag und am Metwein nippte, schlief mal jemand und wachte mal jemand, schürte mal jemand das Feuer und stieß mal jemand einen brusttiefen Seufzer aus. Nach anfänglichem Rühmen der Jagdestaten und so manchem Brunftgesang gab es ein sanftes Hinübergleiten in die Horizontale. Alles in allem eine Situation, die der im Dorfkrug nicht ganz unähnlich war. Kein Schnitt. Kein Ende der Vorstellung. Kein Zähneputzen. Kein Augen zu.

Stattdessen Nichtstun in Reinform.

Mehr nicht.

Also nahmen wir das Kind zum ersten Mal mit. Während das Dorf an sich schon etwas Anheimelndes hatte, mit seinen zwei Dutzend hingeworfenen Höfen inmitten der Felder, so steigerte sich das Gefühl der Geborgenheit noch, als wir den Dorfkrug betraten. Wir traten nicht etwa hinab in die Unterwelt, wir stiegen zwei Stufen empor. Ein früherer Tanzsaal, ein Kachelofen, ein Tresen, vier Holztische, mehr nicht. Der Dorfkrug war nicht kunstvoll erleuchtet und nicht kunstvoll verdunkelt, es brannte eben irgendein Licht. Keine Jukebox, kein Dartspiel verleitete dazu, vom Nichtstun Abstand zu nehmen, niemand kam auf die Idee, etwas anderes als Bier zu bestellen, immer gemütlich, niemals zur schlichten Erlangung der Trunkenheit.

Wider Erwarten ernteten wir keine befremdlichen Blicke. Die Gäste begrüßten das Kind mit einer Mischung aus Aufmerksamkeit und Beiläufigkeit, weder wurde es ignoriert noch angestarrt, weder übersehen noch in den Mittelpunkt gestellt. Die Dorfwirtin erwies sich als wertvolle Ersatzgroßmutter und füllte Miniaturbiergläser mit Brause, die das Kind bei uns nicht bekam. Gemütlich räkelte es sich auf der Spüle und fiel wenig später auf meinem Schoß von allein in den Schlaf. Da war es noch nicht einmal halb acht. Vorsichtig trugen wir es ein, zwei Stunden später in sein kleines Bettchen. Am nächsten Morgen wachte es entspannt und ausgeschlafen neben uns auf. Irgendwas hatten wir offenbar richtig gemacht.

Die Nähe im Dorfkrug gleicht nicht der Enge der Unterwelt. Für den Dorfkrug wird sich nicht aufgebrezelt und nicht vorbereitet, hier ist man, wer man den Tag über war. Niemand käme auf die Idee, ein hier schlummerndes Kind befremdlich zu finden. Schließlich schlummerte man selbst auch einstmals hier. Man kennt sich, man bestellt, man prostet sich zu, und seit unserem ersten Besuch mit Kind hat mein märkischer Nachbar stets zwei Barhocker neben sich reserviert, einen für mich und einen fürs Kind. Wer will, kann reden. Wer nicht will, lässt's sein.

Es sind nicht die Menschen an sich, die einen vom Nichtstun abhalten, es sind die Menschen, die etwas anderes darstellen, als sie sind. Anders als in der Unterwelt erwartet im Dorfkrug niemand, dass jeder Abend bis um acht in der Früh anhält. Die angespannte Erwartungshaltung, die den Besucher der Unterwelt um so viel Nichtstun bringt, ist hier gelassener Beiläufigkeit gewichen. Und in seiner Beiläufigkeit werden die meisten Abende im Dorfkrug doch groß. Vor allem im Verhältnis zum getätigten Aufwand. Mit weniger Aufwand gelingt ein Abend nirgends besser als hier.

Das Superhandy

Meine Freundin ist ein viel kommunikativerer Mensch als ich. Und daher auch viel liebenswerter. Mein eigenes Sozialverhalten bezeichnet sie als pathologisch. Einen ganzen Tag keine Nachricht zu verschicken und eine ganze Woche nicht ans Telefon zu gehen, erscheint ihr bedenklich. Wenn sie eine

Stunde mit so wenigen Menschen in Kontakt treten würde, wie ich es in einem Monat tue, würde sie verkümmern. Das will ich nicht. Es soll ihr gutgehen. Also habe ich Verständnis, dass auch sie sich so ein Superhandy gekauft hat.

Seit dem Kauf des Superhandys läuft sie meist mit gesenktem Kopf über den Hof im Oderbruch, den Blick auf das Display geheftet, was zu schmerzlichen Kollisionen mit den noch immer verstreuten Baunägeln führt. In einer beliebten Verdrehung von Ursache und Wirkung beschimpft sie nicht etwa das Superhandy, sondern die Baunägel, also letztlich mich. Doch nicht nur Baunägel setzen ihrem Wunsch nach umfassender Kommunikation ein Ende. Im Oderbruch gibt es Stellen, an denen der Empfang miserabel ist, und solche, an denen es überhaupt keinen Empfang gibt.

Grund genug, das Superhandy bis zur Rückkehr nach Berlin ruhen zu lassen, würde man meinen. Doch weit gefehlt. Wenn sie nicht displayblind in einen Baunagel tritt, verbringt meine Freundin einen nicht unerheblichen Teil des Wochenendes in eine Mauernische oder eine Fensteröffnung gezwängt, um wenigstens einen einzigen Balken Empfang zu gewinnen. Sie wird gewissermaßen zur personifizierten Antenne.

Statt mit demjenigen zu sprechen, der neben ihr steht, ärgert sie, dass sie nicht mit demjenigen sprechen kann, der nicht vor Ort ist. In der knappen Sekunde, in der wenigstens eine Kurznachricht durchgegangen wäre, fällt meist der Akku aus. Der Ausfall des Akkus, der nicht selten auch zum Ausfall meiner Freundin führt, kündigt sich mit einem anämisch nach Luft japsenden Fiepston an, den der Programmierer mit der Penetranz eines wimmernden Kleinkinds belegt hat.

»Hattest du nicht einen neuen Akku gekauft?«, fragte ich neulich, als meine Freundin frustriert im Grünen saß, weil kein Gespräch nach Berlin herzustellen war. Sie schlug nach den nervenden Zitronenfaltern, schirmte sich die Augen gegen die nervende Frühlingssonne ab und klopfte die nervenden Butterblümchen unter ihren Beinen platt. Das Handy lag matt in ihrem Schoß.

»Doch. Aber jetzt hat das Ladegerät einen Wackelkontakt!«

»Dann brauchst du also ein neues Ladegerät?«

»Nein. Ich brauche ein neues Handy. Das Display ist schon wieder gesprungen.«

»Das liegt aber nicht am Hof!«

Ich erzählte ihr natürlich nicht von den hundertzwanzig Millionen ungenutzten Schubladenhandys und den Tausenden Tonnen Kupfer darin, die ausreichen würden, ein Telefonkabel mehrmals um die Erde zu legen. Das wäre schlechter Stil gewesen. Außerdem hatte ich selbst gerade ein neues Handy gekauft. Das alte hatte vierzehn Euro neunundneunzig gekostet und schaltete sich leider aus, sobald man es hinlegte. Ich muss nicht erwähnen, dass sich das neue ebenfalls ausschaltet, sobald man es hinlegt. Meine Freundin tippte noch einmal traurig auf ihrem toten Display. Phantomtippen, nannte ich das. Insgesamt entspricht die Zeit, die sie trauernd über ihrem Handy sitzt, weil es keinen Empfang hat, nicht geladen oder aber gesprungen ist, in etwa der Zeit, in der meine Freundin es nutzt.

Am Wochenende darauf blieb das Gerät bei ›Mister Handy‹ in Berlin, um ein nicht autorisiertes Display aufgedampft zu bekommen. Ein guter Kompromiss zwischen Wegschmeißen und teurem Originaldisplay, wie ich fand.

Es folgte der tätigkeitsärmste, innigste, schönste, verbundenste und faulste Samstag, den ich je im Oderbruch erlebt habe. Stunde um Stunde saßen wir auf der Bank am Grundstücksende, hörten zu, wie die Bienen die Birnbaumblüten bestäubten, wie das Kind, das zu unseren Füßen im Gras schlief, kleine Insekten von der Oberlippe schnaufte, und taten sonst nichts.

Am Sonntag aber kam Unruhe auf. Es war der Tag der partiellen Sonnenfinsternis. Ich sollte an dieser Stelle gestehen, dass ich selbst hin und wieder einen kurzen Blick auf das Superhandy werfe. Freilich nur in Notsituationen. Etwa wenn ich die Regenwahrscheinlichkeit für die nächste Stunde oder die Masttierdichte im Oderbruch wissen muss. Die aktuelle Notlage lautete: In Kürze beginnt eine Sonnenfinsternis, und ich habe noch keine Schutzbrille. Doch kein Superhandy, nirgends. Wurde das Licht nicht schon diffus? Irgendwie dunkler? Noch eine Stunde bis zur Sonnenfinsternis. Noch immer keine Schutzbrille. Ich grübelte, wo sich hier draußen noch schnell eine erwerben ließe.

»Eigentlich auch mal schön, ohne Handy«, sagte meine Freundin neben mir auf der Bank und reichte mir ihre Hand. Offenbar hatte sie über Faltern und Käfern die Sonnenfinsternis schlicht vergessen.

Als ich es nicht mehr aushielt, suchte ich meinen märkischen Nachbarn auf.

»Sonnenfinsternis? Wat is denn ditte nu wieder für'n neumodischet Palaver?«

Dann dachte er nach und verschwand in einem seiner zahlreichen Schuppen, ich hörte es scheppern und schellen, und als er wieder hervortrat, hielt er links ein Schweißgerät und rechts ein Schutzschild mit geschwärztem Sichtfeld in der Hand.

»Ditte jeht ooch. Viel Spaß beim Kieken. Aber nu rufen die Hühner!«

Gleichgewicht des Schreckens

Ich möchte mich nun endgültig selbst entblößen. Es folgt der größte Fehler meines Lebens. Der größte Fehler und das größte Glück meines Lebens sind freilich untrennbar verwoben. Ohne Himmel keine Hölle, ohne Fehler kein Glück. Doch der Reihe nach. Da meine Freundin mit ihrem Superhandy kommunikativ versorgt war und kein Festnetz mehr benötigte, hielt ich es für eine gute Idee, ihren Telefonanschluss von Berlin ins Oderbruch umzuziehen. Das würde mir einen Neuanschluss und ihr eine Abmeldung ersparen und dem Nichtstun in vollem Maße entgegenkommen.

Frohen Mutes rief ich bei Eins & Eins an.

»Zur Ihrer Rufnummer wurden folgende Produktbereiche identifiziert: DSL und mobile Produkte. Um Sie so schnell wie möglich mit einem Kundenbetreuer zu verbinden, geben Sie bitte Ihre Kundennummer ein. –«

Natürlich hatte auch meine Freundin nicht die geringste Ahnung, wie die Kundennummer lautete.

»Ich habe Sie nicht verstanden. – Um Sie so schnell wie möglich mit einem Kundenbetreuer zu verbinden, geben Sie bitte Ihre Kundennummer ein. –«

»Wie viele Stellen soll die denn haben«, fragte meine

Freundin bei der eiligen Durchsicht alter Korrespondenz, auf der aber nur eine Vorgangsnummer vermerkt war.

»Dann probieren wir es eben mit der Vorgangsnummer!«, sagte ich.

Bei der Durchgabe der zwölften Ziffer meldete sich die Computerstimme mit dem freundlichen Hinweis, die Kundennummer verfüge nur über zehn Ziffern.

»Sie haben folgende Möglichkeiten. Drücken Sie Eins für DSL. Zwei für Mobile Produkte. Drei für Websites. Vier für My Website. Fünf für Sonstiges. Um Sie so schnell wie möglich mit einem Kundenberater in Verbindung zu setzen, geben Sie bitte Ihre Kundennummer ein. – Ich habe Sie nicht verstanden. –«

Ich knallte den Hörer auf die Station.

Dass ein Gespräch mit einem Telefonanbieter eine Herausforderung werden würde, war klar gewesen. Nicht erwartet hatte ich aber, dass ein solches Gespräch gar nicht zustande kam. Das Eingangstor war nicht zu knacken. Ich ging ins Internet, um den Schlüssel zu finden. Die Foren entmutigten mich. Der Thread »Nie wieder Eins & Eins!« hatte über dreißigtausend Beiträge. Bald aber stieß ich auf einen wertvollen Tipp. Die Sprachprogramme arbeiteten angeblich mit einer Lautstärkeerkennung. Wer ausgiebig in den Hörer brüllte, würde direkt durchgestellt. Mit neuer Hoffnung drückte ich die Wahlwiederholung.

»Zur Qualitätssicherung werden einzelne Gespräche aufgezeichnet. Geben Sie zu Beginn Ihres Gesprächs Bescheid, wenn Sie –«

»Ihr versaubottelten nervtötenden Hunnen!«, schrie ich zurück.

Es knackte in der Leitung.

»Eins & Eins, mein Name ist Melanie Hasinger. Was kann ich für Sie tun?«

Ich war so perplex, dass mir einen Moment lang entfiel, warum ich angerufen hatte.

»Ich würde gerne einen Telefonanschluss umziehen.«

»Dann müsste ich zum Abgleich Ihrer Daten bitte Ihren Geburtstag hören.«

Ich nannte den meiner Freundin.

»Der elfte fünfte? Hier ist aber etwas anderes eingetragen.«

Ich hatte vergessen, dass meine Freundin Formulare im Internet generell nicht wahrheitsgemäß ausfüllt. Rasch schrieb sie mir das verwendete Phantasiedatum auf ein Blatt Papier. Dann verabschiedete sie sich, suchte ihren Schlüssel und ihren Fahrradhelm und brach zur Arbeit auf. Es war mein freier Tag. Das Kind war beim Großvater. Doch was tat ich an meinem freien Tag?

»Ich meine natürlich den zwölften Sechsten!«

»Zwölfter Sechster ist richtig, Frau, ähm – Sie sind aber nicht Frau –?«

»Das ist meine Freundin. Sie hat Ihnen eine Einverständniserklärung gemailt.«

»Ihre Freundin. Und sie zieht um?«

»Ich ziehe um.«

»Wenn Ihre Freundin nicht umzieht, kann auch der Anschluss nicht umziehen.«

»Dann möchte ich ihn erst auf mich ummelden und dann umziehen.«

»Sind Sie an derselben Adresse gemeldet?«

»Nein. Ich ziehe ja um.«

»Dann kann ich ihn auch nicht auf Sie ummelden. Sonst wäre es ein Umzug ohne Anmeldung. Das geht nicht. Ich werde aber sehen, wie ich das Problem für Sie lösen kann, ein Servicemitarbeiter wird sich schnellstmöglich bei Ihnen melden. Haben Sie bis dahin noch einen anderen Servicewunsch?«

Sowie ich aufgelegt hatte, wurde mir mit einem Schlag klar: Das wollte ich nicht. Das musste unbedingt in Berlin bleiben. Alles. Der Anschluss, die Hotline, Frau Hasinger. Nichts davon wollte ich im Oderbruch haben. Schon gar keinen Servicewunsch. Ich musste dem Rückruf unbedingt zuvorkommen. Abermals meldete ich mich bei Eins & Eins. Ich holte tief Luft und brüllte »Ihr verrottetes Zeitdiebgesindel!« in den Hörer. Sofort wurde ich durchgestellt.

»Ich hatte eben angerufen, um einen Anschluss umzuziehen, den ich nun doch nicht umziehen, sondern kündigen möchte.«

»Dann bräuchte ich eben noch –«

»Zwölfter Juni«, sagte ich brüsk.

»Ähm, ja. Unter dem genannten Geburtsdatum finde ich leider keinen Eintrag für die genannte Adresse. Aber ein Anschluss unter dem genannten Namen und dem genannten Geburtsdatum wurde eben an eine nicht genannte Adresse umgezogen.«

»Also doch?«, rief ich verwundert. »Dann möchte ich diesen Umzug hiermit stornieren!«

»Der Auftrag ist leider schon im System. Wir können Ihnen aber für die erste Rechnung an die neue Adresse eine Gutschrift hinterlegen.«

»Wofür gibt es eine Rechnung, wenn ich keinen Anschluss haben möchte?«

»Wir werden die Leitung natürlich sofort kündigen, sobald sie freigestellt ist.«

»Verstehe ich nicht.«

»Eine nicht freigestellte Leitung kann auch nicht gekündigt werden.«

»Dann kündigen Sie eben den Umzug!«

»Das ist beim Status Ihres Auftrages leider nicht mehr möglich. Er ist bereits violett markiert.«

Ich gab auf. Gegen einen violett markierten Auftrag war nicht zu gewinnen. Ein violett markierter Auftrag würde für immer den Sieg davontragen. Und so erreicht mich bis heute einmal im Monat eine Rechnung von Eins & Eins für einen nicht abgemeldeten, aber umgezogenen, freilich noch vor dem Umzug gekündigten und somit gar nicht erst freigeschalteten Anschluss, wobei die Rechnungssumme Monat für Monat durch eine Gutschrift auf null gesetzt wird.

Es stimmt also nicht, dass man mit einem Festanschluss nur Ärger hat.

Ohne Anschluss hat man ihn auch.

Es war aufwändig, nicht zu bekommen, was ich nicht wollte, ich musste alle Tricks anwenden und alle Register ziehen, doch das Patt, wenn man so möchte: das Gleichgewicht des Schreckens, in dem Eins & Eins und ich uns seither befinden, ist sauber austariert. Sie kriegen kein Geld, ich kriege keinen Anschluss. Ein paar auf null gesetzte Rechnungen fallen da nicht ins Gewicht. Nicht immer geht ein Anruf bei einer Hotline so erfreulich aus.

Der kleine Bruder

Nachdem ich aufgelegt hatte, hallte die Hotline noch in mir nach. Mich ärgerte, dass ich nicht darauf verzichtet hatte, mein Gespräch zur Qualitätssicherung aufzeichnen zu lassen. Sicherlich schulten sie nun ihre Praktikanten mit mir. Ich verließ die Wohnung. Der Hotlineanruf hatte zweieinhalb Stunden meines freien Tages verschlungen, es war schon nach elf. Aber die Sonne schien. In den Bäumen sangen die Vögel. Der restliche Plan für meinen freien Tag lautete: einen Sommersalat richten und ein Paket annehmen. Da ich sechs Stunden Zeit dazu hatte, sollte noch genügend freier Tag übrig sein, wie ich dachte.

So kann man sich irren.

Auf dem Gehweg standen zwei Dutzend Neuberliner, die einen kleinen Birnbaum in eine Parkbucht pflanzten. Der Baum stand noch etwas schief und war nicht annähernd groß genug, um eine Bank darunterzustellen. Ich nannte ihn etwas mitleidig den kleinen Bruder. Ein Neuberliner goss, ein anderer hielt, der nächste düngte. Einen Moment fürchtete ich, sie würden sich an den Händen fassen und den ersten Wurzelschlag besingen.

»Wenn einer rückwärts ausparkt, verletzt der Bruno mit der Stoßstange«, gab eine junge Frau zu bedenken.

»Vielleicht sollten wir ihn einen halben Meter zurückversetzen?«

»Er braucht ja auch noch Platz zum Entfalten.«

»Sicher ist sicher.«

»Also los.«

»Nicht mit dem Spaten!«, rief die junge Frau und schlug entsetzt die Hand vor den Mund.

»Ich kapp schon keine Wurzeln!«

»Aber die Seele!«

Und so streichelten sie den Baum aus seinem stoßstangengefährdeten Erdloch heraus und betteten ihn in ein zweites, handgegrabenes Loch. Es war mir schon andernorts aufgefallen. Am Kanalufer standen bereits einige Sonnenblumen, und es wuchsen grüne Bohnen im ein oder anderen Hinterhof. Denn längst gibt es im Kiez eine weitere Klientel, neben der, die sich hier seit den Siebzigerjahren Gras rauchend den Anforderungen des Arbeitsmarktes entzieht. Seit einigen Jahren werden auch hier die Fassaden stucksaniert, steigen auch hier die Mieten. Der Neuberliner arbeitet nicht, er verwirklicht sich selbst. Dagegen ist natürlich nichts einzuwenden.

Bei der Selbstverwirklichung hilft nicht nur das Guerilla Gardening, sondern auch eine kleine, familiäre Finanzspritze. Auch in Ordnung. Obwohl sich der Neuberliner ausschließlich mit Musik, Text, Bühne, Design und Kunst beschäftigt, besteht sein größtes Lebensglück darin, seine Selbstverwirklichungspausen beim doppelten Espresso zu verlängern, die Sonnenstunden über der Stadt abzupassen und durch beeindruckend große, stets fabrikneue Brillengläser in die Luft zu starren. Bitte nicht missverstehen: Bis hierher ist das alles kein Problem.

Das Problem: Während der Neuberliner bebrillt in die Sonne starrt oder einen neuen Birnbaum in eine Parkbucht pflanzt, kochen die Altberliner für ihn das Essen, türkisch, indisch, thailändisch, hieven ihm seine Biogemüsekiste in den vierten Stock, schrauben sein Manufakturfahrrad zusammen, liefern ihm aber auch gerne Schnäppchenkleidung aus den Ausbeuterbetrieben einer anderen Welt. Das Nichtstun des Neuberliners funktioniert nur, solange der Altberliner es mit umso mehr Arbeit stützt. Tatenlosigkeit, wie sie der Neuberliner verübt, belegt das Nichtstun mit zweifelhaftem Ruf. Sie rückt das Nichtstun in die Nähe des Egoismus, mit dem gelingendes Nichtstun nicht das Geringste zu tun hat.

Der Neuberliner entzieht sich der Produktion, nicht aber dem Konsum. Im Winter liegt der Neuberliner gerne in Tunesien am Strand. Wenn die eigene Faulheit den anderen zum Kochen, Putzen und Radflicken zwingt, ist das Nichtstun beschmutzt. Der Neuberliner verlagert das Problem, löst es aber nicht. Gelingen kann Nichtstun so nicht. Gelingendes Nichtstun sorgt sich nicht um sich, sondern um uns. Nichtstun schert sich nicht etwa um nichts. Nichtstun hat vielmehr immer ein Ziel. Es ist die Rettung der Welt, wie sich noch zeigen wird. Darunter macht gelingendes Nichtstun es nicht.

Das Paketzustellerballett

Ich ließ den kleinen Bruder hinter mir und betrat einen Eckladen, um eine schön gekühlte Gurke für den Sommersalat zu kaufen. Es war nun schon Mittag, und die Berliner, die gerade keinen Baum pflanzten, saßen in ihren Straßencafés und atmeten Abgase. Ein Berliner ohne Abgase ist ja gar nicht zu denken. Einen Berliner ohne Abgase hat es vielleicht vor hundert Jahren zum letzten Mal gegeben. Seither bilden der

Berliner und seine Abgase eine feste Einheit. Nicht, dass da ein Windhauch dazwischen geht! Bloß keine frische Luft zwischen den Berliner und seine Abgase!

Ich sah auf die Uhr. Halb eins. Ich hatte nur noch wenige Minuten Zeit, bis das Paketzustellerballett begann.

»Nur diese Gurke, bitte.«

»Ne, ne, aufen Fünfer kann ick nich wechseln. Warum nich gleich nen Fuffi. Ne, also dit gloob ick jetz nicht, ne Jurke mit nem Fünfer. Die Leute ham alle im Lotto jewonn. Dit is hier keene Wechselstube. Oder seh'n wa so aus?«

Ich nahm etwas Grünliches mit, das in Folie eingeschweißt war und faulte. Wenn ich zu fest zudrücke, tropfte es aus der Plastikschweißnaht.

Ich hatte mich wirklich beeilt, aber es war schon zu spät. Zurück auf der Straße bog gerade DHL um die Ecke. Ich wusste nicht, wer das Paket liefern würde, auf das ich wartete. Es galt also, achtsam zu sein. Noch bevor ich die Haustür erreichte, bog UPS hinterher. Ich achtete darauf, dass die beiden Zusteller in ausreichender Entfernung hielten, und rannte die Treppe hinauf, um nicht den Moment zu verpassen, in dem sie klingelten.

Als ich die Wohnungstür aufdrückte, verkantete sie sich. Im Flur lag ein halbes Dutzend Pakete, welches meine Freundin für ihre Hausmitbewohner angenommen hatte. Seltsamerweise funktionierte das immer nur so herum. Ich verschaffte mir einen kurzen Überblick. Zweimal Zalando, viermal Amazon. Sofort eilte ich zum Fenster. DHL wie UPS waren in ungefährlicher Entfernung. Es war nun schon halb zwei. Gegen drei käme meine Freundin zurück. Ich ging in die Küche und machte mich an den Sommersalat. Beim Versuch, die Gurke zu raspeln, bog sie sich und brach mit einem müden Ploppen entzwei.

Ich ging noch mal zum Fenster.

DPD war zwischenzeitlich auch noch in die Straße gebogen, DHL hatte sich bis auf eine Hausnummer angenähert, UPS war hingegen ein wenig zurückgefallen.

Ach, guck, Hermes war auch noch da.

Ja, die Berliner Luft, Luft, Luft –

Wer in Berlin atmen möchte, gilt als Hypochonder. Schließlich kann man auch röcheln. Meine Freundin nennt meine Sehnsucht nach sauberer Luft faschistisch. »Du kannst nicht einfach raus aus dem Dreck, nur weil du einfach raus kannst! Andere können das nicht!« Leben sei nicht das, was wir gerne hätten, sondern das, was da sei. »Wenn du dich auf deine Bank im Oderbruch setzt, bleibt die Luft in Berlin trotzdem schlecht.«

Die Luft in Berlin ist vor allem deshalb schlecht, weil der Berliner verlernt hat, nichts zu tun. Der Berliner ist ständig unterwegs. Er fährt Untergrundbahn und Straßenbahn, Schnellbahn und Metrobus, Taxi und Auto, von früh bis spät. Es hat den Eindruck, als würde der Berliner den ganzen Tag im Kreis in seiner Stadt herumfahren. Wenn er einmal genug herumgefahren ist, geht er sofort ins Internet, um Pakete zu bestellen, die dann an seiner Stelle in der Stadt umhergefahren werden können.

Im Paketzustellerballett war derweil Bewegung aufgekommen. Hermes hatte nicht nur DHL und UPS, sondern auch DPD überholt. Da meine Freundin im vierten Stock wohnt und die Paketzusteller verständlicherweise keine Lust haben, für vier Euro fünfzig die Stunde Treppen zu steigen, klingeln sie oftmals nicht, sondern werfen Benachrichtigungskarten in den Briefkasten und nehmen die Pakete gar nicht erst aus dem Transporter. Diesen Moment galt es in jedem Fall abzupassen.

Eine halbe Stunde später war das Paketzustellerballett beendet. Meine Sendung war nicht eingegangen. Ich ging noch einmal zum Eckladen, um statt der Gurke ein Bund Radieschen für den Sommersalat zu kaufen. Als ich zurückkehrte, klebte eine Benachrichtigungskarte an der Haustür.

»GLS war da! Leider haben wir Sie nicht angetroffen. Ihre Sendung wird sieben Tage in unserer Filiale 12 in 10149 Berlin gelagert und dann an den Absender zurückgesandt.«

Das war ungefähr am anderen Ende der Stadt.

Wenn ich meiner Lunge etwas Gutes tun wollte, würde ich nicht dorthin aufbrechen.

Als meine Freundin zurückkam, war aus meinem freien Tag eine freie Mitarbeit geworden. Morgens für einen Telefondienstleister, nachmittags für die Logistikbranche. Leider unbezahlt. Um einen würdigen Abschluss zu finden, lud ich sie in ein libanesisches Schnellrestaurant ein. Es war mir unangenehm, dass ich nun auch schon die Altberliner für mich kochen ließ. Aber die Radieschen, die man mir im Eckladen angedreht hatte, waren im Inneren bereits verfault.

»Was ist denn in deinem Paket?«, fragte sie über einem Berg Rotkrautstiften, Karottenraspeln und Weißkohlschnitzen, die mit duftendem Taboulé und frischem Hommos garniert waren.

Ich druckste ein wenig herum.

»Nun sag schon!«

»Auf keinen Fall. Viel zu peinlich.«

Letztlich war ich über den missglückten Zustellversuch erleichtert. Die Privatisierung des Postwesens hatte auch klare Vorteile. Da es nahezu unmöglich geworden war, eine Sendung, die man bestellt hatte, auch entgegenzunehmen, wurde man mit dem Erhalt der Sendung auch nicht belastet. Mein Ausrutscher im Nichtstun kurierte sich somit ganz von allein.

Ich weiß, dass ich Sie neugierig gemacht habe.

Also gut.

Bei Tchibo gab es gerade den Seascooter RS-1, einen Unterwasser-Antrieb mit einer Leistung von 500 Watt aus der Themenwoche »Ab an den Strand«. Und ich habe mich nun einmal schon immer danach gesehnt, von einem antriebsstarken Tauchpropeller durchs Wasser gezogen zu werden.

Sie nicht?

Lässig und tiefenentspannt

Letzten Freitag wartete ich an unserem Gleis im Oderbruch auf Gäste aus der Stadt. Endlos zog sich der Schienenstrang nach Westen, warme Luft stieg aus dem Schotter empor, eine Grille sang hinter dem Brombeerstrauch. Eigentlich hätte ich ganz entspannt sein können. Eigentlich hätte ich nur warten müssen. Doch ein Ausflügler, der auch am Gleis wartete, brachte meine Ruhe durcheinander. Auf einmal sah ich mir beim Warten zu. Das Warten wurde zur Beschäftigung. Und schon war es ums Nichtstun geschehen. Wieder einmal fiel mir auf, wie schwer es sein kann, nichts zu tun, wenn man dabei beobachtet wird.

Ich begann, auf und ab zu gehen. Ich schirmte die Augen gegen die tiefstehende Sonne ab. Ich bückte mich und band meine Schuhe, die bereits gebunden waren. Als es ganz schlimm wurde, kramte ich in meinen Hosentaschen. Ich wusste, dass sich nichts in ihnen befand. Und dann, als ich bereits gekramt und gebunden und das Gleis in seiner vollen Länge auf Kaugummis und Münzen abgesucht hatte, studierte ich die wenigen Abfahrtszeiten am Aushang, die ich allesamt auswendig kannte.

Warum ist es so schwierig, unter Beobachtung nichts zu tun?

In der Nahaufnahme hat Nichtstun viel mit Körperbeherrschung zu tun. Die körperliche Seite des Nichtstuns, die Reglosigkeit, ist unbedingt zu trainieren. In der Unterwelt hat sich gezeigt: Wer nicht gut im Nichtstun ist, greift nach rettender Tätigkeit, im Zweifelsfall nach der nächsten Zigarette. Nichts lässt sich einfacher abtrainieren als das. Stellen Sie sich für diese Zwecke bitte an ein beliebiges Bahngleis. Ihre Aufgabe besteht nun darin, alle unwillkürlichen Regungen zu verhindern. Bleiben Sie stehen. Atmen Sie. Das genügt vollauf.

Widerstehen Sie bitte jeder weiteren Tat. Putzen Sie nicht Ihre Brille. Schauen Sie nicht auf die Uhr. Ihr Superhandy bleibt selbstredend unangetastet. Nicht einmal Phantomtippen ist gestattet. (Ihr Kaugummi spucken Sie bitte aus.) Wenn Sie alles fachgemäß erledigt haben, werden Sie förmlich zerspringen vor innerer Unruhe. Fangen Sie jetzt nicht an, sich den Nacken zu massieren oder eine Zeitung aufzuschlagen, das wirft Sie um Grade zurück. Erst wenn Sie das Gefühl haben, dass Ihre Tatenlosigkeit keine Übung mehr ist, tun Sie tatsächlich nichts. Bis dahin schauspielern Sie nur. Und wenig bedeutet mehr Arbeit, als nicht zu sein, was man ist.

Und wenn der Zug endlich einfährt, nehmen Sie lässig und tiefenentspannt Ihre Wochenendgäste in Empfang.

Das Leben der anderen

Nicht, dass ich missverstanden werde. Es war eine erfreuliche Abwechslung, die Wochenendgäste zu bewirten. Ein junges Paar, das ich sehr mochte und lange nicht gesehen hatte. Ich bezog Steppdecken, pustete Luftmatratzen auf, trug Bierflaschen in den Hof und wedelte überm Grill heiße Luft. Immer gern. Doch warum ein Freund und seine Freundin alle Steckdosen des Hofes auf einmal belegen mussten, irritierte mich. Am Samstagmorgen wollte ich einen Rasierer anschließen. Aber im ganzen Hof war keine Steckdose mehr frei. In meiner Küche nuckelten zwei Notebooks an meinem Strom, und in Flur und Bad jeweils ein Superhandy.

Nun werden Sie sagen: Was redet der vom Nichtstun, wenn er sich noch rasiert? Was hat er gegen wuchernden Wuchs? Und hier kommen wir zu einem ästhetischen Grundproblem. Unter totaler Verwahrlosung des Äußerlichen gelingt Nichtstun zweifellos besonders gründlich. Badewanne und Zahnbürste, Shampoo und Nagelschere, allem voran aber Wasser und Seife lassen sich bequem einsparen. Andererseits, so meine Erfahrung, nimmt Sie dann niemand mehr ernst. Sie werden als Kommunarde ohne Kommune belächelt werden, als Thoreau ohne Wald. Man wird Sie nur noch anschauen, aber nicht mehr anhören, Sie sind kein Mensch mehr, sondern nur noch ein großer Spaß. Da Nichtstun nur beiläufig glücklich macht, in erster Linie aber die Welt rettet, kann es sich eine totale Verwahrlosung leider nicht leisten.

Und damit zurück zu den Steckdosen. Heimlich stöpselte ich eines der Superhandys aus der Badezimmersteckdose. Sofort verriet mich ein aggressiver Piepston. Der Besitzer rannte herbei, wiegte sein Gerät auf dem Arm und sagte: »Na, na, na, was fehlt dir denn bloß?«

Dann erst begriff er meinen Frevel. Er sah die Steckdose, in der das Kabel meines Rasierapparats steckte, er prüfte die Strombalken auf seinem Display, ich sah geradezu, wie er abwog.

Er der Gast. Ich der Gastgeber. Er das Superhandy. Ich nur eine Rasur.

»Kannst du dich nicht später rasieren«, fragte er.

»Kannst du nicht zu Hause laden?«, fragte ich.

»Ich hab nur noch einen Balken.«

»Du sitzt doch sowieso im Hof und frühstückst?«

»Eben.«

»Eben was?

»Ich hab noch kein Foto davon!«

Da erst begriff ich. Während der Ladezeit lebte mein Gast völlig umsonst. Während der Ladezeit war er im Grunde fast tot. Ich bekam Verständnis für seine Panik. Das Wohl meiner Gäste liegt mir am Herzen. Keine Frage, dass ich meinen Rasierapparat wieder zur Seite legte. Nach ausreichender Handyladezeit posierte ich mit meinem Gast für das gemeinsame Lebensbeweisbild. Rustikaler Tisch. Kaffeekrug und Bauernstrauß drauf. Wiese drunter. Birnbaum dahinter. Beglückt fuhren Gast und Freundin mit dem letzten Zug zurück in die Stadt.

»Schau mal«, sagte meine Freundin am Abend unterm Birnbaum, ihr Superhandy auf dem Schoß, »euer Bild wurde schon vierzig Mal geliked!«

Ich erahnte zwar meinen Holztisch am Bildrand, auch mich selbst vermutete ich in der hinteren linken Bildecke, im Grunde sah man aber nur das befreite Lächeln unseres Gasts.

»Woher weiß man, dass es bei uns im Hof aufgenommen wurde?«

»Das ist ein Selfie, du Witzbold. Da geht es nicht so sehr um den Hof. Aber wenn du mit der Maus drauffährst, siehst du, wo es aufgenommen wurde. Schau!«

»Bauerntag im Oderbruch«, las ich.

Hatte er das wirklich geschrieben? Ich musste schmunzeln. Er hatte nicht eine einzige Harke angerührt.

Meine Ignoranz wurde mir langsam zu groß. Ich ließ mich einweisen. Nicht in die Psychiatrie, sondern in Facebook. Ich kam mir vor wie mein eigener Großvater.

»Und das können jetzt alle sehen?«

»Nur seine Freunde.«

»Er hat vierzig Freunde?«

»Nein, er hat, Moment, siebenhundertzweiundzwanzig.«

Ich war beeindruckt. Ernsthaft. Meine Ablehnung der sozialen Netzwerke geriet ins Wanken. Meine Freundin klickte von einem Leben ins nächste, spielte Filme ab und zeigte Schnappschüsse, die aussahen wie Modefotos. Was ich zu sehen bekam, blieb nicht ohne Wirkung. Wie schön alle Menschen hier waren. Wie spannend ihre Leben verliefen. Jeder hatte soeben an den Niagarafällen Urlaub gemacht, wenn er nicht gerade aus Tokio oder Paris nach Hause kam. Niemand war je schlecht gelaunt. Alle hatten Wind in den Haaren und Sonne im Gesicht.

»Und das ist wirklich Betsy?«, fragte ich. Wir kannten sie beide als schüchternes Mäuschen, das nie das Köpfchen hob und stets eine Haarsträhne vor das Gesichtchen zog, wenn man sie ansprach. Hier trug sie auf einmal einen brutal knappen Bikini und räkelte sich am Strand.

Ich lehnte mich zurück. Was, wenn ich mir etwas vormachte? Was, wenn das Leben doch nicht bei mir unterm Birnbaum stattfand? Eine heikle Unruhe überfiel mich, solange ich auf den kleinen Superbildschirm blickte. Doch gerade noch rechtzeitig, bevor ich mein Leben ändern konnte, fiel der Akku aus. Auf dem ausgefallenen Display spiegelten sich meine Freundin und ich, Wange an Wange im Sonnenlicht. Sie wollte eben zu schimpfen beginnen, als ich ihr ein Lächeln aufzwang. Und in dem Moment, in dem wir beide den Blick vom Display nahmen und einander ins Gesicht blickten, fand das Leben der anderen schlicht nicht mehr statt.

Handy an, Leben aus.

Handy aus, Leben an.

Wieder einmal war es genau andersherum, als man mir weismachen wollte. Einen weiteren Ausflug in die virtuelle Welt habe ich aber sicherheitshalber nicht mitgemacht. Betsy im Bikini. Mike in Patagonien. Karen im Taucheranzug. So viel Jugend, so viel Schönheit, so viel Glück. Für einen zweiten Ausflug in die virtuelle Welt bin ich mir meines Nichtstuns noch nicht sicher genug. Denn Nichtstun ist eine Aufgabe fürs ganze Leben.

Zukunftsweisend

Gestern wollten die Berliner den dritten Nichtgeburtstag ihres Großflughafens feiern, der noch immer nicht fertiggestellt war. Doch in letzter Sekunde fiel die Feier dann aus. Es kam also nur eine Nichtfeier eines Nichtflughafens zustande. Ich finde das konsequent. In Berlin ist man im Nichtstun weniger unerfahren als im Rest der Republik. Der Nichtbetrieb eines Flughafens gelingt in Berlin schon ganz gut. Allerdings ist dieser Nichtbetrieb irrtümlich als Scheitern verkauft worden. Dabei ist ein nichtbetriebener Flughafen Wegweiser in die postfossile Welt. Er hat Vorbildcharakter für alle Flughäfen, die noch geöffnet sind.

In wenigen Jahrzehnten wird niemand mehr in ein Flugzeug steigen, um einen Geschäftstermin in tausend Kilometern Entfernung wahrzunehmen, oder um abends an Tunesiens Sandstrand zu liegen. Und dann? Passiert auch nicht viel. Außer, dass noch einmal sehr viel Zeit freigestellt sein wird, in der sich hervorragend nichts tun lässt. Zeit, in der früher Flugzeuge konstruiert und gewartet, Tickets gescannt und Koffer durchleuchtet und Towers besetzt werden mussten. Berlin kürzt den Niedergang des Ölzeitalters einfach nur ab. Zukunftsweisend, wie es sich für eine Hauptstadt gehört.

Schon das Wort verrät es: Statt einer Bedürfnisbefriedigungspolitik haben wir eine Beschäftigungspolitik. Deren Ziel ist es, Bedürfnisse nicht zu befriedigen, sondern Bedürfnisse zu schaffen, um eine neue Beschäftigung zu ermöglichen. Letztlich wird sich also der Beschäftigung wegen beschäftigt. Diese Beschäftigung mit der Beschäftigung führt zu einem Mangel an Beschäftigung mit den menschlichen Bedürfnissen. Vor lauter imperativer Beschäftigung sehen wir nicht mehr, dass wir unseren Bedürfnissen viel näherkommen, wenn wir uns weniger beschäftigen. Wenn wir unseren Bedürfnissen nachgehen, merken wir bald, dass die allermeiste Arbeit entbehrlich ist.

Es gibt einen gewissen Konsens, welche Art von Arbeit besser unterlassen werden sollte. Waffenproduktion zum Beispiel. Wer bei Heckler & Koch am Rande des Schwarzwalds beschäftigt ist, beweist oft Kreativität bei der Benennung seiner Branche. Seit Fukushima ist die Atomindustrie dazu gekommen. Arbeit, die von einer Mehrheit jahrelang für gut befunden wurde, kann also binnen kurzem nicht mehr gut sein. Was, wenn die Liste tatsächlich viel länger wäre? Wenn die Automobilindustrie sich eines Tages auf dieser Liste wiederfinden sollte, die Hersteller elektrischer Küchengeräte, die Unterhaltungselektronikindustrie, die kunststoffverarbeitende, erdölraffinierende und nanotechnologische Industrie, die Straßenbaufirmen und die Logistikbranche und geschätzte fünfundneunzig Prozent der restlichen Industrie auch?

Alle möglichen Ungeheuerlichkeiten werden abgenickt, da diese Ungeheuerlichkeiten Arbeitsplätze sichern. Man schaut nicht, was zu tun ist, um diese Ungeheuerlichkeiten abzustellen (nicht arbeiten), sondern man schaut, was zu tun ist, um die Arbeitslosigkeit abzustellen (Ungeheuerlichkeiten begehen). Kohlereviere zerstören ganze Landschaften. Das Auto belastet die Luft in den Innenstädten. Die Konsumzyklen von Elektrogeräten werden immer kürzer. Wir fördern: alte Kohlereviere, neue Elektromärkte, den Straßenbau.

Heckler & Koch ist einfach. Aber was ist mit Daimler?

Mit Nespresso? Moulinex? Warum sollte man den neuesten Kotflügel designen (eckig zu oval zu rund) oder die neueste Kaffeemaschine (Bohnen zu Pads zu Kapseln), statt einfach nichts zu tun? Warum sollte man dafür sorgen, dass funktionierende Küchengeräte, die niemand braucht, durch neue ersetzt werden, die auch niemand braucht? Aus einem einzigen Grund: Weil dann jemand seinen Wecker stellen, aus dem Haus gehen und zur Arbeit fahren, sich im System anmelden, Mittagspause machen, Mahlzeit sagen und im Internet Nachrichten lesen kann, wobei er niemals, niemals, niemals vor Dienstschluss sein Büro verlässt. Eine vertrackte Situation? Tatsächlich? Eigentlich kommt man ganz bequem durch Nichtstun aus ihr heraus.

Und wer soll das alles bezahlen?

Nun aber zur Sache. Woher kommt das Geld, wenn es nicht mehr am Flughafen erwirtschaftet, der Natur nicht mehr abgepresst wird? Ist Nichtstun schön, aber teuer? Muss man sich Nichtstun leisten können? Wer nichts tut, lebt auf Kosten anderer? In Wirklichkeit ist es natürlich andersherum. Die größten Kosten entstehen nicht beim Nichtstun, sondern beim Arbeiten. Produktionsstraßen müssen erstellt werden und Transportwege gebaut, Werbeanzeigen geschaltet und Geschäftsreisen unternommen werden, es muss mit dem Auto und mit dem Zug gefahren und geflogen werden, es muss Gas durch Pipelines geführt und nach Rohöl gebohrt werden, das alle paar Kilometer destilliert an Zapfsäulen bereitgestellt werden muss.

Wenn man bedenkt, dass der Ertrag dieser Mühen bromhaltige Turnschuhe aus China sind, ist das ein wenig aufwändig. Und sehr, sehr teuer. Selbst wenn man nur die unmittelbaren Kosten veranschlagt, ist Arbeit wesentlich teurer als Nichtarbeit, doch erst die Folgeschäden, eine bis auf die Nanoebene durchseuchte Welt, sind so unermesslich teuer, dass wir schon heute nicht wissen, wie wir sie je bezahlen sollen. Wie günstig dagegen jemand kommt, der gar nichts tut!

Jemand, der Sozialleistungen bezieht, kostet den Staat ein paar hundert Euro im Monat. Selbst wenn dieser Betrag großzügig aufgerundet würde, um die Schikanen auf den Arbeitsämtern zu beenden, ist das geschenkt im Vergleich zu einem Arbeitnehmer, der vom Staat erwartet, dass er ihm Autobahnen baut, seine Produktionsreste ein paar tausend Jahre auf Deponien lagert und notfalls den Laden stützt, indem er ihn als systemrelevant deklariert. Kosten über Kosten! Wer nichts tut, zerstört dagegen auch nichts. Wer Sozialleistungen bezieht, muss von seinem Stigma befreit werden. Wer seine Arbeit verliert, nutzt dem Gemeinwohl. Er geht tapfer voraus. Zynisch? Nicht unbedingt. Ist es nicht viel zynischer, niemandem zuzutrauen, mit wenig Geld und viel Zeit glücklich zu werden?

Natürlich könnte man der Einfachheit halber auch das bedingungslose Grundeinkommen einführen. Ob das bezahlbar ist? Kann ich Ihnen leider nicht vorrechnen. Aber erinnern Sie sich noch an Varoufakis? Den griechischen Finanzminister, der immer mit dem Motorrad angebraust kam? Varoufakis trieb seine europäischen Kollegen in den Wahnsinn, indem er sagte: »Erst brauchen wir eine neue Idee, rechnen können wir dann immer noch!« Die Haltung hat ihn zwar seinen Job gekostet, aber auch zu einem der beliebtesten Politiker Südeuropas gemacht. Offenbar gibt es außer ihm noch viele andere in Europa, die nicht mehr rechnen wollen. Die anders zusammenleben wollen. Menschlich. Nicht wirtschaftlich.

Angeblich würden wir den ganzen Tag im Liegestuhl verbringen, wenn es das bedingungslose Grundeinkommen gäbe. Ich glaube, das stimmt nicht. Wenn wir nicht hinfliegen, wo wir nicht hinmüssen, und nicht kaufen, was wir nicht brauchen, lässt sich hervorragend das tun, was uns wirklich wichtig ist. Die Grenze zwischen Tun und Nichtstun würde durchlässig. Nichtstun wäre nicht mehr Unterbrechung der Arbeit, umgekehrt würde die Arbeit das Nichtstun unterbrechen. Schon heute flüchten gelangweilte Arbeitnehmer oftmals in anspruchsvollere Tätigkeiten. Es gibt Archivare, die nebenbei Kurzgeschichten schreiben, und Fahrkartenschaffner, die in jeder ruhigen Minute Musik komponieren. Nichtstun verleitet nicht zur Faulheit. Es bewahrt nur davor, das Falsche zu tun.

Um es mit Varoufakis zu sagen: Der Mensch hat ein paar unveräußerliche Rechte. Frische Luft zu atmen. Zeit zu haben. Lieben zu dürfen. Ein steuerpflichtiges Arbeitsverhältnis schrumpft dagegen zur Verhandlungsmasse. Warum sollte ich mich für Bedürfnisse rechtfertigen, die allen Menschen gemeinsam sind? Warum sollte ich mich bei der Arbeit ruinieren, um mich nach der Arbeit auf der grünen Wiese zu erholen, während meine Arbeit nichts anderes im Sinn hat, als diese grüne Wiese zu zerstören?

Ganz ehrlich?

Da bleibe ich lieber gleich liegen.

Ein Geständnis

Bis das Grundeinkommen eingeführt ist, muss ich selbst für mich aufkommen. Wenn ich ausgiebig nichts tue, gelingt das auch. Meine monatlichen Fixkosten betragen ein paar hundert Euro. Gas, Wasser, Strom, Hauskredit, Krankenversicherung, Rente, Kita. Noch einmal dieselbe Summe benötige ich, um satt zu werden. Bei einem Stundenlohn von zehn Euro müsste ich etwa sechzig Stunden im Monat arbeiten. Macht nicht mehr als zwei Stunden am Tag. Ich darf nur nicht anfangen, mehr zu tun. Dann würde ich mir mehr leisten können und dafür mehr arbeiten müssen, um hin und wieder nichts zu tun.

Zugegeben: Auch wenn man seine Stelle gekündigt, das Auto zurückgegeben und nicht bei Tchibo eingekauft hat, auch wenn man also befreit unterm Birnbaum sitzt, bleibt doch ein kleiner Posten, der nicht wegzurechnen ist. Auch sechshundert Euro müssen verdient sein. Eine echte Herausforderung fürs Nichtstun. Besonders geeignet, diese Restsumme ohne nennenswerte Tätigkeit zu begleichen, ist eine Erbschaft. Der haftet freilich der Makel an, dass sie zunächst einmal vermacht werden muss. Ebenso angenehm, wenn auch weniger schön: andere für sich arbeiten zu lassen und Dividenden einzustreichen.

Leider ist mir nichts von beidem vergonnt. Und so bleibt mir nur Möglichkeit drei. Erwerbsarbeit. Es folgt der absolute Tiefpunkt dieses Buches. Die schmerzliche Erkenntnis, dass es ganz ohne nicht geht. Hier also mein volles Geständnis: Ich arbeite. Manchmal. Ich will nicht, aber ich muss. Und so sieht mich, wer aufmerksam hinschaut, hin und wieder etwas in eine Tastatur tippen oder in ein Radiomikrophon einsprechen. Aber man muss schon sehr genau hinschauen. Denn allzu groß ist die Wahrscheinlichkeit, mich bei einer dieser Tätigkeiten zu erwischen, zum Glück nicht.

Ich muss nicht erwähnen, dass Erwerbsarbeit eine Krücke ist. Wirklich ausgereift ist Nichtstun erst, wenn es sich selbst ernährt. Wenn das Produkt gelingenden Nichtstuns alle Unkosten deckt. Die Hühnereier meines märkischen Nachbarn sind solch ein Produkt. Oder der Chèvre von Pierre und Marie. Auch ich arbeite also noch daran, gar nichts zu tun. Ich bin nicht weiter als irgendjemand. Mich fesselt dasselbe System wie Sie auch. Ich versuche nur, gemeinsam mit Ihnen daraus auszubrechen.

Gewonnene Lebenszeit

Direkt neben der Wohnung meiner Freundin liegt ein kleiner Park. Der Park gilt in spanischen, französischen und englischen Rucksackreiseführern als Geheimtipp. Denn die Parkbesucher haben einen ganz eigenen Weg gefunden, aus dem System auszubrechen. Grinsend sitzen sie auf den Parkbänken und grüßen jeden, der vorbeikommt. Regenwürmer eingeschlossen. Um die Parklaternen werden Spontantänze aufgeführt. Italienerinnen diskutieren mit Franzosen, die mit Spaniern im Gespräch sind, die mit einer versprengten Berlinerin flirten. Thema ist die Farbe eines Schnürsenkels (rosa? pink?) oder der aktuelle Wochentag (Montag? Donnerstag?)

Der Park ist einer der wenigen Orte in Berlin, die nicht mit Abgasen verseucht sind. Das verbrannte Marihuana, weitaus gesünder als verbranntes Benzol, liegt als dichte Wolke über Wiesen, Büschen und Wegen. Wenn man seiner Lunge in Berlin etwas Gutes tun möchte, sollte man sofort den kleinen Park aufsuchen und einmal tief einatmen. Zwei oder mehr gewonnene Monate Lebenszeit sind nach wenigen Atemzügen garantiert.

Menschen, die gekonnter nichts tun, sind selten anzutreffen. Freundlichere Menschen. Menschen, die weniger Schaden anrichten. In dem kleinen Park gibt es kein Mobbing und kein Ausgebranntsein, keine Duckmäuser und keine Großsprecher. Hier wird an nichts gearbeitet, was Schaden anrichtet. Was hier hergestellt wird, verfällt zu Asche und geht mit dem Wind.

Die im Park (neben dem Nichtstun) am häufigsten ausgeführte Tätigkeit ist ungemein nachhaltig. Sie führt nicht zu brennenden Textilbetrieben und nicht zu verseuchten Böden, nicht einmal zu Kindersoldaten in den Nickelminen Zentralafrikas. Jeder Parkbesucher wäre vom Umweltbundesamt zu beglückwünschen, mit Fördermitteln zu überhäufen und in seiner Vorbildhaftigkeit auszustellen, die ökologische Bilanz eines durchschnittlichen Parkaufenthalts mit ortstypischer Tätigkeit ist tadellos.

Leider wirkt Gras bei mir anders, als es soll. Während ich nüchtern erfolgreich nichts tue, werde ich unter Einfluss von Gras hyperaktiv. Manchmal, wenn ich die Augen schließe, laufe ich durchs Weltall und trage den Erdball unter dem

Arm. Diese Verantwortung. Und diese Kraft, die das simple Offenhalten der Augenlider mir abverlangt. Dieses Pulsrasen. Dieses endlose Gekicher.

Grasrauchen wurde mir schnell zu arbeitsintensiv, also ließ ich es wieder sein. Den kleinen Park aber wollte ich dennoch nutzen. Das war ein wenig naiv, wie sich zeigen sollte. Bei meinem einzigen Versuch, den Park nicht bekifft aufzusuchen, wisperte es sofort aus den Büschen: »Brauchst du Gras? Haschisch, mein Freund?« Das Nichtkaufen von Drogen war keine leichte Übung. Offenbar war ich der einzige Parkbesucher, der im Park tatsächlich spazieren ging.

Die Verkaufskräfte fühlten sich durch mein Desinteresse provoziert und pfiffen mir hinterher. Dabei waren sie eigentlich sehr freundlich. Sie frühstückten Beck's und rauchten zum Mittagessen einen Joint. Abends bekamen sie von einer der Dealerfrauen ein warmes Essen aus einem Handwagen. Man kennt das aus der amerikanischen Kriminalserie *The Wire*, welche die Dealer im Park offenbar auch gesehen hatten. Zumindest eiferten sie der selbstbewussten Lässigkeit der Seriendealer erfolgreich nach. In einem verstanden die Dealer jedoch keinen Spaß: wenn man ihre Arbeitsmoral untergrub, indem man ihnen keine Drogen abkaufte.

Sie zischelten und pfiffen, lockten und scharwänzelten, ständig hielten sie mir kleine Grastütchen vors Gesicht.

Ich gab auf.

Ohne Drogen war ein Spaziergang in dem kleinen Park mit dem Nichtstun nicht zu vereinen. Spaziergänge im Park habe ich fortan eingestellt. Wenn ich aber einmal auf die andere Seite gelangen muss, um ein Brötchen zu kaufen, entzünde ich für die hundert Meter Park pflichtschuldig einen Joint.

Natürlich ziehe ich nicht daran. Natürlich ist kein Gras darin. Manchmal bedarf das Nichtstun eben kleinerer Tricks. Sie kennen das Prinzip bereits von der Angel, der man fürs Nichtstun den Haken entfernt.

Schaut auf diese Stadt!

Gestern Abend führte ein Kommunikationsunfall dazu, dass meine Freundin ins Oderbruch fuhr, während ich mit dem Gegenzug in die Stadt aufbrach. Auf halber Strecke winkten wir uns entsetzt durch zwei Zugfenster zu. Ein Kommunikationsunfall kommt in den besten Beziehungen vor. Einen Kommunikationsunfall sollte man in jedem Fall sportlich nehmen. Da wir aber im jeweils letzten Zug des Tages gesessen hatten, blieb es für diesen Abend bei einer Trennung wider Willen.

Wenn ich schon am falschen Ort war, wollte ich mich wenigstens vor weiteren unnützen Taten schützen. Zielloses Flanieren in der Dunkelheit schien mir dazu geeignet. Also wagte ich mich auf die Straßen Berlins. Auf dem Bürgersteig parkten mehrere Autos. Das kann ich auch, dachte ich, und lief stattdessen auf der Straße. Sofort wurde ich davongehupt. Ich sprang auf den Gehweg zurück. An der nächsten Ampel wartete ich auf Grün, doch man hatte mich offensichtlich vergessen. Ich wartete, die Autos fuhren, das führte zu nichts. Also hastete ich hinter einem grell beleuchteten Bus der Berliner Verkehrsbetriebe über die Straße.

Im Grunde hatte ich bereits genug vom Flanieren. Doch die

Straße, die hinter mir lag, stand einem sofortigen Abbruch im Wege. Der Verkehr war lückenlos. Weiße Schweinwerfer in der einen Richtung. Rote Rücklichter in der anderen. Spritnebel darüber. Ich kam nicht mehr zurück. Also ging ich einfach weiter. Ich merkte, wie meinem Spaziergang die innere Nutzlosigkeit abhanden kam, die fürs Nichtstun so wichtig war. Ich flanierte nicht umher, ich war auf der Flucht. Ich schlenderte nicht, ich rannte.

Inzwischen hatte ich mich mehrere Häuserblocks und Hauptverkehrsachsen, einen Fluss und einen Kanal von der Wohnung meiner Freundin entfernt. Und ich kam einfach nicht mehr zurück! Nach einem scharf an mir vorbeisausenden Taxi kam mir die rettende Idee: Ich musste einfach nur Auto fahren. Wie alle anderen auch. Unter großer Gefahr querte ich eine letzte Straße, noch einmal Hupen, noch einmal Fingerrecken, dann erreichte ich einen Taxistand. Ich stieg ein und nannte die Adresse meiner Freundin. Ab da ging es flott durch die Nacht. Lächelnd hupte der Fahrer einen Spaziergänger davon und bremste beim Ausscheren noch schnell einen Radfahrer aus. Wenn ein Lastwagen vor uns anfuhr, schaltete er den Innenraumfilter ein.

Und zum ersten Mal hatte ich nicht auf dem Land, sondern in der Stadt etwas übers Nichtstun gelernt. Seither bewege ich mich nur noch im Auto durch Berlin. Auch Ihnen sei das Automobil in der Stadt jederzeit empfohlen. Achten Sie auch bei kurzen Verkehrswegen wie etwa dem morgendlichen Brötchenholen darauf, unbedingt ein Automobil in Gang zu setzen. Anders kann ich für Ihre körperliche und geistige Gesundheit nicht garantieren.

Schlafen Sie nackt

Als ich die Taxitür ins Schloss warf, fiel mein Blick auf den kleinen Bruder in der Parkbucht. Er war vom Licht einer Straßenlaterne erhellt. Wie üblich saßen einige Neuberliner im Halbrund um den Baum. Die Begriffe Gartenstadt und Bürgergarten drangen zu mir herüber. Der Birnbaum trug eine einzige verwelkte Blüte, unter der ein kaum zu erahnender Fruchtkörper trieb.

Unweigerlich hatte ich die Stimme meines Nachbarn im Ohr.

»Und die eene Birne da wird er ooch noch abwerfen. Wart ma ab. Ick sach nur Junifall. Dit Bäumeken is dieset Jahr noch zu murkelig zum Tragen, kannste glooben.«

Ich musste schmunzeln.

Der Junifall der einzigen Birne würde viele Neuberliner sehr unglücklich machen. Und sie wussten noch nicht einmal von ihrem Schicksal.

Das abendliche Birnenfest war von einer regionalen Limonadenmarke gesponsort. Ein knittriges Werbebanner war aufgeschlagen, auf dem stand: »Wer schläft, verändert nichts.«

Klang gut. Aber zum einen, fürchte ich, macht Limonade weniger wach als Karies. Und zum anderen ist der einzige Weg, die Welt zu verändern, genau der, den die Limonade verhindern soll. Nämlich zu schlafen.

Wenn Sie eine verkommene und ungerechte Gesellschaft in eine friedliche und gerechte verwandeln wollen, bleiben Sie am besten im Bett. Der Welt ist so am meisten gedient. Im Schlaf erzielen Sie keinen Mehrwert, der anderswo einen

Minderwert hinterlässt, Sie verbrennen kein Erdöl und entwerfen nicht, was morgen unsere Städte verschandelt, Sie entwickeln keine Maschinen zur Beschleunigung Ihres eigenen Untergangs.

Im besten Fall tragen Sie nicht einmal Kleidung, die keinen Sozialstandards gehorcht, im besten Fall schlafen Sie nackt.

Buddha unterm Birnbaum

Seit ich einen Hof besitze, wage ich mich nur noch selten an den Briefkasten. Das Verhältnis zwischen erwünschter und unerwünschter Post ist einfach zu schlecht. Auch bei der gestrigen Leerung fiel mir keine Urlaubspostkarte, kein handgeschriebener Brief entgegen, sondern ein länglicher Umschlag mit Adressfenster. Klassisches Behördenformat. Ein unverständliches Amtsschreiben? Ein erniedrigender Steuerbescheid? Eine überzogene Rechnung? Ich setzte mich erst einmal hin. Vor meinem Briefkasten steht eigens ein Stuhl für diesen Fall bereit. Denn es gibt ein klares Muster, mit dem auf ein eingegangenes Behördenformat zu reagieren ist. Niemals öffnen. Zuunterst unter den Stapel der restlichen Behördenformate legen. Nicht weiter darüber nachdenken. Und, ganz wichtig: niemals beantworten.

Im Nichtstun weiter Fortgeschrittene halten ihren Briefkasten von vornherein geschlossen. Ein breitflächiges Klebeband vor dem Briefschlitz hat sich hierbei bewährt. Absolute Vollprofis wiederum montieren ihren Briefkasten komplett ab. Doch zum Vollprofi fehlt es mir im Nichtstun an Übung.

Als ich gestern auf den Stuhl unterm Briefkasten sank, erkannte ich sogar gegen meinen Willen das Sparkassenlogo. Um das Nichtstun in seiner reinen Lehre war es damit geschehen. Hatte ich das Konto überzogen? Waren die Zinsen für den Hofkredit in die Höhe geschnellt? Bevor ich weitere gefährliche Details durch das Sichtfenster erkannte, schob ich den Brief zwischen Hosenboden und Sitzfläche. Indem ich ihn derart besaß, büßte er augenblicklich an Macht über mich ein. Nichts als ein Brief, beruhigte ich mich.

Ähnlich hatte es sich mit Post vom Einwohnermeldeamt verhalten. Woher wussten die, wo ich wohne? Ich fand, das ging die nichts an. Überraschenderweise führte auch hier bedingungsloses Nichtbeachten zum Ziel. Die ersten Briefe öffnete ich noch. Als man mir aber mit Bußgeldern drohte, reagierte ich verärgert. Warum sollte ich etwas tun, von dem ich nicht überzeugt war, nur um Bußgeld zu sparen? So leicht war ich nicht zu kaufen. Folgende Briefe blieben unbeantwortet. Und so bin ich noch immer gemeldet, wo ich geboren wurde und seit zwanzig Jahren nicht mehr zu Hause bin. Nach einer Hochphase, in der beinahe täglich Post vom Einwohnermeldeamt einging, gaben sie einfach auf.

Was aber wollte nun die Sparkasse von mir? Ich saß noch immer dämmernd auf meinem Stuhl, und da es warm war und ich mich erst am frühen Abend an den Briefkasten gewagt hatte, schlummerte ich über meinem unverlangt eingegangenen Brief dahin. Durch halbgeschlossene Lider sah ich meinen märkischen Nachbarn, der mit einem überbordenden Korb frischer Eier und frischer Bohnen zu einer späten Verkaufsrunde durchs Dorf ansetzte.

Die hölzerne Sitzfläche meines Stuhls wurde unbequem.

Neben dem Stuhl, der asketischen Variante, gibt es andere Gegenstände, die von Natur aus eine große Affinität zum Hinsetzen und Hinwegdösen, zum Schlummern und Dämmern, mithin zum Nichtstun aufweisen. Weiche, gepolsterte und der Bequemlichkeit dienende Dinge wie Decken und Kissen gehören in jedem Fall dazu. Während die Decke erst im Bett zu voller Geltung kommt und vor allem einer einzigen Spielart des Nichtstuns dient, nämlich dem Schlaf, ist das Kissen vielseitiger einzusetzen. Es gibt kaum eine Tätigkeit, die sich unter Zuhilfenahme eines Kissens nicht weniger arbeitsintensiv gestalten ließe.

Meine Großmutter trug in ihrer Handtasche ein faltbares Sitzkissen umher. Freilich diente es nicht dem Nichtstun, sondern dem Schutz ihres Hosenbodens, wenn sie sich auf hygienisch unbekanntes Terrain wie eine Parkbank zu setzen hatte. Manchmal denke ich, dass der Umweg über die Hygiene für eine Frau ihrer Generation die einzige Möglichkeit darstellte, das Kissen seiner eigentlichen Bestimmung zuzuführen. Niemals hätte ein 1920 geborener Mensch zugeben dürfen, dass er gern auf einem Kissen saß und dort gar nichts tat. Wenn er sich um Hygiene besorgt zur Nutzung eines Kissens gezwungen sah, konnte das freilich niemand beanstanden. So gesehen war meine Großmutter ein ganz schön gewitzter Mensch.

Ich beschloss, den Stuhl unterm Briefkasten ebenfalls mit einem Sitzkissen zu versehen. Nicht, dass ich eines Tages aufstehen und einen Brief öffnen würde! Da ich Dinge vor allem in ihrer Urform bewundere, den Besen vor dem Kugelstaubsauger, die Kerze vor der Leuchtstoffröhre, kommt ein Klappkissen nicht in Betracht. Aber auch seine Urform, das quadratische, daunengefüllte, luftige und in seinem schieren Umfang den Kopf beinahe verschlingende Hotelbettkissen scheint mir unpassend. Ich suche noch. Auf dem restlichen Grundstück habe ich bereits zahlreiche Bequemlichkeitsinseln verteilt, die mich vor allzu großer Arbeitsintensität beschützen. Im Sommer lugt das Gras zwischen den Brettern meiner Holzbank durch, so dass es sich bequem zur Sitzfläche umknicken lässt. Und dann sind da noch ein halbes Dutzend moosüberwachsene Findlinge, in ihrer Morschheit angenehm weiche Holzpflöcke und Grasinseln so über das Grundstück verteilt, dass ich bei jedem erdenklichen Sonnenstand sitzend in den tätigkeitslindernden Genuss direkt ins Gesicht fallender Wärmestrahlen gelange.

Ich habe einen Vieruhrpflock, ein Fünfuhrmoos und ein Sechsuhrgras. In Verbindung mit halbgeschlossenen Lidern, vor denen die Falter schwirren und hinter denen die Sonnenflecken tanzen, ist umfassende Tatenlosigkeit kaum zu verhindern. An nicht wenigen Tagen im Jahr besteht meine einzige Tagestätigkeit im Wechseln des natürlichen Sitzkissens, von Zweiuhrsand zu Dreiuhrrinde, von Siebenuhrtrichter zu Achtuhrwurzel. Sicherlich ahnen Sie, dass der letzte Sonnenstrahl des Tages in jedem Fall auf der Bank am Grundstücksende eingenommen wird.

Pierre und Marie haben mir beigebracht, dass man einen Bauernhof auch führen kann, wenn man erst kurz vor Mittag aus dem Bett kommt. Bei meinem Vater lernte ich, dass unnötiger Besitz der größte Feind gelingenden Nichtstuns ist. Mein märkischer Nachbar wiederum lehrte mich, nützliche und unnütze Dinge zu unterscheiden. Doch auch das bedeutet Nichtstun: seine Taten nicht nach dem Gießkannenprinzip auf Urlaub, Reisen, Hausbau, Zweitwagen zu verteilen, dafür aber das, was einem wirklich fehlt, in aller Bandbreite zu erstreben. Allzu arbeitsintensiv wird es nicht werden. Denn meistens fehlen nur ein Kissen, Liebe und frische Luft.

Offenbar war ich unterm Briefkasten mit offenem Mund eingeschlafen, denn auf einmal juckte mich etwas im Rachen. Vielleicht war eine Mücke hineingeflogen. Ich schluckte. Keine Besserung. Ich räusperte mich. Nichts. Dann brachte ich die Stimmbänder durch leichtes Brummen in Schwingung, und tatsächlich, das Jucken ließ nach. Und schon sanken mir die Lider wieder herab. Wenn auch nicht lang.

»Machste jetzt auf Mönch?«

Mein märkischer Nachbar. Natürlich. Ich hatte ihn nicht kommen sehen. Ich brachte nicht mehr als ein gequältes Lächeln hervor. Sein Verkaufskorb war leer. In der Zeit, in der ich einen Brief von der Sparkasse nicht geöffnet hatte, hatte er mehrere Eierkartons und mehrere Kilo frischer Bohnen unter die Leute gebracht.

»Wenn de auf Mönch machst, würd ick mir ne Tonsur schnippeln, sonst denken die Leute, du hattest n Herzinfarkt. Dit is hier ne Dorfstraße, keen Schlafsaal!«

»Man wird ja mal kurz nichts tun dürfen? Buddha hat sein ganzes Leben –«

»Haste recht! Dit is nich Mönch und nich Mittelalter, dit is noch älter. Zen ist dit. Schneidersitz. Omm, und so weiter. Haste nich eben jeommt?«

»Was? Ich hatte eine Fliege im Hals!«

Beschämt trat ich den Rückzug an. Punktsieg für meinen märkischen Nachbarn. Am anderen Ende des Grundstücks setzte ich mich untern Birnbaum. Als ich mich vollkommen unbeobachtet fühlte und entsprechend wenig bekleidet auf meiner Bank saß, im Schneidersitz, ohne Buch, ohne Bier, ohne Tätigkeit, in einer Hitze, die bereits das Stillsitzen und Atmen zu ernsthafter Arbeit verkommen ließ, als ich nicht einmal den Kopf drehte oder auch nur mit den Zehen wackelte, hörte ich auf einmal meinen märkischen Nachbarn hinter dem hochstehenden Gras mit der Sense hantieren. Er schien überall gleichzeitig zu sein. Als er einen dicken Gräserstrang mit gekonntem Schwung in die Horizontale legte, tat sich eine Blickachse zwischen uns auf.

»Dit ist mir ooch so'n Buddha unterm Birnbaum«, murmelte er vor sich hin, so laut, dass ich es hören musste, und so leise, dass es klang, als wäre es nur für ihn bestimmt. Und dann zog er meinen Sparkassenbrief, den ich wohl unterm Briefkasten vergessen hatte, aus seiner Latzhose und gab den Brief in den Kompost, wo er ihn unter einer Schicht frischem Grasschnitt begrub.

Er war einfach schon weiter als ich.

Neues aus der Anstalt

Wenn ich einen Freund frage, ob wir in einer halben Stunde zusammen ein Bier trinken wollen, bekomme ich meist zu hören. »Wirklich gerne. Aber leider muss ich arbeiten!« Ich verstehe das. Und verstehe es nicht. Derselbe Freund, der nicht mit mir Bier trinken will, hat sechs Wochen Urlaub im Jahr. Also ist zu vermuten, dass die Arbeit des Freundes durchaus ein Bier lang Aufschub verträgt.

Mein märkischer Nachbar fährt nicht in Urlaub. Er muss seinen Hühnern die Krallen kürzen und die Salatpflanzen pikieren. Seltsamerweise hat mein märkischer Nachbar, dessen Arbeit so dringlich ist, dass er nicht in Urlaub fahren kann, stets Zeit für ein Bier. Irgendwas stimmt doch da nicht?

Ich unterbrach mein Nichtstun durch einen Blick auf das Feld. Am Horizont fräste sich eine Kolonne von Mähdreschern durch den Weizen, Erntestaub stob in den Himmel auf. Ich hatte bereits zweieinhalb Stunden nichts getan. Mit schönem Erfolg. Ich glaubte, ein Muster zu erkennen. Je unnötiger die Arbeit, desto größer das Aufhebens, das um sie gemacht wird. Über den Raumfahrer, den Formel-1-Piloten oder den Dax-Vorstand wird ausgiebig berichtet. Weniger überflüssig schienen mir die Fahrer der Mähdrescher, über die ich noch nie einen Bericht gelesen hatte.

Wer absolut kein Bier mit mir trinken will, überlegte ich, fürchtet insgeheim, dass seine Arbeit Aufschub verträgt. Er verleiht ihr Dringlichkeit, indem er nicht mit mir trinkt. Das Gebot der Nüchternheit ersetzt das Gefühl, gebraucht zu werden. Wer weiß, dass er gebraucht wird, hat dagegen auch Zeit für ein Bier. Mühsam erinnerte ich mich. Auch ich hatte Tage gekannt, an denen ich niemals Zeit für ein Bier gefunden hatte. Denn in unserem Büro wurde nicht nur die Karte vom Mittagstisch studiert und Espresso im Siedetöpfchen gekocht. Manchmal wurde auch gearbeitet.

Eine solche Arbeit bedurfte freilich einiger Vorbereitung. Für eine solche Arbeit war zunächst einmal ein Meeting anzuberaumen. Um ein Meeting von fünf Kollegen und Chefin anzuberaumen, ließen sich problemlos zwei Dutzend E-Mails schreiben. Wichtig war, jederzeit ausnahmslos alle Kollegen der gesamten Firmengruppe ins CC zu setzen. Nur so ließen sich auch Mitarbeiter in Köln und Frankfurt bequem mitbeschäftigen. Wenn der Termin gefunden war, wurde er gerne in letzter Sekunde von der Chefin gecancelt, da diese ausnahmsweise auch am Dienstag nach Köln fuhr. Erneut mussten zwei Dutzend E-Mails aufgesetzt werden. Wer bei dieser Gelegenheit über die Chefin lästern wollte, nahm sie besser zuvor aus dem CC.

Am Tag des Meetings wirkte die Chefin nicht ausgeschlafen. Es war kein Geheimnis, dass ihre Beziehung in die Brüche gegangen war. Was immer sie sagte, es klang, als spreche sie über sich selbst. Sagte sie: Wir sollten auch die Kunden nicht aufgeben, von denen wir länger nicht gehört haben, klang es, als sagte sie: Vielleicht kommt er ja eines Tages wieder zurück! Endlich bat sie mich zur Präsentation. Wir wollten weg von dem importierten Kinderspielzeug, hin zu technischen Betriebsanleitungen deutscher Firmen. Die Chinesen arbeiteten zunehmend mit eigenen Übersetzern. Und die Deutschen zahlten mehr. Ich sollte eine Expertise erstellen, bei welchen Firmen wir mit der Acquise beginnen sollten. Ich war gut vorbereitet, wie ich fand. Die Chefin aber suchte etwas in ihrem Superhandy. Nachdem ich fertig war, sah sie auf und bat mich dann um eine Zusammenfassung per Mail. Sie müsse leider sofort auf den Zug. Das Meeting war damit beendet. Im System füllte ich nun meinen Time-Manager aus. 11.00 Uhr – 12.00 Uhr: Präsentation. Danach ging es zum Mittagstisch. Danach wurde Espresso gekocht. Es war nun vierzehn Uhr. Bis Büroschluss lohnte es kaum, eine neue Übersetzung in Angriff zu nehmen. Also las ich noch kurz die

Breaking News und fuhr dann meinen Computer herunter: die erste vernünftige Tat an diesem Tag.

Warum ließ ich das mit mir machen?

Ich fürchte, dass die meisten Arbeitnehmer nur deswegen nicht kündigen, weil die Kündigung ihrer Arbeit auch ihre Sozialversicherung kündigen würde.

Ist das nicht klug gemacht?

Ich habe nie begriffen, warum die Krankenkasse an den Job gekoppelt ist. Wir werden krank oder bleiben gesund, weil wir Menschen sind. Und nicht, weil wir Arbeitnehmer sind. Wer nur versichert ist, wenn er arbeitet, ist nicht frei. Oder ist die Kopplung der Krankenversicherung an den Job das heimliche Eingeständnis, dass Arbeit krank macht? Dann ergäbe das System wieder einen Sinn. Ungerecht bleibt es. Denn Sozialbeiträge werden nur auf Löhne erhoben, treffen also niemanden, der geerbt hat oder sein Geld an der Börse vermehrt. Wer wirklich reich ist, zahlt gar nichts. Der Sozialstaat steht Kopf.

Warum aber sollten wir uns ausbeuten, um zu stützen, was von Grund auf marode ist? Warum bauen wir nicht lieber den Sozialstaat um? Durch eine höhere Besteuerung von Vermögen. Durch eine geringere Besteuerung von Arbeit. Durch das Grundeinkommen. Es ist nicht gut für die Wirtschaft, nichts zu produzieren und nichts zu kaufen. Das hat man mir auch beigebracht. Doch einfacher, als mit genesender Wirtschaft dem Menschen zu schaden, wäre es vielleicht, mit geschädigter Wirtschaft als Mensch zu genesen. Das geht am einfachsten, indem man gar nichts tut.

Nichtstun im Arbeitsalltag

Sie sind Arbeitnehmer und können nicht kündigen? Was tun? Schlagen Sie eine Gehaltserhöhung bitte aus. Immer. Eine Gehaltserhöhung macht Sie abhängig und fordert Sie auf, mehr zu tun. Nehmen Sie die Karriereleiter bitte nach unten. Steigen Sie niemals auf. Zeigen Sie keine Reisebereitschaft, gehen Sie nicht ins Ausland. Seien Sie lokal verwurzelt, weisen Sie einen möglichst kantigen, störrischen Charakter auf. Probieren Sie bitte nichts Neues aus. Verlassen Sie sich immer auf alte Muster. Arbeiten Sie niemals zielstrebig, seien Sie unter Stress nicht belastbar. Beschämen Sie mit linkischem Auftreten und unsäglicher Rhetorik. Ihre Sozialkompetenz sollte möglichst mangelhaft sein. Seien Sie bitte ein Kommunikationsmuffel. Nicht nur morgens, sondern während des gesamten Arbeitstags.

Ergreifen Sie bitte niemals Eigeninitiative. Kaschieren Sie Ihre gute Auffassungsgabe und Ihr Organisationstalent. Seien Sie begriffsstutzig, unstrukturiert und absolut unflexibel. Zeigen Sie keinerlei Einsatzbereitschaft. Kommen Sie zu spät. Weiten Sie Ihre Mittagspause aus, gehen Sie freitags niemals nach dreizehn Uhr ins Wochenende. Gönnen Sie sich mal ein Piccolöchen während der Arbeitszeit. Sagen Sie Ihrem Chef, was Sie von ihm halten. Wenn Sie meinen Ratschlägen freundlich folgen, werden Sie schon bald jede Menge Zeit finden, gar nichts zu tun.

Vor allem eine allzu hohe Sozialkompetenz ist im beruflichen Umfeld gefährlich. Gelingendes Nichtstun ist damit nicht drin. Interessanterweise verkehrt sich dieser Ratschlag im privaten Umfeld ins Gegenteil. Begegnen Sie Ihren Mitmenschen gerne so, wie Sie Ihrem Chef nicht begegnen sollen. Freundlich. Vorausschauend. Hilfsbereit. Wenden Sie alles, was Sie beruflich nicht tun sollen, im privaten Umfeld bitte konsequent an. Zerstören Sie Ihr berufliches Netz, indem Sie ein zwischenmenschliches aufbauen. Scheuen Sie keine Mühe und keine Zeit. Investieren Sie. Was erst einmal gar nicht nach Nichtstun klingt, wird Sie langfristig vor unnötiger Tätigkeit schützen. Nur wer einander schätzt, kann miteinander teilen, voneinander lernen, füreinander da sein, was unendlich viel Zeit einsparen kann. Nichtstun gelingt niemals allein. Nichtstun gelingt nur im Verbund.

Der Praxistest

Kurz nachdem ich die Uni beendet hatte, bekam ich eine Nachricht von meinem Kommilitonen Julian. Nach fünf Jahren Studium hatte er seine erste Zwischenprüfung bestanden. Wahrscheinlich verfügte er zu diesem Zeitpunkt bereits über Kenntnisse, die einer Professur genügt hätten. Und doch galt er als schlechter Student. Er schrieb keine Hausaufgaben und keine Aufsätze und meldete sich nicht. Er kam zu ausnahmslos jeder Vorlesung zu spät. Allerdings nicht eines Katers wegen, sondern weil er sich in einem ledergebundenen Klassiker festgelesen hatte, von dem ich bestenfalls die Zusammenfassung las. Nachts brannte in seiner Studierstube in einem ehemaligen Nonnenkloster noch lange Licht. Dann schrieb er an einer Arbeit, die für sein

Studium nicht zu verwerten war. Sie trug den Titel »Platon und ich«.

Julian wäre niemals auf die Idee gekommen, auf die Studienordnung zu hören, wenn er arbeitete. Er nahm keinerlei Mühen auf sich, um einen Leistungsnachweis zu erlangen oder die nächste Prüfung zu bestehen. Ob ihn ein Dozent für faul oder für fleißig hielt, interessierte ihn nicht. Wenn ihn aber etwas interessierte, zum Beispiel Platons Ideenlehre, dann arbeitete er so konzentriert daran, dass er zur nächsten Vorlesung zu spät kam. Man kann sagen, Julians Nichtstun war Nichtstun auf höchstem Niveau. Einerseits hatte er in fünf Jahren nur die Zwischenprüfung geschafft. Andererseits tat er viel. Aber eben nur das, was er für richtig hielt. Es war die philosophische Form des Nichtstuns, die gelingendste, wenn man so will. Er war so glücklich mit dem, was er tat, dass ihm selbst das Tun zum Nichtstun zerfiel.

Natürlich ist das nicht immer möglich. Nicht jede Arbeit gibt es her, sich in diesem Maße mit ihr zu identifizieren. Oftmals braucht es einen viel prosaischeren Anweg, um Nichtstun in den Arbeitstag zu integrieren. Ich gebe zu: Wer alle Tipps zum Nichtstun im Arbeitsalltag in vollem Maße befolgt, also weder belastbar noch inspiriert ist, weder kreativ noch pünktlich, wird auch nicht recht glücklich. Es ist nicht hilfreich, die Vollversion des Nichtstuns zu leben, wenn die Arbeitswelt noch nicht einmal Grundkenntnisse darin besitzt. Radikalität ist nicht angebracht. Wenn man in seinem Beruf radikal gar nichts tut, macht man zwar alles richtig, wird aber nicht glücklich und macht letztlich also alles falsch.

Sie sehen, ich rudere wieder zurück. Es folgt gewissermaßen der Praxistest. Man darf seinem Chef schon mal einen Kaffee kochen. Man darf auch mal engagiert ein Projekt zu Ende führen. In Ausnahmefällen ist sogar eine Überstunde zu verzeihen. Doch bei jeder Art von Engagement sind einige Regeln zu beachten. Nur so entfernt man sich nicht von seinem eigentlichen Ziel, tätigkeitsarm durch den Arbeitsalltag zu kommen. Denn Nichtstun im Arbeitsalltag erfordert Planung, Ordnung und Stringenz. Gefährliche Dinge, die bei falscher Anwendung leicht zum Gegenteil führen. Also zur sinnlosen Tat.

Julian ordnete seine Arbeit nicht, wie McKinsey es empfiehlt (Schein, Klausur, Abschlussarbeit), er ordnete seine Gedanken, wie Laotse es empfiehlt (Was will ich von meiner Arbeit? Und was gibt sie mir?). Niemals nutzte Julian Zeit. Die Zeit bis zum Vorlesungsbeginn blieb so ungenutzt wie die Zeit bis zu den Semesterferien oder die Zeit bis zur Klausur. Julian überlegte nicht, was sich in einer halben Stunde alles erledigen ließ. Er fragte sich lieber, was er an der Uni überhaupt wollte. Dem Professor gefallen? Später ein gutes Gehalt nach Hause bringen? Mit den Kollegen plaudern? (Nein. Ihn interessierte allein das Verhältnis zwischen Platon und ihm.)

Um Nichtstun in den Arbeitsalltag zu integrieren, ist es wichtig, sich diese Fragen zu stellen, denn die möglichen Antworten schließen sich gegenseitig aus. Möchte man seinem Chef gefallen, gefällt man nicht seinen Kollegen. Möchte man seinen Kollegen gefallen, nutzt man nicht seinem Projekt. Möchte man das Projekt fertigstellen, hat man keine Zeit für die Kollegen. Wenn man alles gleichzeitig schaffen möchte, annullieren sich die Bemühungen zu einem unfreiwilligen

Nichts. Im Grunde gibt es zwei Möglichkeiten, die zu gelingendem Nichtstun im Arbeitsalltag führen. Am glücklichsten ist, wer seine Arbeit so sehr in sein Leben auflösen kann, dass ihm die Arbeit gar nicht mehr auffällt. Julian ist nah dran an dieser Lösung, ihm zerfällt selbst die Lektüre von Platontexten zum Nichtstun. Doch hat seine Arbeit einen Haken. Sie bringt kein Geld. Und so kenne ich tatsächlich nur drei Menschen, denen diese schönste Lösung gelungen ist. Es sind neben meinem märkischen Nachbarn nur Pierre und Marie. So schön diese Lösung ist, so schwer ist sie zu verwirklichen. Für alle, die am Ende des Tages keinen eigenen Ziegenkäse hergestellt haben und keine eigenen Karotten ernten können, gibt es noch immer die B-Lösung. Sie setzt umgekehrt darauf, Ihre Arbeit von Ihrem Leben radikal zu trennen.

Wenn Ihnen Ihre Arbeit keinen Spaß macht, trennen Sie also bitte die Zeiten, in denen Sie arbeiten, von solchen, in denen Sie es nicht tun. Es klingt einfach, ist aber seit Erfindung des Superhandys kaum noch zu verwirklichen: Arbeiten Sie bei der Arbeit, und tun Sie beim Nichtstun nichts. Von Julian habe ich gelernt, mich bei der Arbeit komplett abzuschotten. Er untergrub das Mantra der ständigen Erreichbarkeit. Wenn er über sein Verhältnis zu Platon sinnierte, ging er nicht ans Telefon und öffnete einem nicht die Tür. Er war zu Randzeiten nett zu seinen Kommilitonen, damit er es dann, wenn es darauf ankam, nicht sein musste, sondern arbeiten konnte. Er arbeitete niemals in Gruppen, er arbeitete lieber für sich. Teamarbeit hat noch nie funktioniert, sagte er gern, und wird auch nie funktionieren. Erst wenn er mit seiner Arbeit fertig war, trug er wieder eine Runde versöhnendes Backwerk durch das Seminar.

Julian wusste, dass das moderne Arbeiten zwischen Telefon, Internet und Termin nicht funktioniert. Er verbannte Simultaneität und Effizienz aus seiner Arbeit. Er trank keinen Kaffee, während er auf den Bildschirm schaute. Er musste sonst nur die Tastatur wischen. Er trank erst den Kaffee. Und schaute dann, wenn es denn sein musste, auf den Bildschirm. Er brachte mir bei, lineares Handeln neu zu schätzen. Er ging die technologische Entwicklung der letzten paar Jahre einfach wieder zurück.

Sie erinnern sich? Erst kamen Sie etwas später mit einer Aktenmappe von der Arbeit, dann arbeiteten Sie am Feierabend per Stick am eigenen Computer, dann am Wochenende per Notebook aus dem Hotel, dann am Feiertag per Superhandy von überall. Irgendwann hatten sich Freizeit und Arbeit so weit angeglichen, dass sie nur noch durch Ihre Kleidung zu unterscheiden waren: Anzug? Badehose?

Das Superhandy war immer dabei.

À la tradition

Als ich meine erste Woche bei Pierre und Marie in die Lehre gegangen war, hielt ein Staatswagen vor der Tür, oranges Blinklicht drauf, Schriftzug dran, Beamte drin, die Einschüchterung blieb nicht ganz aus. Genauer gesagt: Ich war es, der sich einschüchtern ließ. Marie molk die Ziegen, sie war gar nicht vor Ort. Und Pierre, nun, von Pierre konnte ich einmal mehr lernen, wie man sich gegenüber einer von außen an einen herangetragenen Erwartung verhält.

Während ich mir hastig Gedanken machte – Wer war das? Steuerfahndung? Gewerbeaufsicht? Hygieneamt? – und die beiden Beamten am liebsten ins Haus gebeten hätte, um jedes Aufsehen zu verhindern, pflanzte sich Pierre breitbeinig vor seiner Haustür auf, rauchte und ließ niemanden durch. Es hatte etwas von einem Showdown im Western. Die verlassene Dorfstraße, auf der sich eben der vom Staatswagen aufgewirbelte Staub legte. Ein Hund, der hinkend die Straße querte. Eine Rotte neugierig verstummter Nachbarkinder am windschiefen Gartenzaun.

Die Beamten näherten sich und zeigten ihre Ausweise vor. Ich wusste noch immer nicht, welches gebrochene Recht sie ahndeten. Pierre begrüßte die Männer mit einem Satz, der sich sofort in den Tiefen meines verschütteten Selbstbewusstseins verankerte. Einen Satz, den ich seither regelmäßig zitiere, wenn mir die Staatsmacht oder auch nur ein entfernter Nachbar mit der Bitte, den Vorgarten zu mähen, zu nahe kommt. Pierre begrüßte die Beamten mit dem schönen Satz: »Wenn Sie mir einen Mord nachweisen können, nehmen Sie mich bitte in Handschellen, alle anderen Verbrechen respektiere ich nicht.«

Die Dorfkinder kicherten. Ich verfiel in tiefe Bewunderung. Gesetz und Obrigkeit, Ordnung und Gepflogenheit verloren mit einem Schlag ihre Macht über mich. Auf die Beamten aber verfehlte der Satz seine Wirkung. Sie schienen vor allem genervt. Offenbar hatte Pierre bereits einen gewissen Ruf im Umgang mit den Behörden. Ob man sich nicht irgendwo setzen könne, um das in Ruhe zu besprechen. Nein, sagte Pierre, das könne man nicht. Ob sie einen richterlichen Beschluss mitbrächten, oder eine Vorladung? Falls er des Mordes verdächtigt werde, sagte Pierre, dürften sie sich freimütig umsehen, ansonsten bitte er die Staatsmacht, nun wieder zu gehen.

Nach einigem Hickhack dieser Art begriff ich, dass die Beamten überprüften, ob Pierre und Maries Käserei die Anforderungen des regionalen Gütesiegels erfüllte. In der Tat klappten wir an jedem Markttag ein großes Schild mit dem Stempel des Départements auf, das darüber aufklärte, dass wir keine Antibiotika verwendeten, kein künstliches Lab, den Ziegen nur Heu und Silage zu fressen gaben und die Tiere im Sommer auf die Weide ließen. Damals war das eine echte Besonderheit und der alleinige Grund, warum sich einige feine Damen aus der Hauptstadt des Départements zu uns auf den Markt verirrten. Pierre verkaufte ihnen den Käse zum doppelten Preis. Auch den hielten sie noch für ein Schnäppchen.

»Mit was für einer Art von Farbe wird Ihr Stall gekalkt?«, fragte soeben einer der beiden Beamten. Sie waren gleich groß, nämlich klein, gleich dick, nämlich schlank, und auch sonst nicht recht zu unterscheiden, wie es sich für einen guten Beamten gehört.

»Unser Stall wird überhaupt nicht gekalkt!«

Und Pierre kicherte über seine List wie ein Schuljunge und wurde so selbstsicher, dass er den Beamten sogar von seinen Gitanes anbot. Als der zweite Beamte ebenfalls nach einer Zigarette greifen wollte, nahm Pierre die Packung zurück und sagte: »Bedaure, Ihr Kollege hat leider die letzte genommen.« Sogar die Kinder am Gartenzaun hatten gesehen, dass die Packung noch halbvoll war.

Auf der Dorfstraße kam eben der Ortsvorsteher herbeigeeilt. Pierre schickte ihn nicht etwa weg, er grüßte ihn mit großem Hallo und erklärte über den ganzen Vorplatz, die Staatsmacht sei ihm auf den Fersen, er bekenne sich hiermit in aller Form schuldig: ja, er habe seinen Stall nicht vorschriftgemäß gekalkt. Er streckte seine Handgelenke vor, um sich festnehmen zu lassen. Den beiden Beamten wurde das Schauspiel zu blöde. Sie beanstandeten die mangelnde Kooperation, drohten, dass ihr Besuch Folgen zeitigen werde, stiegen in ihren Wagen und fuhren zum nächsten Ziegenhof oder in die Hauptstadt des Départements zurück.

Zwei Wochen später wurde Pierre und Marie das regionale Gütesiegel aberkannt. Vorgeschobener Grund: Verwendung nicht zugelassener Farbe in einem freilich gar nicht gestrichenen Stall. Marie war am Boden zerstört. »Und nun? Wenn wir den Käse zu herkömmlichen Preisen verkaufen, können wir schließen, das rechnet sich nicht.« Doch Pierre strich ihr erst einmal das Haar aus dem Gesicht und drückte sie so fest an sich, das sich für weitere Sorgen kein Platz mehr in ihrem schlanken Körper fand. Dann schenkte er Rotwein aus und dem kleinen Sohn zur Feier des Tages eine Tomate und sagte. »Ab heute sind wir nicht mehr *certifié*, sondern *à la tradition.*« Und er stieß mit uns an, und danach tat er erst einmal ausgiebig nichts. Schon gar nicht kalkte er den Stall. Noch weniger setzte er sich mit der Behörde in Verbindung.

Am Vorabend des nächsten Markttages aber schnitzte er ein neues Schild, verfasste einen blumigen Aushang, der unsere Käsereimethode bis ins fünfzehnte Jahrhundert zurückverfolgte und als die favorisierte von Ludwig dem Vierzehnten beschrieb. Folgerichtig verdreifachte Pierre erst einmal den Grundpreis. (Ich habe mir erlaubt, das für Sie zu googeln:

nein, Ziegenkäse aß man am Hof Ludwig des Vierzehnten nicht.) Die feinen Damen aus der Hauptstadt des Départements rissen uns den vermeintlichen Käse des Sonnenkönigs mit dem Phantasiesiegel nun erst recht aus der Hand.

Tage wie diese

Theoretisch sehe ich ein, dass ich nicht das ganze Leben unterm Birnbaum sitzen und nichts tun kann. Nicht als Vater. Nicht als jemand, dessen Vorfahren vergaßen, ein Erbe bereitzustellen. Praktisch aber geschieht hin und wieder Folgendes. Eines Morgens suchte ich im Halbschlaf nach der Mutter meines Kindes, leider blickte ich ins Leere. Nachdem mir das Aufwachen weitgehend gelungen war, stellte ich fest: Ich lag nicht im Bett, sondern auf dem Sofa. Im Bett schlief an meiner Stelle das Kind. Wer eine glückliche Beziehung in eine heikle verwandeln möchte, sollte sich unbedingt ein Kind anschaffen. Verärgert stand ich auf, wobei sich erst einmal der Schnabel eines Holzstorchs in meinen Fußballen rammte.

Meine Bitte, dem Kind keinen Plastikabfall, am besten aber gar nichts zu schenken, hatte zu einer Invasion von Holzkühen und Holzfüchsen, von Holzhähnen und Holzschildkröten geführt, die sich nun als spitzer Fakirteppich über den gesamten Hof verteilten. Ich zog mir den Storchschnabel aus dem Fuß, humpelte blutend zur Spüle und suchte die Espressokanne unter dem Berg schmutzigen Geschirrs. Beim Herausziehen der Kanne brach ein feines Weinglas.

Die Welt der Gegenstände ist gnadenlos. Doch bis hierhin

kannte ich das Prozedere. Es rang mir noch keinen Fluch ab. Die Espressokanne hatte einen schwarzen Belag auf dem Boden gebildet, den ich geduldig freischrubbte. Der erste Schluck schmeckte nach Metall, auf einen zweiten verzichtete ich. Kennerhaft sichtete ich den Geschirrberg. Eine halbe Stunde Spülzeit. Mein Vorschlag, das Haus mit drei Tellern, drei Gläsern und drei Paar Besteck einzurichten, die niemals einen Geschirrberg bilden würden, hatte meine Freundin als asozial abgelehnt. So könne man keine Gäste bewirten. Außerdem benötige sie einen runden Auskühlrost zum Kuchenbacken, eine Auflaufform für Quiches, Plätzchenstechformen und noch eine gehörige Menge weiterer Dinge, die sich nun in meinem Spülbecken befanden.

Ich spülte die halbe Stunde. Bald aber stellte ich fest, dass unter der Spüle eine modrige Stelle wütete, offenbar tropfte das Spülwasser seit Monaten am Abflussrohr herunter. Sie ließ sich nicht trockenreiben, immer mehr Wasser quoll aus dem Abflussrohr. Beim Versuch, das Rohr zu richten, hielt ich es auf einmal komplett in der Hand. Ich musste nun doch einmal durchatmen. Noch immer kein Fluch. Ich zog einen schleimigen Pfropfen aus Haaren und Unkenntlichem aus dem Rohr und schleuderte ihn von mir. Er heftete sich an die Küchenscheibe wie eine Krake. Dann schraubte ich den Siphon wieder fest, natürlich griff der Schlussring nicht und drehte durch.

Langsam überkam mich der Drang nach einem frühmorgendlichen Bier. Natürlich war keines im Haus. Ich wischte die Schleimkrake vom Fensterglas und gönnte mir die schale Befriedigung, Schleimkrake und Holzstorch gemeinsam im Kompost zu entsorgen. Vom Kompost hatte ein Reh genascht und einige alte Nudeln über dem Grundstück verteilt. Ich sammelte die klebenden Teigwürmer zusammen und stützte mich auf dem obersten Kompostbrett ab. Ich muss nicht erwähnen, dass es morsch war und brach. Bis zum Ellbogen versank ich im Moder. Als ich das Brett geklebt, geschient und geschraubt hatte, drang die Stimme meiner Freundin aus dem Haus: »Die Espressokanne hättest du nicht schrubben dürfen, der Bodenbelag ist wichtig für das Aroma!«

Ich überlegte nun ernsthaft, in den nächsten Ort zu gehen und Bier zu kaufen. Stattdessen ging ich ins Bad, um mir den Kompostmoder herunterzuspülen. Ich hielt noch durch, bis das Kind klagte, weil es den Holzstorch nicht fand. Dann gab ich auf. Ich rannte ins Wohnzimmer und stieß eine Reihe mir bis dahin völlig unbekannter Schimpfwörter hervor, die hauptsächlich um die Überfrachtung meines Haushalts durch nie gewollte, bruchanfällige Gegenstände kreiste. Dann knallte ich Holzviecher und Holzpuzzles und Holzstifte auf den Flur hinaus.

Ich fegte die überflüssigen Bücher vom überflüssigen Regal und schmiss sie hinterher, dann das Regal selbst, ich nahm den überflüssigen Wandspiegel herunter, schleifte den überflüssigen Sessel und die überflüssige Couch nach draußen, das Zimmer war nun auf beglückende Art leer. Mit effektvollem Knall schloss ich die Tür zur Küche. Leider hatte meine Freundin von meinem auch etwas pädagogisch gemeinten Anfall nichts mitbekommen. Aus dem Bad hörte ich sie pfeifen und das helle Gelächter vom Kind.

Der Tag draußen war trüb. Es fiel kaum Licht in mein endlich befreites Zimmer. Ich beglückwünschte mich, dass ich die Glühbirne nicht aus der Fassung gedreht hatte. Ein warmes Glücksgefühl fuhr mir in die Glieder. Ich genoss Freiheit und Leere, nirgendwo blieb mein Blick hängen, nichts setzte Erinnerungen frei. Nichts konnte kaputtgehen. Nichts musste repariert werden. Nichts forderte Zeit ein. Für nichts musste Arbeit aufgewendet werden. Nichts hinderte mich am Nichtstun.

Überfrachtung und Enge waren dafür verantwortlich, dass ich Berlin nicht mehr ertrug. Das durfte sich im Oderbruch nicht wiederholen. Ich streckte mich, atmete durch und bereute zum ersten Mal seit zwei Stunden nicht, dass ich aufgestanden war. Die Töne aus dem Bad wurden immer vergnügter. Offenbar lieferten sich Freundin und Kind eine Wasserschlacht. Ich ärgerte mich über den ausgelassenen Frohsinn. Zu gern hätte ich auch meine Ohren von unnötigen Reizen befreit. Immerhin sah ich nichts. Nur weiße Wände. Nur blanke Dielen. Draußen nur grauen Himmel. Toll.

Nach einigen Minuten hätte ich mich ganz gerne hingesetzt. Ein bedauernswertes Relikt meines Charakters ließ mich die Couch vermissen. Ich rutschte an der Wand herunter, setzte mich auf die kalten Dielen. Im Bad war es ruhig geworden. Ich stellte fest, dass mich der Grund dafür interessierte. Putzten sie sich die Zähne? Lachten sie mich aus? Auch mangelnde Gleichgültigkeit hindert einen am Nichtstun. Meine Gedanken kreisten bald ausschließlich um Dinge, die nicht mehr im Raum waren. Sie waren so auffallend abwesend, dass sie beinahe schon wieder anwesend waren. Ein Satz, den ich gerne vermerkt hätte. Aber ich hatte keinen Stift. Ohne Computer ließ sich immerhin nicht überprüfen, wie oft der Satz schon vor mir gedacht worden war.

Dass meine Freundin mich hier drinnen versauern ließ,

empfand ich zunehmend als unfreundlichen Akt. Sie hätte ja mal einen Kaffee vorbeibringen können. Auch wenn dem nun das Aroma fehlte. Ich hörte die beiden kichern. Direkt hinter der Tür zur Küche. Ich konnte geradezu sehen, wie sie mit den Fingern auf mich zeigten. Ohne Lärm zu verursachen, nahm meine Freundin etwas vom Abtropfgitter, offenbar deckte sie den Tisch. Ich würde nicht mitessen. Ich brauchte nichts. Ich war wesentlich geworden, von den Zumutungen der Gegenstandwelt befreit. Eine Schale Reis am Tag würde ich zulassen. Für den Rest hatte ich ab heute nur noch Verachtung übrig.

Ich hatte angenommen, klarer denken zu können, sobald die Gegenstände um mich herum reduziert waren. Stattdessen war ich erschrocken, wie körperlich ich wurde. Meine Wirbelsäule schmerzte, die Maserung der Dielen lenkte mich ab. Augen. Schmetterlinge. Weibliche Geschlechtsteile. Bei derart großer Ablenkung ließ sich nicht nichts tun. Ich sollte den Raum komplett weiß streichen. Decke, Wände, Boden, alles nur weiß. Einige Minuten später hörte ich Fett in der Pfanne brutzeln, und noch eine Minute später drang süßlicher, zimtverfeinerter Pfannkuchenduft durch die Türritze zu mir. Eine Unverschämtheit, wie ich fand. Auf einmal öffnete meine Freundin die Tür, die Haare nass, ein schmales Badetuch um die Hüften. Sie lächelte und sagte: »Geht's wieder? Ich habe uns Frühstück gemacht!«

Neue Heimat

Wie tue ich nichts? Indem ich nicht auf die anderen höre. Indem ich aufhöre, fleißig zu sein. Indem ich keine Dinge kaufe, die Zeitersparnis verheißen. Indem ich abkürze. Wer alles berücksichtigt, wird viele Minuten süßen Nichtstuns genießen, aber auch Rückfälle erleiden, in denen das Nichtstun nichts anderes als eine unerfüllte Sehnsucht ist, als Einsamkeit und die Suche nach Sinn. Das ganz große Nichts, die totale Bindungslosigkeit ist auch keine Lösung. Nichtstun kommt ohne Menschen nicht aus. Es reicht nicht, frei von allem zu sein, was dem eigenen Leben Umwege aufbürdet, manche Umwege sind vielmehr erst wichtig, um tatsächlich frei zu sein.

Regelmäßig versagen meine Fertigkeiten im Nichtstun, wenn ich alleine bin. Erst fiebere ich dem Moment entgegen, in dem die Stille einkehrt, in dem sich Leere breitmacht, in dem an gepflegtes Nichtstun überhaupt erst zu denken ist. Ich sorge dafür, dass das Geschirr gespült ist für diese kostbaren Stunden, dass keine Reparatur ansteht und der Rasen im Hof gemäht ist, damit mich nichts davon abhält, gar nichts zu tun.

Doch dann, wenn Freundin und Kind und Gäste an unserem Bahnhof, der nichts als ein einsames Gleis ist, in der Regionalbahn verschwunden sind, dann öffnet sich seltsamerweise nichts in mir, dann zieht sich vielmehr etwas zusammen. Die kurze Allee, die eben noch vielversprechend im Abendlicht lag, wirkt auf dem Heimweg auf einmal verlassen. Der Aussichtspunkt am Dorfeingang, an dem wir eben noch gemeinsam über die endlosen Felder blickten, liegt nun einfach nur öde in der Dämmerung. Im Küchenfenster, das zur Dorfstraße einsichtig ist, begrüßt mich kein Schatten, kein großer, kein kleiner, es brennt nicht einmal Licht.

Nichtstun muss man immer neu lernen, aber das ist ja nicht schlimm. Oft tue ich, wenn ich nichts tun möchte, wenig mehr, als mit gesteigerter Grundunruhe von Zimmer zu Zimmer zu tigern, das ist nicht viel und doch alles andere, als nichts zu tun. Ich sortiere die eigentlich doch sehr schönen Holztiere in heimische und exotische Arten, sperre Hirsche und Rehe ins Wildgehege und Giraffen und Antilopen in den Zoo. Heimlich öffne ich einen Spalt weit den Kleiderschrank meiner Freundin und atme eine Weile und koche schon wieder einen neuen Kaffee.

Wenn Nichtstun nicht für den Moment Glück verheißen, sondern langfristig Bestand haben soll, benötigt der Nichtstuende eine Heimat, eine besondere Art von Familie, die natürlich nicht aus Partner und Kind bestehen muss. Er benötigt nicht nur die Freiheit von etwas, sondern auch die Freiheit zu etwas, es muss ihm gelingen, etwas zu bejahen, ohne es zu bedürfen. Nichtstun als Sinnstiftung? Sehnsucht nach neuer Heimat? Das ist nicht angesagt. Aber letztlich bin ich lieber nicht angesagt und glücklich, als angesagt und allein.

Wenn ich für immer allein auf der Bank am Grundstücksende säße, Himmel drüber, Feld davor, Birnbaum daneben, wäre das Unglück perfekt. Wenn ich ab sofort gar nichts mehr tun müsste, dann würde ich in gnadenlosen Aktionismus verfallen, den Baum stutzen, die Bank lasieren, ein Feld ausheben, das Haus verputzen, ich würde es keine weitere Sekunde mehr auf der Bank aushalten. Auch als ich Kinderspielzeug und Mobiliar aus dem Wohnzimmer geworfen hatte, folgte ein Moment, der in seiner Tätigkeitslosigkeit beinahe panisch geriet.

Mit der Leere ist dann auf einmal nichts anzufangen. Die Leere, die Freiheit erst möglich macht, wird zum Vakuum. Nichtstun verheißt auf einmal kein Glück, es zeugt nur noch von Mangel. Nichtstun macht keinen Spaß, wenn man nichts zu tun hat. Die Leere ist nicht zu nutzen, wenn niemand ihr einen Rahmen verleiht. Es stellt sich keine Konzentration ein und keine Gelassenheit, und das Nichtstun erfordert derart viel Arbeit, dass ich lieber die Farbwalze zur Hand nehme und die Wetterseite neu weiße, oder den schiefhängenden Wandspiegel neu auslote, mit ein oder zwei Dübeln, mehr oder weniger fachgerecht eingebracht in die Backsteinwand.

Augen auf bei der Partnerwahl

Ich will ehrlich sein. Mit dem falschen Partner wird es schwierig, nichts zu tun. Wie aber unterscheide ich den richtigen Partner vom falschen? Es folgt ein Abriss über den Stand der Wissenschaft. Für eine glückliche Beziehung entstammen Sie bitte nicht nur demselben Kulturkreis wie Ihr Partner, sondern auch einem ähnlichen Milieu. Sie sehen in etwa gleich gut aus und weisen keinen makabren Höhenunterschied auf. Sie haben denselben Bildungsstatus und keine eklatanten Einkommensunterschiede. Sie verfügen über einen eigenen Freundeskreis, der aber Schnittmengen mit dem Ihres Partners aufweist. Sie pflegen eigene Hobbys, üben aber auch ein gemeinsames aus. Sie hängen an Ihrem Partner, beglucken ihn aber nicht, Ihre Beziehung ist so eng, wie sie Freiräume lässt.

Trifft alles zu?

Wenn nicht, befolgen Sie einfach eine andere Regel. Haben Sie Sex. Ihr Partner wird so ganz von allein zum richtigen. Auch hier ist sich die Fachpresse einig. Denn Sex und Nichtstun gehen eine natürliche Symbiose ein. Ein Beziehungsstreit ist so leider nicht mehr möglich. Sobald bei Ihnen oder Ihrem Partner erste Anzeichen von Unruhe aufkommen, haben Sie einfach wieder Sex. Gerne in einem uneinsichtigen Innenhof. Gerne in den verlorenen Weiten Brandenburgs. (Es tun aber auch der Harz oder die Eifel.) Natürlich ist das der eigentliche Grund, warum die Berliner im Sommer alle aufs Land strömen. Die Brandenburger haben das schon immer gewusst.

Doch seien Sie bitte vorsichtig. Schlechter Sex kann Ihrem Nichtstun großen Schaden zufügen. Daher folgt an dieser Stelle noch rasch die Lösung der beliebten Frage: Wie geht guter Sex?

Tatsächlich ist nichts leichter als das. Konsultieren Sie einfach die Onlineauftritte von Cosmopolitan, Elle und Jolie, oder lesen Sie freundlicherweise hier die Zusammenfassung. Schlafen Sie bitte auch dann mit Ihrem Partner, wenn es gerade nicht passt und Sie keine Zeit dazu haben, wenn Sie Kopfschmerzen, Depressionen oder Ihre Zweifel haben, kommen Sie nicht einfach zum Höhepunkt, sondern ketten Sie Höhepunkt um Höhepunkt aneinander, haben Sie Sex, wenn das Telefon klingelt, schlafen Sie auch mal auf der Parkbank miteinander, im Zug oder spontan während des Elternabends, und wenn Sie zurückkommen und Ihr Kind noch nicht schläft, dann haben Sie erst einmal ausgiebig Sex.

Üben Sie bitte alle zur Verfügung stehenden Praktiken nacheinander aus, auch jene, die Ihnen bislang eher befremdlich erschienen, auf Internetvideos aber allenthalben zu betrachten sind. Probieren Sie Körperteile aus, deren Nutzen beim Liebesspiel Sie bislang noch nicht kannten, seien Sie nicht nur erfinderisch, sondern auch akrobatisch, schlafen Sie nicht nur im Stehen, Liegen und Sitzen miteinander, sondern auch einmal auf dem Kopf, oder, warum nicht, indem Sie nur auf dem linken Bein stehen und sich rücklings zur Brücke beugen, vor allem aber kaufen Sie ruhig ein paar dieser Peitschen, die neuerdings im Drogeriemarkt gleich neben den Schwangerschaftstests stehen.

Beweisen Sie Ihrem Partner bitte, was in Ihnen steckt, lassen Sie sich niemals fallen, haben Sie lieber die Stoppuhr im Blick, kommen Sie nicht vor zwanzig Minuten zum Höhepunkt, und vergessen Sie nicht, Ihren Partner gleichzeitig dazu zu bringen, sonst sind Sie der totale Versager, eine Regeneration lassen Sie besser aus, machen Sie einfach weiter, führen Sie alle verfügbaren Techniken und Stellungen hintereinander aus, handeln Sie stets so, als sei Ihr Beischlaf bereits zum fertigen Filmchen geschnitten.

Wenn Sie keine dieser Regeln befolgen, haben Sie alles richtig gemacht.

Nichtstun mit dem falschen Partner

Es bedarf viel therapeutischer Arbeit, ein Paar, das nicht zusammenpasst, am Zusammenbleiben zu halten. Wenn einer das Wochenende im Bett verbringen möchte und der andere beim Bergsteigen, ist Nichtstun nicht drin. Natürlich gilt das auch für die Grundsatzfrage einer Beziehung überhaupt: Möchte ich viel herumkommen, um viel zu erleben? Oder bin ich vielmehr der Meinung, dass das ständige Herumkommen mich vom Leben abhält? In dieser Frage ist eine Annäherung kaum möglich. Wer hier nicht zusammenpasst und dennoch zusammenbleibt, wird viele Stunden vor sich haben, in denen bei Rotwein die Beziehung analysiert wird. Glücklich macht so was nicht. Gegensätze ziehen sich nicht an, Gegensätze bringen uns um endlose Stunden glücklichen Nichtstuns.

Ich war vor vielen Jahren einmal mit einer Frau zusammen, die mich sehr unglücklich machte. Offenbar hatte ich bei der Partnerwahl nicht recht aufgepasst. Auch wenn ich die Frau liebte, war diese Beziehung von vornherein nicht zu retten. Ein durchschnittlicher Sonntag verlief so: Ich wollte ausschlafen, sie kochte Kaffee. Sobald ich die Zeitung aufschlug, schnürte sie schon die Bergschuhe. Im Zug sah ich aus dem Fenster, sie studierte die Höhenkarte. Am Berg steuerte ich die Seilbahn an, sie aber erreichte das Ziel lieber zu Fuß. Oben schaute ich ins Tal, sie zum nächsthöheren Gipfel. Auf der Rückfahrt freute ich mich auf Zeit zu zweit, sie sich auf den Tatort. Nach dem Abspann änderten sich die Vorzeichen. Ich kochte Kaffee, sie wollte ins Bett.

Das konnte natürlich nicht gutgehen. Was haben wir nicht gelitten! Im Nachhinein kann ich unserer Verzweiflung eine romantische Seite abgewinnen. Wir meinten es immerhin ernst miteinander. Damals aber brachte uns die Verzweiflung um zahlreiche Stunden, in denen wir uns hätten zurücklehnen und nichts tun können. Ich darf gar nicht daran denken, wie viel wir hätten unterlassen können, wenn wir zueinandergepasst hätten. Die Fahrradtouren und Städtereisen und Sonntagsbrunchs mit musikalischer Begleitung. Was für eine Verschwendung von kostbarem Nichtstun das alles war.

Natürlich kann man auch mit dem falschen Partner zum Nichtstun finden, allerdings fordert das einen gewissen Mehraufwand ein. Am aufwändigsten erweist sich, aus dem falschen Partner den richtigen machen zu wollen. Völlig falscher Ansatz. Falls Sie gerade mit einem falschen Partner zusammen sein sollten, grämen Sie sich nicht. Durch Nichtstun finden Sie bequem aus Ihrer Misere heraus. Verstehen Sie Ihre Beziehung bitte nicht als Aufgabe, an der zu arbeiten ist, verstehen Sie Ihre Beziehung vielmehr als Steinbruch, aus dem sich bei vollem Nichtstun immer wieder Glück abbauen lässt. Investieren Sie nicht, reduzieren Sie lieber. Auch mit dem falschen Partner kommt es gelegentlich zum Erdrutsch, und das Glück rollt Ihnen von ganz allein vor die Füße. Voraussetzung: Sie arbeiten nicht daran.

Schaffen Sie bitte keine Freiräume, drängen Sie bitte nicht auf gemeinsame Erlebnisse, nehmen Sie sich bitte niemals Zeit füreinander. Versuchen Sie nicht, das Problem aus der Perspektive Ihres Partners zu sehen, gehen Sie keine Kompromisse ein, und verzichten Sie niemals auf Ihre Ansprüche.

Ihre Partnerschaft verträgt das. Zumindest eher, als wenn Sie tun, was Sie lieber unterlassen möchten, oder unterlassen, was Sie gern tun würden. Genießen Sie einfach, was von allein abfällt, und suchen Sie, was Ihre Beziehung schuldig bleibt, eben an anderer Stelle. Ihr Partner muss nicht kegeln und bergsteigen und Fahrrad fahren und joggen und segeln und faulenzen wollen. Kegelbrüder und Bergsteiger, Fahrradfahrer und Jogger, Segler und Faulpelze gibt es jenseits Ihrer Beziehung zuhauf. Garnieren Sie Ihre Beziehung ruhig mit einer dritten Person. Tun Sie es offen. Heimlichkeit erfordert einen Grad an Organisation, der mit dem Nichtstun nicht vereinbar ist.

Liebe in Zeiten der Scheinnähe

Irgendwann bevölkerten so viele Holztiere den Hof, dass der Fußboden darunter nicht mehr zu sehen war. Wir liefen nicht mehr auf verwurmten Dielen, sondern auf Schnäbeln und Schwänzen, Hälsen und Tatzen, die unermüdlich unsere Fußsohlen perforierten. Als wir kurz davor waren, das Gehen ganz einzustellen, rettete uns der Großvater mit einem schönen Holztisch. Darauf sollten alle Holztiere zum Spiel vereint werden. Der Plan ging auf. Rehe und Hasen und Enten wurden stundenlang im Kreis geschoben. Der Fußboden war wieder frei.

Keine Sorge: Es geht hier nicht um Holzspielzeug und nicht um Kleinkinder. Würde mich auch nicht interessieren. Es geht hier um etwas ganz anderes. Nämlich um die Liebe in Zeiten der Scheinnähe.

Lesen Sie selbst.

Die urtümliche Freude, die das Spiel mit Holztieren auf Holztisch beim Kind hervorrief, rührte den Großvater so sehr, dass er Woche um Woche ein neues Tier in die Post gab. Das Kind war begeistert. Der Platz auf dem Spieltisch aber wurde eng. Bald schob das Kind die Tiere nur noch mit dem winzigen Zeigefinger an, um keines von der Tischkante zu stoßen. Ein neues Walross samt Holzpfuhle verschärfte die Platzsituation. Das Kind verlegte sich darauf, die Tiere wie ein Croupier mit einem Stöckchen anzuschieben. Im nächsten Brief folgte eine winzige Maus. Selbst sie fand keinen Platz mehr. Doch das Kind war nicht dumm. Es stapelte die Tiere zu Stadtmusikanten übereinander, ganz oben die Maus.

Als der Großvater zu Besuch kam, ging ihn die Platznot an. Als er anbot, einen zweiten Tisch zu kaufen, bot ich ihm stattdessen einen Kamillentee an. Ich musste viel reden, um keinen zweiten Holztisch zu bekommen. Mein Argument, das Problem sei durch weniger Tiere einfacher als durch mehr Tische gelöst, wurde als spaßfeindlich bezeichnet. Was tun? Die Lösung kam mir erst nach der Abfahrt des Großvaters, der dem Kind heimlich zwei Wildpferde in die Hand drückte, bevor er in den Zug stieg.

Erst musste noch das Geburtstagspaket der Tante eingehen. Darin: nicht etwa ein Drache, sondern zwei Drachen. Zwei wunderschöne, farbenprächtige, funktionstüchtige und die gesamte Familie sofort begeisternde Drachen, keine Frage. Aber warum zwei? Erst nach ausgiebigem Nichtstun kam ich dem Problem auf die Schliche. Weder Großvater noch Tante wohnten in der Nähe. Sie sahen das Kind nur selten. Um sich ihrer geballten Liebe zu entledigen, die ihnen am anderen Ende der Republik auf den Seelen drückte, blieb ihnen keine andere Möglichkeit, als das Kind mit Geschenken zu überhäufen. Sie traf keine Schuld. Ich erstellte eine Liste. Es ergab sich eine klare Korrelation zwischen der Entfernung des Schenkenden und der Menge des Geschenkten. Wer beim Kind lebte, schenkte so gut wie nichts.

Zurzeit ist es so: Der Großvater ist traurig, weil er das Kind nicht sieht, und das Kind ist traurig, weil es den Großvater nicht sieht. Diese Gleichung verlangt natürlich nach ihrer einfachsten Auflösung, nach der Zusammenführung von Großvater und Kind. Doch das gilt heute als bieder. Wer mit dreißig lebt, wo er geboren wurde, ist unter Rechtfertigungsdruck geraten. Der hat nichts gewagt, der hat nichts gewollt.

Während die längste Zeit der Menschheitsgeschichte die Kinder dort lebten und wirkten, wo es ihre Eltern taten, müssen für eine gelungene Karriere heute ein paar hundert Kilometer dazwischenliegen. Anstelle der Sippe ist Kunstnähe getreten. Kita und Telefon, Skype und Post. Wir halten es für normal, Praktika in New York zu absolvieren und in Moskau zu arbeiten und alles, was zählt, dafür aufs Spiel zu setzen. Nur eines kommt einem absoluten Tabubruch gleich. Zu Hause zu bleiben, nichts zu tun und glücklich zu sein.

Natürlich klingt es verlockend, in der Welt zu Hause zu sein. Es ist die moderne Variante davon, sich wie Lucky Luke aufs Pferd zu schwingen und in den Sonnenuntergang zu reiten oder sich als Indiana Jones mit der Machete durch den Dschungel zu schneiden. Wer allein auf der Welt ist, kann das gern tun. Er muss dann aber auch allein sein können. Ich könnte es nicht. Wenn ich Tagesreisen entfernt von der Liebsten lebte, würde ich ständig Briefe schreiben und Nachrichten senden und für ein verlängertes Wochenende zu ihr fliegen. Da bleibe ich lieber gleich hier.

Es ist natürlich Unsinn, dass Reisen bildet und der Kontakt mit fremden Kulturen den Horizont weitet. Reisen hat vielmehr dazu geführt, dass überall auf der Welt dieselbe Kultur vorherrscht. Wer wirklich ein Weltbürger sein will, bleibt besser zu Hause. Es läuft wieder einmal falsch herum. Wir schauen nicht, was wir uns leisten können, und suchen danach unseren Lebensradius aus, sondern wir definieren unseren Radius und merken zu spät, dass wir ihn uns nicht leisten können.

Beziehungen zerbrechen, der ökologische Fußabdruck wächst. Wir haben gelernt, flexibel und mobil zu sein. Gleich, welche Ressourcen das verbraucht. Flüge, Zweitwohnungen, Pakete, Zugreisen, Trennungen. Weltgeschichtlich gesehen eher unüblich. Derzeit aber in Mode. Wer seine Heimat nicht erträgt, kann gerne auswandern. Das hat es immer gegeben. Doch morgens in Köln zu arbeiten und abends in Berlin zu leben, ist eine ziemlich neue Idee.

Sie wollen zu Hause bleiben, können aber nicht, weil Sie vor Ort keinen Job finden? Vergessen Sie einfach, was Sie in Ihrer Ausbildung gelernt haben, und tun Sie stattdessen, was Ihnen Freude bereitet. Suchen Sie keinen Job, verkaufen Sie lieber Ihr Auto, Ihren Fernseher und Ihr Superhandy. Sie verbrauchen kaum noch Strom. Es wird schwierig, Ihnen Werbung anzudrehen. Sie verursachen keinen Feinstaub. Neben den Unterhaltskosten sparen Sie so viele Folgekosten ein, dass diese durch eine sogenannte Arbeit niemals ausgeglichen werden können. Wie Sie die paar hundert Euro begleichen, die übrigbleiben, klären wir noch. Am einfachsten verdienen Sie sie nicht in, sondern auf einer Bank.

Zeit für die Siesta

Ein Körper ist eine schöne Sache. Vor allem, wenn man ihn dem Nichtstun überlässt. Ein Körper, den man dem Nichtstun überlässt, reagiert auf auffrischenden Wind an den Wangen und auf Schnee, der sich auf die Wimpern setzt, auf die Grasnarbe unter den Fußsohlen und auf die unterschiedliche Beschaffenheit von nassem und trockenem, von rohem und geschliffenem Holz. Ein Körper, den man dem Nichtstun überlässt, kann stundenlang den bunten, geometrischen Formen hinterherträumen, die ihm die Sonne auf die geschlossenen Lieder malt, er kann die Glut eines Lagerfeuers im Gesicht spüren, während ihn rücklings erste Herbstkälte mit einem Schaudern belegt.

Manchmal, im Hochsommer, lege ich mich ins ungemähte Gras und strecke Arme und Beine von mir, so weit es geht. Jedem, der sich auf den langen Weg zum Nichtstun begibt, sei diese Übung zur Intensivierung der Körperwahrnehmung empfohlen. Binnen Sekunden fängt die Haut an zu jucken. Am Ellbogen stachelt eine Diestel, Ameisen überrunden die Knöchel, Farn sticht ins Ohr, eine Zecke sucht sich einen Platz am Schenkel, staubige Grasähren kitzeln in der Nase, und fünf bis sechs Moskitos nuckeln gleichzeitig nach Blut.

Wenn es nicht mehr auszuhalten ist, folgt die kalte Dusche.

Drei, vier, fünf Sekunden. Nichts juckt mehr, nichts kratzt mehr. Haut und Wasser werden eins, und ich könnte nicht sagen, ob mir warm oder kalt ist, ob es sich gut anfühlt oder brennt. Nach dieser Übung setze ich mich auf die Bank und beobachte, wie der Film einer Schnecke auf der Birnbaumrinde trocknet und in der Hitze zu weißlichen Schuppen zerfällt. Ein Bussard kreist in der Thermik über dem Rapsfeld, und wenn er sich schräg in die Kurve legt, blinkt sein Auge in der Sonne, mit dem er scharf die Maus verfolgt, die vor mir durchs Gras schlüpft. Die Maus hat den Schatten des Jägers längst als Bedrohung wahrgenommen, sucht hinter einem Maulwurfhügel Deckung, springt dann mit einem Satz in eine dunkle Ackerfurche. Der Adler wartet. Ich warte. Die Maus kommt nicht mehr hervor.

Direkt vor mir, auf Augenhöhe, macht stattdessen eine Libellenmutter mit ihrer Libellentochter halt, beide schauen interessiert zu mir herüber. Es scheint, als oszillierten die Flügelpaare langsamer als sonst, vielleicht ist die Luft so warm, dass sie auch bei geringerem Flugaufwand trägt. Mit einem Nicken verabschieden wir uns voneinander. Eine dicke Löwenzahnpolle treibt vorbei, vom Birnbaum rieselt Blütenstaub darauf, die Polle kann den Blütenstaub nicht aufnehmen und fällt wie ein kleiner Sack zu Boden.

Kann ich das wirklich sehen?

Bilde ich es mir ein?

Die Phantasie formt die Umwelt und die Umwelt die Phantasie. Ich schließe die Augen. Ich trinke noch einen Schluck. Ich atme langsamer.

Wer fleißig ist, erfährt nichts, er arbeitet eine Liste ab und nimmt sich die nächste vor. Neue Wahrnehmung bleibt aus.

Die Welt außen vor. Man lebt in der Kapsel. Wer nichts tut, sprengt die Kapsel. Wer nichts tut, vernimmt. Nichtstun ist mehr als die Abwesenheit einer Tätigkeit. Es ist die Anwesenheit von Glück. Es schafft einen Wert ohne Wertschöpfung, es schöpft Kraft aus dem, was es unterlässt.

Wenn man uns ließe, würden wir nicht sechs oder acht Stunden schlafen, sondern zehn. Ein Nickerchen nach dem Mittagessen, ein Schlummer nach dem Frühstück, aber auch ein kurzes Wachen um Mitternacht: Das ist alles völlig normal. Erst der Tätigkeitswahn, der uns zu Schichtanfang leistungsfähig sehen will, hat daraus eine Schlafstörung gemacht. Es ist nicht völlig ausgeschlossen, dass ich selbst einem kurzen Schlummer anheimgefallen bin, als eine warme Stimme an mein Ohr dringt.

»Zeit für die Siesta, mein Schatz.«

Der Sanierungsfachmann

Kaum schlug ich ein Buch auf, klopfte es am Hoftor. Ein Automatismus, der leider auch im Oderbruch greift. Anrufe und Türklingeln, Dieselmotoren und Kreissägen finden mit zuverlässigem Gespür für Choreographie den Moment, in dem ich ein Buch aufschlage. Da Vermeidungsstrategien wie das Verstecken unter der Bettdecke zu neuen Anrufen und noch lauterem Klopfen führen und meine Freundin glaubhaft vorspielte, eingeschlafen zu sein, zog ich mich an.

Sobald ich das Hoftor öffnete, erinnerte ich mich. Heute sollte ich Rat von einem Sanierungsfachmann erhalten. Als

Mitverursacher der Klimakatastrophe wollte ich meinen energetischen Pflichten nachkommen. Eine kleine Dämmplatte unterm Dach würde ich verkraften können. Mein Gewissen wäre beruhigt. So weit der Plan. Der Mann, der hinter dem Hoftor zum Vorschein kam, stellte sich nicht vor und gab mir nicht die Hand, sondern preschte mit einem Aktenkoffer an mir vorbei, ohne den Blick von meiner Hausfassade zu nehmen.

»Im Grunde müssten Sie alles abreißen!«

»Guten Tag«, sagte ich.

Es gibt Passanten in unserem Dorf, die verwechseln meinen Hof mit einer Ruine. Offenbar gehörte der Sanierungsfachmann auch zu diesen Passanten. Möglich, dass der fehlende Putz eine Rolle bei seiner Fehleinschätzung spielte, im letzten, noch nicht herabgebröckelten Stuck finden sich Einschusslöcher aus dem Zweiten Weltkrieg. Vielleicht lag es am Dach, das eine gemütliche Senke aufweist und seine Sparren durchscheinen lässt wie eine altersschwache Kuh ihre Hüftknochen. Zugegeben, es fehlen noch ein oder zwei Fenster. Und durch einen Riss in der Wand kann man ins Badezimmer sehen. Alles in allem kein Grund, von einer Ruine zu sprechen, wie ich finde.

Aber was soll's. Es schien eine goldene Spätsommersonne, ich war zu gut drauf für schlechte Laune, also bot ich dem Mann auch noch Kaffee und Kekse an. Der Sanierungsfachmann machte mir die übliche Rechnung auf. Holzfenster raus, Plastikfenster rein, Dämmplatten vor die Fassade, Glaswolle unters Dach, Lackziegel drauf. Spart Heizkosten, wird von der Bundesregierung gefördert und amortisiert sich nach zwanzig Jahren. Ich lehnte dankend ab. Ich musste einige

Kraft aufwenden, um abzulehnen, denn der Sanierungsfachmann verwechselte mich offenbar mit jemandem, der über Geld und nicht über Zeit verfügt.

Nun ist es nicht selten, als Neubrandenburger von einem Altbrandenburger einen Rat zu bekommen, und bei weitem nicht immer ist dieser Rat ungebeten, sondern vielfach auch hilfreich. In diesem Fall aber musste ich wirklich alle Kraft aufwenden zu widersprechen, denn der Rat des Sanierungsfachmanns bewegte sich auf ein Finanzvolumen zu, das die Kaufsumme meines Hofes um ein Mehrfaches übertraf. Nichtstun kann manchmal viel Mut erfordern. Nämlich den Mut, sich der geballten Meinung eines anderen entgegenzusetzen.

Der Mann sprach bereits über Finanzierungsmodelle, als mir mein Nachbar erschien.

In letzter Sekunde.

Mein märkischer Nachbar verleibte sich die verbliebenen Kekse ein und brachte dann kauend, aber präzise auf den Punkt, dass die empfohlenen Maßnahmen zu einem vollverkapselten Plastikgehäuse führen würden, das nicht mehr atmen könnte. Er vertuschte gar nicht erst, dass er am Hoftor seit Minuten gelauscht haben musste.

»Dit würde dir von innen verschimmeln, würde dit!«

Der Sanierungsfachmann bezeichnete den Einwand als Ökopropaganda. Man müsse nur lüften.

»Quatsch mit Unsinn is dit. Ein einjeschweißtet Haus bildet so viel Kondenswasser, da musste rund um die Uhr lüften. Am Ende kostet dit mehr, nich wenijer Enerjie wie davor!«

»Sie können immer noch eine elektrische Lüftung einbauen«, sagte der Mann.

Mein märkischer Nachbar stöhnte.

Auch mir erschien die Lösung des Fachmanns mit dem Nichtstun nicht ganz kompatibel. Zwar ließen sich einige meiner Fenster noch immer nicht öffnen, ohne komplett aus der Wand zu fallen, auch die Mauer zwischen Küche und Schlafzimmer wies weiter einen bedenklichen Neigungswinkel auf – aber feucht war das Haus nicht. Wenn man es betrat, roch es frisch. Kein Wunder, bei den Lücken zwischen Fenstern und Rahmen, bei den Ritzen und Löchern im Mauerwerk. Es verfügte sozusagen über eine automatische Lüftung. Ich konnte nun das Haus hinter Dämmung und Plastik verstecken und dann eine elektrische Lüftung einbauen oder alles belassen, wie es war. Meine Liebe zum Nichtstun half, die Entscheidungsfindung abzukürzen.

»Ach, wat ich noch janz verjessen hab«, sagte mein märkischer Nachbar, »Sie sollten ma nach Ihrem Wagen auffer Dorfstraße kieken. Da spielt so'n Lausebengel mit Ihre Scheibenwischer! Der rechte Seitenspiegel liegt ooch schon im Gras!«

Da sprang der Sanierungsfachmann vom Tisch auf und rannte vom Hof, und hinter ihm fiel das Tor ins Schloss, und mein märkischer Nachbar schob mit einem breiten Grinsen den Riegel vor.

Ich war begeistert.

»Wer nüschts tun will, muss jut informiert sein«, sagte er, trank die halbvolle Tasse Kaffee des Sanierungsfachmanns aus und verabschiedete sich. »Und nu rufen die Hühner!«

Voller Erleichterung, allerlei unnötigen Taten entkommen zu sein, setzte ich mich erst einmal auf die Bank unterm Birnbaum.

Warum war ich es, der sich hatte rechtfertigen müssen, und nicht der Sanierungsfachmann?

Was lief da schief?

Es gab Materialien, die hatten sich über Jahrhunderte bewährt. Backsteine, Mörtel, Dachziegel zum Beispiel. Und dann gab es Baustoffe, die man eine Zeitlang unbedingt haben musste, bis man sie auf keinen Fall mehr haben durfte. Asbest zum Beispiel oder Mineralwolle, Teerpappe oder Spanplatten voll Formaldehyd. Wer sich in den Sechzigerjahren keine Teerpappe aufs Flachdach lötete, in den Siebzigern kein Asbest in den Keller knallte, in den Achtzigern seine Dachkammer nicht mit gasenden Pressplatten verschalte, geriet unter Rechtfertigungsdruck. So, wie ich unter Rechtfertigungsdruck vor dem Sanierungsfachmann geraten war.

In wirtschaftlicher Hinsicht war Asbest ein Geschenk. In den Sechzigerjahren fuhr die Produktion gigantische Gewinne ein, dann halfen die Lungenkranken, das Bruttoinlandsprodukt zu steigern, indem sie Sanatorien, Spitäler und Hospize beschäftigten, und dann machte die fachgerechte Entsorgung von Altasbest einen ganzen Wirtschaftszweig reich. Der Skandal hat viel Geld in viele Kassen gespült. Die Beteiligten haben alles Mögliche, nur nicht zur richtigen Zeit nichts getan.

Auch wenn die Dämmplatten, die mir der Sanierungsfachmann aufschwatzte, weniger giftig sind als Asbest, so werden auch diese Platten eines Tages nicht mehr empfohlen sein. Für ihre Herstellung benötigen sie Erdöl, auf den Kippen sind sie Sondermüll. Die Entsorgungswelle wird also auch da kommen, wo die Platten nicht ohnehin schon verschimmelt sind. Und so sieht meine Fassade heute aus wie am Tag des Kaufs. Schönes Mauerwerk aus dem Jahr 1904, bröckelnde Putzreste mit museal anmutendem Einschuss. Nur den Riss zum Badezimmer hin habe ich zugeschmiert.

Eine alte Regel

Ich hatte noch immer ein schlechtes Gewissen wegen meines verschollenen Freunds. War es nicht vollkommen gleichgültig, dass er Kette rauchte und auch einen Club an den anderen kettete? War das nicht harmlose Lebensästhetik? Jeder nach seiner Façon? Vielleicht war nicht er es, der in Problemen steckte, vielleicht war mein Helfersyndrom das Problem. Etwas in mir drängte auf Klärung. Ich wollte mein Vorhaben wahr machen und ihn unter den Birnbaum laden. Schließlich hatten wir uns doch einmal gemocht? Und so rief ich ihn an.

»Hast du nicht Lust, mal rauszufahren?«, fragte ich.

»Äh, klar, super, ich mein, wann hast du denn Zeit?«

»Ich? Eigentlich immer. Und du?«

»Moment.«

Ich wusste, dass er nun sein Superhandy zu Rate zog und sich durch seinen Kalender scrollte. Ich wartete. Ich hörte meinen verschollenen Freund Rauch inhalieren. Ich wartete noch immer.

»Sonntag in drei Wochen, zwischen fünfzehn und achtzehn Uhr«, sagte er dann.

Ich war perplex. Meinte er das ernst?

»Und davor?«

»Leider alles verbucht. Ich mach ja jetzt AT wegen dem Rauchen und bin in so einer Laufgruppe für Erstläufer, und die nächsten beiden Sonntage hab ich, nun ja, du weißt schon, Internetbekanntschaften, und dann ist noch ein Klassentreffen und ein Dreißigster, kann ich nicht wegklemmen, Sonntag tagsüber ist eh schlecht wegen der After Hour, da machen zwei neue Clubs auf, und –«

Ich hatte meinen verschollenen Freund schon lange nicht mehr so viel reden gehört. Man kann sagen, seine Rede gab mir gleich mehrere Rätsel auf. Er sprach noch von einem Turnschuh, den er kaufen wollte, was nur am Erstverkaufstag möglich sei, weil der Schuh innerhalb zweier Stunden ausverkauft sein würde.

»Ach, nee, Sonntag in drei Wochen geht auch nicht, da hab ich ein Brunch noch gar nicht eingetragen!«

»Um fünfzehn Uhr?«

»Ich frühstücke Sonntags nie vor vier.«

»Und was ist dieses AT?«, fragte ich, als würde ausgerechnet das irgendetwas zwischen uns klären.

»Na, Autogenes Training, halt. Versteh mich nicht falsch, ich würd gern mal rausfahren, aber weißt du, als Single –«

»Autogenes Training? Dann bist du jetzt Nichtraucher?«

»Fast. Ist halt immer viel los, wollte ich sagen, an so einem Wochenende.«

Mir wurde das etwas mühselig. Ich fühlte mich in meiner alten Regel bestätigt, dass man ein Telefonat am besten nicht führt. Der Höflichkeit halber verabredeten wir, dass mein verschollener Freund seinen Terminkalender noch einmal genau durchsuchen und einen neuen Termin anbieten würde. Es machte mich traurig. Etwas ging zu Ende, bevor es wieder angefangen hatte. Für einen Besuch hätte ich so viel Rahmenprogramm um meine Bank zu organisieren, dass von der Bank im eigentlichen Sinne nichts mehr übrig bliebe. Doch Nichtstun bedeutet auch, dem anderen sein Anderssein zu gestatten. Mit aller Kraft versuchte ich, seine Rastlosigkeit nicht als Unglück zu begreifen. Sicherlich fand er meine Aktionslosigkeit genauso bedenklich.

»Aber hey«, sagte er. »Nett, dass du angerufen hast.«

»Ja, klar«, sagte ich. »Mach's gut!«

Eigentlich nichts

Unser Telefonat hatte Erinnerungen an meine Zeit im Büro wachgerufen. Am Montagmorgen erzählten wir uns von unseren Wochenenden. Nicht selten fragte ich mich, ob meinen Kollegen für ihre Wochenenden dieselbe Anzahl an Stunden zur Verfügung stand wie mir. Manchmal glaubte ich, sie zögen heimlich Zusatzstunden hinzu. Das Wochenende meiner Kollegen eignete sich zum Beispiel für eine Fahrt an die Ostsee. Vom Bungalow ging es aber nicht an den Strand, sondern mit dem Kombi ins Hinterland. Das Hinterland wiederum bot Gelegenheit, mit den Kindern Ponyreiten zu gehen. Neben dem Ponyhof lag eine Gokartbahn. Und nachmittags riefen Tauchen und Wasserski.

Im Winter war nicht auszuschließen, dass meine Kollegen über das Wochenende in einem Flugzeug gesessen hatten. Skifahren im Riesengebirge. Kurztrip nach Nizza. Oft klangen ihre Erzählungen, als hätten sie beides hintereinander erlebt. Samstag Skifahren. Sonntag Strand. Sie können sich denken, in welche Verlegenheit mich das brachte. Wenn Ihr Kollege noch vor wenigen Stunden in Tanger Cocktails auf der Dachterrasse schlürfte, dann sagen Sie erst einmal auf die Frage, was Sie am Wochenende gemacht haben: Eigentlich nichts.

Anfangs probierte ich es noch. Es entsprach nun einmal der Wahrheit. Doch dann geschah etwas Überraschendes. Obwohl ich es keinesfalls beabsichtigte, fühlten sich meine Kollegen in Erklärungsnot gebracht. Offenbar sahen sie ihre Taten durch meine Nichttaten in einem anderen Licht. Das wollte ich nicht! Sie sagten: Die Flugmeilen wären sonst verfallen. Oder: Wir sind nur wegen der Kinder hingefahren. Oder: Ich wäre ja zu Hause geblieben, aber Natalie wollte unbedingt, dass wir fahren. Das alles lag nicht im Geringsten in meiner Absicht. Fortan hielt ich den Kopf gesenkt und sortierte beiläufig ein paar Stifte, wenn ich meine Antwort vor mich hin nuschelte. Eigentlich nichts. Ich spürte, dass sich meine Antwort nicht ziemte und in jedem Fall beiläufig weggenuschelt gehörte.

Also begann ich, Bergwanderungen und Städtetrips und Draisinenfahrten erlebt zu haben. Ich begann, Frauen kennengelernt und Filme gesehen zu haben, ich war mit großen Tüten bekannter Modehäuser nach Hause gekommen, und nicht nur weg, sondern auch Rad gefahren, ich begann, beim Tennis gewonnen zu haben und noch das Armbändchen eines Cluburlaubs zu tragen. Ich achtete auf Sonnenbräune und einen erweiterten Horizont, pflegte meinen frisch inspirierten Charakter und begann, hin und wieder im Kanu gekentert zu sein, Verspätung davongetragen zu haben und von der Zeitverschiebung noch müde zu sein.

Ich nehme nicht an, dass meine Kollegen mir glaubten. Aber der Konvention war wieder Genüge getan. An einem Wochenende tut man nicht nichts. Im Rückblick stellt sich heraus: Die Auskunft über ein tätigkeitsloses Wochenende ist noch eine leichte Übung. Damals tat ich nur nichts, heute bin ich auch nichts. Mein Nichtstun ist mir gewissermaßen vom Hobby zur Identität geworden. Inzwischen muss ich auch diese ähnliche und doch ganz andere Frage mit »eigentlich nichts« beantworten.

»Und du? Was machst du jetzt so?«, fragte mich neulich der Gastgeber während der Vorspeise, einem köstlichen Lachsschaum nicht existenten Gewichts. Des aufdringlichen Wohlgeschmacks wegen merkte ich erst mit Verspätung, dass ich gemeint war. Der Gastgeber und ich waren damals im Büro Kollegen gewesen. Ich hatte ihn für seine leise Art immer geschätzt. Freundlicherweise hatte er mich zu einem Kollegenessen eingeladen. Die Belegschaft in der Agentur musste sich komplett ausgetauscht haben. Außer dem Gastgeber kannte ich niemanden mehr.

»Eigentlich nichts«, sagte ich.

»Komm schon, was machst du?«

»Nein, wirklich, am liebsten mache ich nichts.«

»Aber womit verdienst du dein Geld?«

»Hin und wieder mache ich eine Ausnahme vom Nichtstun. Aber danach mache ich sofort wieder nichts.«

»Und was machst du dann, wenn du nichts tust?«

»Nun –«

»Irgendwas musst du doch tun?«

Ich dachte daran, dass ich derzeit viel Zeit auf meiner Bank unterm Birnbaum verbrachte. Es hingen schon kastaniengroße Birnen über der Bank!

»Was es auch ist, offenbar macht es Spaß«, sagte der Gastgeber. »Und du?«, fragte er meine Tischnachbarin, die Freundin eines neuen Kollegen. Offenbar kannte sich niemand besonders gut an diesem Tisch. Ich saß mit Menschen zusammen, von denen ich ausnahmslos gar nichts wusste, nun aber reihum ihren Beruf erfuhr. Ich hatte den Eindruck, dass keiner der Gäste wirklich etwas tun musste. Man sah ihnen ihre guten Elternhäuser auch Mitte dreißig noch an.

Ich aß noch ein politisch korrekt gekeultes Hühnchen und ein politisch korrekt gekühltes Sorbet, beides von höchster Raffinesse, und fühle mich nun ganz schlecht, an dieser Stelle so undankbar zu sein, doch es war nicht meine Welt. Pardon. Und so hielt ich mich an meinen eigenen Tipp und war frühzeitig und erschöpfend, vor allem aber auf absolut geistlose Weise betrunken. Nur so ließ sich schnellstmöglich wieder unterm Birnbaum gar nichts tun.

Man lebt nur einmal, sagte ich mir.

Auf Entzug

Nach einem Jahr im Oderbruch hatte mein Nichtstun große Fortschritte gemacht. Wenn ich etwas brauchte, kaufte ich es nicht. Was ich eine Woche später noch immer benötigte, lieh ich aus. Wenn ich etwas erleben wollte, blieb ich auf der Bank sitzen. Ging die Milch aus, trank ich Wasser. Den Ofen heizte ich nur noch einmal am Tag, dafür richtig. Weitere Fremdmeinungen ignorierte ich. Solange ich keinen Mord begangen hatte, galt auf meinem Hof allein mein Gesetz. Mein Vorgarten blieb ungemäht. Dafür baute ich meine ersten Kartoffeln an.

Keine Frage, dass das Folgen zeitigte. Ähnlich wie Pierre und Marie wollte es mir partout nicht mehr gelingen, schlechte Laune zu haben. Ein stumpfes Sägeblatt, ein nicht aufzufindender Schraubenzieher, drei Tage Dauerregen wurden fortan weggelächelt. Es ängstigte mich beinahe schon. So glücklich kannte ich mich gar nicht. Ich kann sagen, wir mussten uns erst noch aneinander gewöhnen, das Glück und ich.

Doch dann folgte ein schwerer Rückfall. Bevor ich endgültig begriff, dass mein Hof nicht von mir renoviert werden wollte, musste noch der Knöchelbruch erfolgen. Seit mich der Knöchelbruch eine volle Woche bewegungslos an einen Sessel gefesselt hat, weiß ich: Nichtstun kann großen Stress bedeuten. Doch der Reihe nach. Eigentlich halte ich nicht viel davon, Tätigkeiten auszuüben, die man nicht beherrscht. Die Arbeitsteiligkeit unserer Gesellschaft scheint mir durchaus durchdacht. Das hinderte mich aber nicht daran, ein klein wenig Putz auf die Wetterseite aufzutragen. Wind und Regen hatten dort bereits weitgehend den Kalk abgetragen.

In diesem Zusammenhang sei erwähnt, dass der Gerüstbauer seine volle berufliche Existenzberechtigung besitzt. Es genügt durchaus nicht, die Bank vom Grundstücksende zu nehmen, an die Wand zu lehnen und eine Leiter darauf zu stellen. Dass Gerüstbau ein Ausbildungsberuf ist, geht absolut in Ordnung. Als ich auf der zweitobersten Sprosse stand, in der linken Hand einen Eimer mit Putz in fragwürdigem Mischungsverhältnis, in der rechten eine Maurerkelle, kam eine Böe auf. Durch geschicktes Hüftwiegen ließ sich der noch begegnen. Die Leiter schabte ein wenig an der Mauer entlang, beruhigte sich aber wieder. Als ich dann aber mit einem professionell gemeinten Schwung aus dem Handgelenk eine Ladung Putz auf die Mauer klatschte, offenbarten meine Kenntnisse im Gerüstbau ihre ganze Schwäche. Die Leiter federte von der Mauer, rutschte zwischen die Latten der Bank und warf mich ab wie ein durchgehender Gaul seinen Reiter.

Auf Anamnese, Röntgenuntersuchung und Schienung folgte eine Woche Sesselruhe. Ich nannte es den totalen Tätigkeitsentzug. Der totale Tätigkeitsentzug glich dem Entzug einer harten Droge. Ich muss Sie warnen. Falls auch Sie sich einmal einem totalen Tätigkeitsentzug unterziehen müssen, kann das zu unschönen Szenen führen. Sie werden nach Aktion und Fleiß gieren, nach Handlung und Betriebsamkeit, wie ein Junkie nach der Nadel. Als ich einige Monate zuvor am Gleis auf unsere Wochenendgäste gewartet hatte, hielt ich schon wenige Minuten der Reglosigkeit für eine Herausforderung. Nun aber erwartete mich eine ganze Woche!

Im Vergleich zu den seelischen Schmerzen, die meine totale Tatenlosigkeit hervorrief, waren die körperlichen Schmerzen des Knöchels geradezu banal. Was hätte ich nicht für eine Tat gegeben. Und wäre sie noch so unbedeutend gewesen. Für eine kleine Tat hätte ich die Schädigung meines Knöchels jederzeit in Kauf genommen. Doch statt einer Besserung erfolgte eine Art Erstverschlimmerung, der Knöchel schwoll immer mehr an. Ich konnte kaum aufstehen. Mir hing ein Stoffbeutel um den Hals, in dem ich Verbandsmaterial und Salben durch die Wohnung trug, da ich auf Krücken keine Hand mehr frei hatte.

Meine Krücken schienen mir weniger zu Diensten zu sein, als meine Unfähigkeit, sie zu nutzen, offenlegen zu wollen. Nichts gelang mehr, wie ich es gewohnt war, nicht einmal ein Brot ließ sich streichen. Immerhin: An Arbeit war gleich gar nicht zu denken. Es gab also klare Vorteile. Bei jedem Taschentuch, das mir fehlte, bestimmte ich zunächst die Dringlichkeit, mit der es vermisst wurde. Es lag immer am falschen Platz. Zu anstrengend. Wenn die Nase aber zu sehr lief, dauerte das Aufsuchen des Taschentuchs eine halbe Stunde. Irgendwann gab ich es auf. Noch die kleinste Tätigkeit stellte ich ein. Ich sank auf den Sessel, legte das Bein hoch und blieb einfach sitzen.

Falls auch Sie sich zu einem totalen Tätigkeitsentzug gezwungen sehen, empfehle ich sicherheitshalber das Bett, im Falle eines Knöchelbruchs einen Sessel. Hier ist das Verletzungsrisiko minimiert. In der ersten halben Stunde werden Sie Ihren Tätigkeitsentzug vielleicht mit gemütlichem Ausschlafen verwechseln. Tappen Sie bitte nicht in die Falle, indem Sie sich für kuriert halten. Wer eine halbe Stunde ohne Tätigkeit auskommt, schafft das nicht sieben Tage lang. Die Illusion der Genesung ist Teil Ihrer Krankheit. Bleiben Sie auf jeden Fall liegen, bis der Suchtdruck unerträglich wird. Was könnten Sie nicht alles tun: Zähne putzen. Kaffee aufsetzen. Zwei Laugenstangen am Verkaufstresen erbitten. Straßenbahn fahren. Den Hausmeister grüßen. Im System anmelden.

Malen Sie sich jede erdenkliche Tätigkeit in aller Deutlichkeit aus. Die Differenz zwischen dem Verlangen nach Tätigkeit und dem Unterlassen derselben bestimmt das Gelingen Ihres Entzugs. Bleiben Sie für alle Fälle allein. Ein nackter, schlafwarmer Partner hat in vielen Fällen unweigerlich zu Tätigkeit geführt. Seien Sie ehrgeizig, aber überfordern Sie sich bitte nicht.

Die ersten körperlichen Symptome folgten bei mir nach ein bis zwei Stunden. Zittern. Kribbeln. Bald auch das Restless Leg Syndrom, bei welchem ausbleibende Tätigkeit durch beständiges Bewegen der Beine überkompensiert wird. Irgendwann, da sich sonst schon nichts tun ließ, schnellte wenigstens mein Herzschlag an. Eine Pause vom Nichtstun, in der Sie zehn oder zwanzig Minuten tätig werden dürfen, empfehle ich nicht. Sie würde Ihr Elend nur verschieben. Wenn Ihre Willenskraft überdurchschnittlich ist, dürfen Sie sich gern ein Wasserglas neben das Bett stellen. Aber trinken Sie bitte nicht daraus.

Nachdem ich volle acht Stunden Nichtstun hinter mich gebracht hatte, zeigten sich endlich erste Entspannungserscheinungen. Es war die Entdeckung der Langsamkeit. Im Grunde war es ein wunderbarer Zustand. Meine Glieder blieben willfähriger auf dem Sessel liegen. Das Kribbeln in den Gelenken wich entspannter Müdigkeit. Auch seelisch ging es mir langsam besser. Wie es sicher auch Ihnen langsam bessergehen wird: Für eine Krankschreibung ist es nun zu spät, da ohnehin niemand mehr im Büro ist. Da Sie nicht zur Arbeit aufgebrochen sind, macht es auch nichts, dass Sie nun nicht nach Hause fahren. Da Sie nicht gearbeitet haben, brauchen Sie auch keine Erholung davon. Solche Gedanken werden Ihnen kommen und zu sofortiger Gelassenheit verhelfen.

Return to sender

Ein Rückfall kommt selten allein. Kaum war der Knöchelbruch geheilt, widmete ich mich mit Eifer dem Konsum. Statt mich in aller Ruhe an der Stille zu erfreuen, an Kopfweiden und Wasserläufern, fand ich eines Tages in meinem

Briefkasten einen gelben Paketzettel vor. Ich erstarrte. Sofort erwartete ich Unheil. Was auch immer da ungefragt eingegangen war, lagerte nicht auf der Post, sondern beim märkischen Nachbarn.

Nach dem ersten Schock meinte ich mich zu erinnern. Unter Umständen hatte ein achtloser Besuch im Internet Folgen gezeitigt. Schon wieder? Leider war ich mir nicht mehr ganz sicher, dass ich nicht die Seiten von Amazon oder Zalando besucht hatte. Unter diesen Umständen war es absolut undenkbar, das Paket bei meinem märkischen Nachbarn abzuholen. Der Spott würde mich bis an mein Lebensende begleiten.

Was tun?

Verzweifelt suchte ich nach einer Lösung. Falls auf dem Paket tatsächlich der Schriftzug von Amazon oder Zalando stehen sollte, musste dieses Paket unverzüglich aus dem Dorf verschwinden. Keinesfalls durften das Paket und ich miteinander in Verbindung gebracht werden. Freilich stand mein Name darauf.

Es half alles nichts. Ich musste da rüber. Mein märkischer Nachbar zeigte auf ein Paket, das einen nicht unerheblichen Teil seines Hausflurs zustellte, und schüttelte den Kopf.

Amazon. Natürlich.

»Im Internet jewesen?«, fragte er.

»Ach, ich, nein, ich habe nur neue Saaten bestellt.«

»Für'n Mammutbaum oder wat?«

Und er tippte sich an die Schläfe und stemmte sich das Paket vor die Brust, um es mir in den Hof zu tragen.

»Ich mach das schon«, sagte ich.

»Quatsch nicht so dumm.«

Als das Paket bei mir im Hof stand, folgte einer der seltenen

Momente im Leben meines märkischen Nachbarn, in denen alle Hühner gefüttert, alle Keimlinge pikiert und alle Tauben aufgeblasen oder wahlweise geschlachtet waren. Er baute sich breitbeinig vor mir auf, kramte seine Pfeife aus seinem Latz, drückte einige Zigarillostumpen hinein und zündete sie genüsslich an.

»Willste nich aufmachen?«

Ich wusste nicht weiter. Zwar war mir noch immer entfallen, was und vor allem in welchem Zustand ich dort bestellt hatte, aber Saaten waren es jedenfalls nicht.

»Is jeheim oder wat?«

Ich schindete Zeit, indem ich in der Küche nach einer Schere suchte, obwohl sich das Paket mit einem Messer viel leichter öffnen ließe, dann trat ich wieder in den Hof hinaus. Dort stand mein Nachbar noch immer. Er rauchte und kniff die Augen gegen die Sonne zusammen und bekam einen spöttischen Zug nicht mehr aus dem Gesicht.

Ich setzte einen ersten Schnitt in das Klebeband. Vorsichtig drückte ich eine Lasche auf und spähte hinein. Was ich erkannte, versetzte mir einen neuen Schock. Offenbar hatte ich eine solarbetriebene Wegleuchte bestellt. Modell »Gartenfrosch«. Aber warum?

Sofort verschloss ich das Paket wieder, nahm meinen Nachbarn beim Arm und führte ihn samt einem Bier seiner Lieblingsmarke zur Sonnenuntergangsbank. Dunkel erinnerte ich mich an ein Gespräch mit meiner Freundin. Unter Umständen hatte sie eine spätabendliche Ankunft auf meinem Hof als unzumutbar bezeichnet. Nach Einbruch der Dunkelheit sehe man nicht mehr, worauf man trete, im Zweifelsfall aber auf einen rostigen Baunagel.

Mein märkischer Nachbar und ich stießen an. Auf dem Feld äste eine Gruppe Rehe. Irgendwie beruhigte mich das.

»War wohl ne Briefbombe drin?«, fragte er.

»Fehlzustellung«, sagte ich.

Und am nächsten Morgen brachte ich das Paket ungeöffnet zur Post zurück. Und wenn es abends schon dunkel ist, hole ich meine Freundin einfach vom Bahnhof ab und geleite sie sicher an jedem Baunagel einzeln vorbei.

Nach quälender Analyse kam ich zu dem Schluss: Den Fehler hatte ich nicht gerade zum ersten Mal begangen. Offenbar beging ich den Fehler mit System. Ich war nicht lernfähig. Wie war das mit dem Telefonanschluss gewesen? Kaum hatte ich in der Hotline den Umzug ins Oderbruch veranlasst, fiel mir auf, dass ich gar keinen Festanschluss brauchte. Und wie war das mit dem Fahrradanhänger? Oder damals, mit dem Paketzustellerballett?

Das musste ein Ende haben.

Dabei wissen Sie noch nicht einmal alles.

Die Geschichte mit dem Kühlschrank habe ich noch gar nicht erzählt.

Nach den ersten Monaten, in denen ich vor allem Hunger gehabt oder mich von Pommes aus Lenes Würstchenbude ernährt hatte, war klar: Fertiges Essen ließ sich im Oderbruch nicht besonders variantenreich erstehen. Wollte ich aber selber kochen, würde ich die Zutaten irgendwo einlagern müssen. Am besten eignet sich dafür ein Kühlschrank, würde man meinen. Bei meinem nächsten Berlinbesuch bestellte ich einen im Internet und fuhr frohen Mutes zurück ins Oderbruch. Leichtsinnigerweise erzählte ich meinem märkischen Nachbarn von meinem Kauf.

»Der hat aber A plus plus plus«, sagte ich, um keinen Rüffel zu beziehen.

»Nen neuen haste bestellt? Dit Ding herzustellen hat alleene so vülle Enerjie verschlungen, dit kannste mit deene plus plus plus plus plus gar nüschte mehr wettmachen. Und wat willste überhaupt mit die teure Kiste?«

Und er nahm mich an der Hand und zog mich zu meiner Überraschung in meinen eigenen Keller herab.

»Siehste die Ecke da? Da hamse die Kartoffeln jelagert. Und hier is Platz für Jemüse, da kannste deene Möhrn bis anne Kappendecke stapeln. Dit hat noch im Sommer nich über zehn, zwölf Grad hier, im Winter friert's aber nich. Wenn dit mal keen perfekter Kühlschrank is!«

»Woher kennst du denn meinen Keller so gut?«

»Deenen? Meenen? Sind allet dieselben. Hamse früher nich fürs Partymachen jebuddelt, dit hatte System!«

Ich war verzweifelt.

In großer Hektik nahm ich den nächsten Zug zurück nach Berlin, um den Kühlschrank wieder abzubestellen. Das Abbestellen des vor nicht einmal sechs Stunden versehentlich in den Warenkorb geklickten Kühlschranks gestaltete sich freilich nicht ohne Schwierigkeiten. Weder im Internet noch am Telefon gelang das Abbestellen zu meiner vollen Zufriedenheit.

»Ist er denn schon in der Spedition?«, fragte ich.

»Nein, aber die Speditierung ist veranlasst.«

»Dann müssen Sie doch nur die Veranlassung rückgängig machen. Sie können den Kühlschrank doch einfach im Lager behalten.«

»Es gibt kein Lager. Der Kühlschrank ist auf dem Weg von

der Produktion zur Spedition im LKW. Auch dann, wenn er gar nicht gekauft wird.«

»Sie fahren nicht gekaufte Kühlschränke umher?«

»Das ist billiger, als sie zu lagern.«

»Aber wenn Sie ihn ohnehin umherfahren, dann können Sie ihn doch wenigstens nicht ausliefern?«

»Das ist leider zu spät. Der Kühlschrank ist schon im System.«

»Aber ich habe doch vierzehn Tage Rückgaberecht?«

»Natürlich. Sie müssen den Kühlschrank ja nicht kaufen. Es ist nur nicht möglich, ihn nicht anzuliefern.«

»Ich brauche ihn nicht!«

»Dann verweigern Sie am Tag der Anlieferung einfach die Annahme. Sie müssen nur dafür sorgen, dass der Kühlschrank nicht den Transporter verlässt. Sobald er den Transporter verlassen hat, gilt er als verkauft. Natürlich können Sie ihn dann noch immer zurückgeben.«

So langsam dämmerte mir, dass es ebenso schwer war, keinen Kühlschrank zu haben, wie es Schwierigkeiten bereitete, keinen Festanschluss zu besitzen. Ich nahm an, dass es auf ein ähnliches Patt hinauslaufen würde, wie ich es mit Eins & Eins ausgehandelt hatte. Also tägliches Anliefern des Kühlschranks, gefolgt von täglicher Verweigerung der Annahme. Ich war bereit, alles zu geben, um den Kühlschrank nicht zu bekommen. Am anvisierten Tag der Anlieferung richtete ich mir zum Speditions-Spotting ein kleines Fensterkissen, stellte Erdnüsse und Birnensaft auf das Sims und wartete im kundenfreundlichen Zeitfenster von acht bis zwanzig Uhr auf den nicht gewollten Kühlschrank.

Gnädigerweise erschien der Transporter schon kurz nach

Mittag. Sofort stürmte ich aus dem Haus und stellte mich vor die Ladefläche, damit der Kühlschrank den Laster nicht verlassen konnte.

Der Spediteur schüttelte den Kopf.

»Warum fahren wir die Dinger überhaupt aus, wenn sie dann keiner will?«

Und nun können Sie mit mir feiern.

Denn seither überlege ich erst, was ich nicht brauche, und bestelle es dann nicht im Netz.

Ein weiterer Rückfall ist nicht zu vermelden.

Zumindest bis jetzt.

Geh mal nach Peking!

Neulich in Berlin. Sanftes Morgenlicht, von einer Platane taumelte mir ein einzelnes Blatt ins Gesicht. Menschen und Autos waren wie weichgezeichnet, geschmeidig hasteten die Radfahrer an mir vorbei. Auf dem Weg zum Bäcker beobachtete ich eine Kleinfamilie, die mit Jutebeuteln aus dem Biosupermarkt um die Ecke spazierte und auf einer Verkehrsinsel verwahrt wurde, das Kind auf Höhe der Stoßstangen im Buggy verstaut.

Aus dem Buggy ertönte ein karger Husten.

Die Ampel wurde nicht grün.

Die Familie tat mir irgendwie leid. Solange einem das Quälen des eigenen Körpers Lust bereitet und man raucht oder trinkt oder Extremsport betreibt, habe ich volles Verständnis. Her mit dem Gleitschirm. Her mit dem ungeschützten Sex. Her mit den Drogen.

Aber wenn man sich in Raten vergiftet und nicht einmal einen Rausch davonträgt?

Warum tut man sich das an?

Wer kein eigenes Umweltbundesamt und keinen eigenen Pressestab zur Verfügung hat, der einem die Welt in der Morgenlage zusammenfasst, verliert zwischen Weichmachern in chinesischem Kinderspielzeug, Feinstaub in der Stadtluft und ausgasenden Holzschutzmitteln in Bodendielen den Überblick. Wir haben gelernt, darauf mit Zynismus zu reagieren. Wenn ohnehin alles giftig ist, sagen wir uns, dann macht das bisschen Benzol, das bisschen Permethrin, das bisschen Blei auch nichts mehr aus. Was nicht unmittelbar stinkt, blendet oder laut ist, beachten wir der Einfachheit halber nicht.

Zusammengefasst bedeutet das: Ungefähr alles, was wir neu geschaffen haben, ist schädlich, da uns aber ein Sensorium für neu geschaffene Schädlichkeit fehlt, können wir ihr nicht ausweichen und lassen neu geschaffene Schädlichkeit in ihrer Gesamtheit zu. So richtig überzeugt mich das nicht. Wäre es nicht sinnvoller, neu geschaffene Schädlichkeit in ihrer Gesamtheit abzulehnen? Wenn ich mich über die Berliner Luft beschwere, bekomme ich zu hören: Geh mal nach Peking! Sei froh, dass keine Trabbis mehr fahren! Zieh doch an die Ostsee!

Die Familie mit dem Kleinkind hatte endlich die andere Seite der Straße erreicht. Hin und wieder tauchte sie noch zwischen zwei donnernden Lastwagen auf. Dann wurde der Verkehr so dicht, dass ich sie nicht mehr sah. Auch ich habe keine Lust, die Luftwerte einzusehen, bevor ich das Haus verlasse, oder beim Einkaufen unverständliche Zutaten zu entziffern. Ich will nicht erst im Internet recherchieren, bevor ich einkaufe. Es ist frech, dass wir nachholen müssen, was die Produzenten versäumt haben. Warum drehen wir die Kennzeichnung nicht um? Warum ist nicht alles getestet, unbedenklich und nachhaltig, was auf uns losgelassen wird? Und was es nicht ist, zeichnen wir mit einem Totenkopf aus?

Da es kein richtiges Kaufen im falschen gibt, sollte man am besten gar nichts mehr kaufen. Aber dann hat man Hunger und nichts anzuziehen. Es ist verflixt. Mitmachen geht nicht. Raushalten auch nicht.

Was tun?

Sie sind viel weiter als ich im Nichtstun?

Beenden Sie sofort die Lektüre.
Rufen Sie mich bitte an.

Fahrerflucht

Ich lief also auf dem Bürgersteig, um Brötchen zu holen. Bald folgte eine Kreuzung. Bis auf einen weit entfernten Lieferwagen schien alles frei. Also querte ich die Straße. Das Queren der Straße muss dem Fahrer des Lieferwagens ein Ärgernis gewesen sein. Er holte rasant auf und riss das Lenkrad herum, vermutlich war es das, was er unter Abbiegen verstand.

Ich kannte das Prozedere. Reifenquietschen. Schlingern. Davonspringen. Diesmal verletzte ich mich nicht bei der Kollision, sondern am Rückspiegel eines parkenden Automobils, gegen das ich prallte. Mein Ellbogen fühlte sich an wie unter Strom gesetzt, das Kribbeln fuhr mir bis in die Fingerspitzen. Einem im Berliner Straßenverkehr bewanderten Leser muss nicht erklärt werden, dass der Fahrer nun nicht ausstieg und sich nach meinem Befinden erkundigte, sondern das Fenster herunterkurbelte und mich beschimpfte.

Von früheren Kollisionen wusste ich, was nun geschehen würde. Entweder ich hatte den ganzen Tag ein schlechtes Gefühl und konnte mich auf nichts konzentrieren, oder ich rief die 110. Ich hatte noch nie im Leben die 110 gerufen, bevor ich in Berlin zum Fußgänger geworden war. Seither etwa ein Dutzend Mal. Nicht, dass die Polizei eingreifen oder gar helfen würde. Anzurufen war eher der Versuch, mit dem Vorfall abzuschließen.

Doch heute legte der diensthabende Beamte die Idee vom Nichtstun besonders streng aus. Das sei hier der Notruf der Berliner Polizei. Eine Kollision von einem rechtsabbiegenden Lieferwagen mit einem Fußgänger, gefolgt von Fahrerflucht, sei kein Grund, hier anzurufen. Das geschehe alle fünf Minuten. Oder fehle mir etwa eine Gliedmaße? Ein Unterarm? Oder wenigstens ein Ohr? Na, bitte. Er schicke keinen Wagen, nehme nichts auf und mache die Leitung nun wieder frei. Tatsächlich legte er auf. Das Projekt, mit der Kollision abzuschließen, war misslungen. Zur Wut auf den Lastwagenfahrer kam nun die Wut auf die Berliner Polizei.

Wie sollte es weitergehen? Wie würde ich zurück in die Ausgeglichenheit finden, die für ein gelingendes Nichtstun nötig war? Wie würde ich es schaffen, mich nicht mehr mit dem Vorfall zu beschäftigen? Mich nicht beschmutzt zu fühlen? Ich will vorgreifen, denn die beste Lösung, die ich freilich erst finden musste, war tatsächlich, gar nichts zu tun. Bei den ersten Überfällen hatte ich noch die ganze Kommandokette der Polizei durchlaufen, hatte Beschwerdeformulare im Internet ausgefüllt und war bei einem Brief an den Polizeipräsidenten geendet. Ich möchte nicht nachrechnen, wie viele schlechtgelaunte Stunden mich das um süßes Nichtstun brachte.

Ich hielt es für mein Recht, zu Fuß eine Berliner Straße zu queren. Welcher Irrtum das war. Um wie viel komplexer die Welt. Neben der reinen Angst um mein Leben spukten Wörter in meinem Kopf umher wie Bürgerpflicht oder Zivilcourage. Hatte man mir nicht beigebracht, nicht alles hinzunehmen, sondern zu verändern, was man für einen Irrweg hielt? Je länger ich mich mit dem Vorfall beschäftigte, umso dreister wurden die Antworten der Berliner Polizei. Zur Wut kam die Ohnmacht, eine kranke Variante des Nichtstuns, ich tat nichts, hätte aber gern etwas getan.

Ich probierte es anders. Mit einem Perspektivwechsel. Wer dort im Lieferwagen durch die Stadt raste, tat das nicht zum Spaß. Wer dort im Lieferwagen durch die Stadt raste, verdiente nicht einmal den gesetzlichen Mindestlohn. Er folgte einem Zeitplan, der es ihm schlicht verbot, an Kreuzungen zu verlangsamen und nach Fußgängern Ausschau zu halten. Was für eine Unruhe das erzeugen musste. Was für eine Gereiztheit. Daraufhin begegnete ich den Lieferwagenfahrern anders. Wenn ich auch nur am Ende der Straße einen nahen sah, drückte ich mich an eine Hauswand, ließ den Lieferwagen mit quietschenden Reifen abbiegen und nickte dem armen Fahrer aufmunternd zu. Und siehe da, die Kollisionen blieben aus. Ich hatte meine Zeit, die ich an die Berliner Polizei verschwendet hatte, wieder für mich.

Kitchen stories

Meine Schramme am Ellbogen beeindruckte meine Freundin wenig. Ob ich schon wieder einen Autofahrer erzogen hätte?, fragte sie. Die dürften sich ebenso in der Stadt aufhalten wie ich. Und was wir nun frühstückten sollten, da ich ohne Brötchen nach Hause gekommen sei? Ihren Zuspruch hatte ich mir tröstlicher vorgestellt. Sie trug bereits ihren Fahrradhelm und suchte ihr Schlüsselbund. Nicht ohne Genugtuung zeigte ich ihr das Loch in meinem Pullover. Aus irgendeinem Grund überzeugte sie der kaputte Pullover mehr als mein kaputter Ellbogen. Sie verlegte das eben gefundene Schlüsselbund erneut und zog ihren Fahrradhelm wieder aus.

Nach einem kurzen Telefonat erklärte sie mir, sie habe sich bei ihrem Chef abgemeldet und werde heute Home Office betreiben. Ich war begeistert. Mein Ellbogen tat prompt nicht mehr weh. Sofort kaufte ich Rotwein und Kerzen. Ich malte mir aus, wie wir im Bett liegen und unsere Fähigkeiten in gelingendem Nichtstun unter Beweis stellen würden. Das Home Office war in vollem Maße zu begrüßen. Doch als ich gegen elf die erste Flasche entkorkt hatte, stellte ich überrascht fest, dass meine Freundin nicht zugegen war. Sie hatte sich in ihrer winzigen Küche verbarrikadiert, ein Notebook aufgeklappt, zwei Handys auf dem Esstisch liegen und trug Ohrstöpsel.

Ich tippte auf ihre Schulter.

»Schatz?«

Sie nahm einen mich irgendwie beleidigenden Wachspfropfen aus ihrem rechten Ohr.

»Was ist denn!«

»Ich dachte, wir machen heute Home Office?«

Ich wies ins Wohnzimmer, wo die Kerze den Schatten zweier Rotweingläser an die kahle Wand warf.

Meine Freundin lächelte.

Dann setzte sie sich den Ohrstöpsel wieder ein.

Ich war irritiert. Warum machte sie Home Office, wenn sie dann doch nur arbeitete?

Draußen regnete es. Durch die Vorhänge fiel graues Licht. Unten in der Straße röhrte ein Sportauspuff. Ich machte mich daran, den Wein alleine auszutrinken. Das andere Glas blieb auf unnahbare Art leer. Im Grunde machte das Home Office alles noch schlimmer. Es war kein Gegner, gegen den es sich in Würde verlieren ließ. Gegen Mittag erreichte meine Verärgerung ihren Höhepunkt, am Nachmittag aber besserte sie sich. Ich begann die Vorteile zu sehen. Meine Freundin verschwendete keine Zeit in der Untergrundbahn. Sie musste kein Meeting besuchen. Sie hielt sich nicht mit dem Klatsch ihrer Kolleginnen auf. Und da sie ihre Arbeit pünktlich um drei einstellte, wir das Kind aber erst um vier aus der Kita holten, kamen wir immerhin eine Stunde dazu, gar nichts zu tun.

Am Ende der Woche sagte meine Freundin, sie habe noch nie so viel in so kurzer Zeit gearbeitet. Als sie die Ergebnisse ihrer Bemühungen ins Büro mailte, wollte ihr Chef nicht glauben, dass sie schon mit allem fertig war. In der darauffolgenden Woche hatte sie nichts mehr zu tun. Da sie ihre

Kollegen aber sehr mochte, fuhr sie dennoch ins Büro. »Will doch mal hören, ob die Nelli das wieder eingerenkt bekommen hat mit ihrem Lukas«, sagte sie und klemmte sich eine Packung Espressopulver unter den Arm.

Wenn man so möchte, hat meine Freundin einen guten Kompromiss gefunden. Wenn es bei der Arbeit mal stressig wird, verlässt sie sofort das Büro, um zu arbeiten. Und wenn ruhigere Zeiten kommen, fährt sie zu ihren Kolleginnen zurück. Natürlich könnte man das praktischerweise auch umdrehen, also zu Hause nichts tun und im Büro arbeiten. Aber vielleicht ist das etwas kleinlich von mir gedacht. Ich bin kein Profi mehr auf diesem Gebiet.

Wie jeschmiert

Nach einem Jahr im Oderbruch kann ich sagen: Mein märkischer Nachbar hat mich gerettet. Er hat mich vom getriebenen zum selbstbestimmten Menschen gemacht, vom hörigen zum unabhängigen, vom geknechteten zum befreiten. Alles sein Verdienst. Was mich aber noch heute überrascht: Mein märkischer Nachbar hat nicht nur mich gerettet, er hält auch Lösungen für weitaus komplexere Fälle parat. Zuletzt löste er zum Beispiel das Problem der fossilen Brennstoffe. Im Handumdrehen.

Und das kam so:

Für seine weitläufigen Ackerflächen besitzt mein märkischer Nachbar einen kleinen Traktor. Damit kann er pflügen und eggen und drillen, Kartoffeln ernten und manches mehr.

Der Traktor fährt mit Diesel. Natürlich gibt es im Oderbuch weit und breit keine Tankstelle. Es kommt nun aber vor, dass mein märkischer Nachbar seinen Traktor startet und die Tanknadel ihm zu verstehen gibt, dass er das besser unterlassen sollte. Mit den letzten Tropfen reicht es da schon nicht mehr vor die Tore Berlins. Was tun?

»Wenn de keenen Diesel mehr drinne hast, ausnahmsweise den nächsten Baumarkt ansteuern!«, verriet er mir neulich auf der Bank unterm Birnbaum.

»Und im Baumarkt haben sie Diesel?«, wunderte ich mich.

»Die ham keen Diesel, die ham Rapsöl.«

»Und ditte jeht ooch?«, fragte ich.

»Ditte jeht ooch. Aber tu mir eenen Jefallen, hör uff so blöde rumzuschnabuliern. Dit steht dir nüschte. Aber probier's ma aus: Nimmste dit billigste Rapsöl, wo de finden tust. In sone Blechfässer. Leerste innen Tank rinn, machste'n Motor an. Läuft wie jeschmiert!«

In den folgenden Minuten lernte ich, dass Shell, Esso und Aral, aber auch Mercedes, Opel und VW ein einziges Komplott bildeten, um deutsche Autofahrer zu verdummen und zum Kauf von teurem Tankstellendiesel zu verleiten. Diesel entpuppte sich als reine Marketingerfindung eines weltumfassenden Wirtschaftskartells.

»Gloob denen nüschts! Die wollen dir nur annen Jeldbeutel. Dit is so, wie wenn bei die Computerdruckern nur die teuerste Tinte rinn soll. So is dit ooch mit'em Diesel. Teuer, unjesund und überflüssijer wie Wasser!«

Ich war beeindruckt.

Mein märkischer Nachbar und ich hatten die Phase längst hinter uns gelassen, in der ich ihm diese Geschichte nicht geglaubt hätte. Alles, was er mir im letzten Jahr erzählt hatte, war richtig gewesen. Auch wenn es zunächst einmal unglaubwürdig geklungen hatte. Zwar hielt mich noch ein letzter, städtischer Zweifel gepackt. Andererseits hätte ich niemand anderem als meinem märkischen Nachbarn zugetraut, das Komplott aufzudecken. Sicherlich hatte er noch ganz andere Lösungen parat.

Heizöl leer? Rapsöl in den Tank!

Erdgas zu teuer? Rapsöl in die Therme!

Mein märkischer Nachbar rutschte näher zu mir und sah mich listig von der Seite an.

»Und eenmal«, sagte er, »war der Baumarkt schon jeschlossen. Rat mal, wat ick jemacht hab?«

»Olivenöl?«, fragte ich.

»Blödsinn. Zur Frittenbude bin ick jefahr'n, die vorm Baumarkt steht. Kennste doch. Der Lene ihr Würstchenjlück. Und icke so zu Lenchen: Kann ick ma deen ollet Frittierfett ham? Meen Tank is leer. Zeigt die mir nen Vojel, aber dann hat se dit olle Öl doch noch rausjerückt. Hab ick dit mit nem Trichter innen Tank jefüllt. Motor jestartet, astrein anjesprungen. Mensch, hat dit aus'em Auspuff nach Pommes jeduftet!«

Und hier, liebe Leserin, lieber Leser, kommen Sie ins Spiel.

In Ermangelung eines eigenen Automobils konnte ich den Tipp meines märkischen Nachbarn leider nicht in die Tat umsetzen. Google hilft ausnahmsweise auch nicht recht weiter. Zumal mein märkischer Nachbar auf der Welt ist, um Google zu überprüfen, und nicht andersherum. Erdölraffinerie? Tankstellennetz? Dieseltank? Alles nur hinterrücks eingeschlichene Bestandteile eines großen Komplotts? Entscheiden Sie selbst. Falls Sie einen Diesel fahren und Ihr

Tank gerade leer ist, gießen Sie einfach ein bisschen altes Fett hinein. Wenn ich meinen märkischen Nachbarn nicht völlig verkenne, fährt Ihr Wagen dann auch.

Bangladesch und ich

Wenn ich aus meinem Küchenfenster auf die leere Dorfstraße blicke, über die seit einer halben Stunde niemand gekommen ist, wenn ich meinen Kaffee aus einer gesprungenen Tasse trinke, und wenn das neue Handtuch vom Stapel schon wieder muffig riecht, weil ich weder Waschmaschine noch Trockner besitze, dann frage ich mich manchmal, ob ich es übertrieben habe mit dem Wenigerwerden.

In solchen Momenten, wenn draußen ein Wind geht und das Hoftor in seinen Angeln knarrt, warte ich vergebens auf Besuch, auf einen neuen Tipp meines märkischen Nachbarn, und vor lauter Stille schalte ich dann das Radio ein. Doch auch das Einschalten des Radios kann seine Tücken haben. Zufällig schalte ich in eine Verbrauchersendung. Die besten Flachbildschirme werden zum Kauf empfohlen. Welcher ist am billigsten, welcher kann am meisten? Später am Tag folgt eine Hintergrundsendung. Unter welchen Arbeitsbedingungen werden die Bildschirme hergestellt, wie schädlich ist ihre Entsorgung? Wer eine Sendung nach der anderen hört, wird ein wenig schizophren.

Auf der Dorfstraße naht von Westen ein Schatten. Ich merke, wie der alleinige Gedanke an einen kurzen Plausch meinen Kreislauf anregt. Ich stelle meinen Kaffee ab und öffne das Fenster. Doch es kommt nicht mein märkischer Nachbar, es kommt nur sein Hund Bismarck. Und so bleibe ich doch wieder allein mit meiner Radiosendung zurück.

Um die Jahrtausendwende wurden Elektronikgeräte immer sparsamer, heißt es in der Sendung. In derselben Zeitspanne stieg aber der Stromverbrauch. Denn von den sparsameren Geräten wurden umso mehr gekauft. Auch Autos wurden immer effizienter. Doch es fuhren immer mehr von ihnen herum. Letztlich lenken kraftstoffsparende Autos und Energiesparmodule in Großbildschirmen also nur davon ab, sich von ihnen zu verabschieden. Die Erfolge der Umweltbewegung besagen nur, dass die Produktion an Orte verlagert wurde, deren Flüsse und deren Himmel wir in Deutschland nicht sehen.

Ich sehe an mir herunter. Auch die kurze Hose, die ich trage, wurde nicht im Oderbruch hergestellt. Die Arbeit, die dafür ausgeübt wurde, kenne ich nicht. Es ist schwierig geworden, nichts nach Hause zu bringen, bei dessen Herstellung kein Kind seine Gesundheit eingebüßt hat. Nicht, weil wir böse sind, sondern weil wir den Überblick verloren haben. Bei komplexen Geräten wie einem Computer ist ausgeschlossen, dass sie ohne Kinderarbeit hergestellt wurden. Ich stelle mir vor, was passieren würde, wenn die Rohstoffmine oder die Näherei nicht in Zentralafrika oder in Bangladesch ansässig wären, sondern im Oderbruch.

Ich will keine Kinder sehen, die nach Zehnstundenschichten mit einem Vierteldollar aus der Näherei huschen oder als Kindersoldat eine Kupfermine bewachen. Die Globalisierung macht diese Kinder für mich unsichtbar. Also demonstriere ich auch nicht für sie. Dabei muss ich gar nicht für ihre

Rechte auf die Straße gehen. Ich brauche nicht einmal Geld dazu. Keinen Einfluss. Keine Macht. Ich muss nur meinen alten Computer behalten. Ich muss einfach nur gar nichts tun. Süßes Nichtstun genügt vollauf.

Nichtstun schädigt das Bruttoinlandsprodukt, füllt die Sozialversicherungen nicht auf, schafft keine Arbeitsplätze, holt niemanden von der Straße, ist nicht wettbewerbsfähig und führt nicht zu Meisterleistungen der Ingenieurskunst. Kein Wunder, dass es dem Nichtstun an Fürsprechern fehlt. Das Nichtstun muss das freilich nicht weiter beunruhigen. Betriebsamkeit ist nur die beliebige Norm einer Zeit, die sich zufällig unsere Gegenwart nennt. Eine andere, weniger beliebige Norm unserer Zeit ist der Umweltschutz. Und der fordert ein, was Betriebsamkeit verhindert. Arbeitslosigkeit. Trägheit. Tauschhandel. Faulheit.

Hund Bismarck hat es sich vor meinem Fenster schon einmal bequem gemacht. Mitten auf der Dorfstraße liegt er auf dem Rücken, streckt alle viere von sich und schnappt nach den Fliegen. Die Sonne scheint ihm warm auf den Bauch.

Geldverdienen unterm Birnbaum

Ich denke, ich kann das Geheimnis nun lüften. Wie verdiene ich auf meiner Bank unterm Birnbaum Geld? Ich gebe zu: Man braucht ein wenig Glück dabei. Ohne einen Regenguss ist das Geldverdienen unterm Birnbaum nicht immer möglich. Als ich das erste Mal unterm Birnbaum Geld verdiente, wischte sich meine Freundin etwas vorwurfsvoll einen Tropfen vom Unterarm. Um sie dennoch auf der Bank unterm Birnbaum zu halten, trieb ich in aller Eile drei Pflöcke in die Wiese und spannte ein Segeltuch über die Bank. Gemeinsam lauschten wir dem leisen Tröpfeln darauf. Als es gemütlicher nicht werden konnte, außen Regen, innen Trockenheit, heimeliger Wind, aufspringende Rehe, die im gegenüberliegenden Hain Schutz suchten, meinte meine Freundin, die Küche im Oderbruch sei so kahl, ob wir nicht gemeinsam zu Ikea wollten?

Ich bekam trotz Regens einen Schweißausbruch. Der Gedanke, einen Miettransporter mit Stifthaltern aus Pappe, Zierkörben aus Bast und vielteiligen Schüsselsets zu beladen, tat mir weh. Die Paare, die dort durch die von Kaufpsychologen geführten Gänge schlurfen, erinnern mich an Industriekühe auf dem Melkband. Ich öffnete erst mal zwei Bier. Wenn ich nicht mehr weiterweiß, ist das eine zuverlässige Hilfe. Ich habe bereits sehr viel Geld verdient, indem ich erst einmal zwei Bier geöffnet habe.

Glücklicherweise nahm der Regen immer mehr zu. Aus dem Tröpfeln wurde ein Prasseln, aus dem Prasseln ein Hämmern, bald nahm der Regen die Sicht. Beim Nachbarn gurrten keine Hühner mehr, der Wind trieb Wellen ins Kornfeld. Auf keinen Fall würde sich meine Freundin bei diesem Wetter zu Ikea wagen. Notgedrungen blieben wir auf der Bank sitzen und taten erst einmal nichts. Zumindest übten wir uns darin, immerhin tranken wir noch. Jedem, der im Nichtstun wenig erfahren ist, möchte ich das Trinken zur Einübung empfehlen. Die Einnahmen sprudeln so bald von allein.

Als die Flaschen leer waren, überlegte ich, wie viele Stunden ich bis heute nicht mit Arbeit zubringen musste, da ich auf der Bank keinen Stifthalter, keinen Zierkorb und kein Küchenset von Ikea kaufen konnte, und auch keine Telefonanlage, kein Massageset und keine Stereoanlage, nicht einmal einen Staubsauger, einen Küchenmixer oder ein Superhandy. Als weitere Windböen aufkamen, rechnete ich meinen Verdienst konsequent aus. Bei einer Vierzigstundenwoche und einem Stundenlohn von zehn Euro kam ich auf ein volles Jahresgehalt, das ich verdient hatte, indem ich sitzen geblieben war. Das entsprach einem Jahr süßen Nichtstuns. Bierchen in der Hand, Holzbank drunter, Obstbaum drüber, Feld davor. Herrlich.

Von Westen her kam Donner auf. Einen Moment drohte das Geldverdienen unterm Birnbaum zu misslingen. Wenn Blitze folgten, würde meine Freundin trotz Regen von der Bank fliehen. Eine Fahrt zu Ikea wäre dann nicht mehr auszuschließen. Doch das Gewitter zog nördlich vorüber. Der Regen aber ließ nicht nach. Es regnete sich auf hohem Niveau ein. Glück gehabt. Ich berichtete von meiner Verdienstrechnung.

»Eigentlich können wir uns sogar noch weitaus länger unter den Birnbaum setzen«, sagte ich.

Denn das verdiente Geld für die nicht benötigten Ersatzteile war noch nicht einmal eingerechnet. Und noch etwas war nicht in die Rechnung eingeflossen, nämlich die Zeit, in der ich die Tiefkühltruhe nicht abtauen, das gesplitterte Touchpad des Superhandys nicht ersetzen, neue Staubsaugerbeutel nicht suchen, mich über den auf der Herdplatte angeschmolzenen Mixer nicht ärgern muss. Also die Zeit, in der ich keine Reparaturkäufe, keine Folgekäufe, keine Ersatzkäufe leisten muss. Das Glücksgefühl, das man beim Kauf neuer Dinge erlebt, ist ja im Grunde ein vorweggenommenes Frustgefühl, das sich einstellt, wenn die neuen Dinge nicht mehr funktionieren.

Es kam noch besser: »Was wir verdient haben, ist nicht einmalig verdient!« Das Geld fließt vielmehr alle paar Jahre nach, nämlich dann, wenn der Konsumzyklus eines Gegenstandes von vorn beginnt. Man will ja sein tiefgekühltes Fleisch nicht in eine Truhe aus der Adenauerära stecken. Nicht mit einem Mixer mixen, der nach heißgelaufener Elektronik riecht. »Wir haben also nicht einmalig ein Jahresgehalt verdient, sondern alle zehn Jahre eines, macht auf siebzig Lebensjahre sieben volle Jahresgehälter!«

»Dann sollten wir am besten zweihundertzehn Jahre alt werden«, sagte meine Freundin, »dann hätten wir einundzwanzig Jahresgehälter verdient!« Ich beschloss, die Ironie darin zu überhören, stellte weitere Rechnungen aber ein. Als es aufhörte zu regnen, schreinerte ich ein simples Küchenregal. So etwas konnte ich jetzt! Im Dorf fragte ich herum, ob jemand einen angeschlagenen Teller übrig hatte. Bis zum Abend quoll das Regal über vor Schüsseln und Tassen, Bechern und Gläsern. Nichts passte zusammen. Vieles hatte einen Sprung. Aber zu Ikea fuhren wir an diesem Tag nicht mehr. Wir hatten Besseres zu tun.

Nämlich nichts.

Und noch mehr Geld

Eine bequeme Art, unterm Birnbaum Geld zu verdienen, kennen Sie nun. Es genügt, nicht zu Ikea zu fahren. Doch auf der Bank lässt sich noch weit mehr Geld verdienen. Auch wenn ich mich niemals vom Fleck bewege auf dieser Bank, gibt es doch wenige Orte, an denen ich größere Reisen unternommen hätte. Ich habe mit meiner Freundin wegen des Hofkaufs gestritten auf dieser Bank, und wir haben uns auf ihr wieder versöhnt. Ich habe mit meinem märkischen Nachbarn Bier darauf getrunken und von ihm wertvolle Hinweise fürs Nichtstun erhalten. Dieses Buch habe ich zwar nicht auf der Bank geschrieben, aber doch auf ihr verfasst.

Es genügt, dass ich mich auch bei einsetzendem Schneefall einmal auf die Bank setze, schon bin ich im Winterurlaub. Gratis. Dankbar sehe ich zu, wie bald eine dichte Schneedecke auf dem Feld liegt, endlos weiß bis zum Horizont. Es genügt, dass ich auch im Frühjahr ausgiebig auf der Bank sitze, schon brechen erste Krokusse und Hyazinthen aus dem Boden, schon bin ich im Osterurlaub, rings um mich sprießt dichtes, neues Gras. Anflug, Hotel, Transfer: alles gespart.

Wie alle Menschen bin ich zwiegespalten. Einerseits sehne ich mich nach Neuem, andererseits brauche ich mein Nest. Umso schöner, wenn sich beides vereinen lässt. Auf der Holzbank im Oderbruch kann ich zuschauen, wie die Sonne über mehreren Morgen Land untergeht. Nicht über meinem Land natürlich, aber das spielt keine Rolle. Die Bank am Grundstücksende ist mir schnell zum natürlichen Stammplatz geworden. Wir passen einfach zueinander, die Bank und ich.

Dass ein gelungener Sommerurlaub nichts braucht als die Bank und eine kühle Flasche Bier, das wissen Sie schon seit der ersten Seite. Und wenn ich an einem nebligen Morgen im Herbst den Saatkrähen vor mir zusehe und dann den Sehmuskel entspanne, dann nimmt der Horizont von allein meinen Blick auf, und ich fühle mich, als würde ich über den Acker fliegen. Kokain, Speed, Marihuana: alles gespart.

Ein Problem freilich gibt es. Sobald ich mich auf die Bank setze, ist etwaige schlechte Laune binnen Sekunden verflogen. Insofern kann ich nicht sagen, ob die Bank meinen Therapeuten spart oder ob ich einfach keinen brauche. Auf jeden Fall aber spart die Bank den Gang in die Unterwelt, hervorragend lässt sich dort trinken, mit Freundin, mit märkischem Nachbarn oder allein. Nachbestellen am Tresen, Münzen für den Zigarettenautomaten, Mitternachtshunger beim fliegenden Händler befriedigen: alles gespart.

Das Geld, das ich auf der Bank verdiene, indem ich nicht wieder aufstehe, geht in die Tausende. Indem ich Kinovorführungen gratis gezeigt bekomme, sobald ich aufs Feld gucke, indem ich nirgendwo umherfahren und unterkommen, Zutritt erlangen und essen gehen muss, indem ich Urlaub mache, sowie ich mich hinsetze, nach nur wenigen Jahren hat mich die Bank richtig reich gemacht.

Zugegeben: Übertreiben sollte man es nicht mit dem Geldverdienen unterm Birnbaum. Andernfalls laufen Sie Gefahr, Geld anzusparen. Ihr Kontostand könnte anwachsen. Mit allen gefährlichen Folgen für Ihr Nichtstun. Seien Sie also selbst unterm Birnbaum noch auf der Hut.

Auf Ihrem Konto befindet sich Geld. Was ist zu tun?

Sie haben es übertrieben mit dem Geldverdienen unterm Birnbaum? Ihr Konto ist satt gefüllt? Zunächst einmal meine Anteilnahme. Sie sind nicht zu beneiden. Fünftausend Euro auf dem Konto? Vielleicht gar zehn? Ganz von allein kommen Zinsen hinzu? Einer größeren Herausforderung für das Nichtstun können Sie kaum begegnen. Ein sich selbst vermehrendes Bankkonto stellt einerseits eine Grundlage, andererseits eine Bedrohung des Nichtstuns dar. Es lädt zum Müßiggang ein, ist aber zugleich schiere Aufforderung zur Tat. Wenn Sie nicht eiserne Disziplin ausweisen, werden Sie nun allerhand zu Ihrem Haushalt hinzufügen. Selbst wenn Sie keinen neuen Rechner, sondern nur einen harmlosen Satz neuer Bettwäsche erwerben, birgt Ihr Geld noch viel Potential, Unheil zu stiften.

Ihnen bleibt nur eine einzige Rettung.

Vernichten Sie es.

Wichtig ist, dass Sie das Geld radikal und umfassend vernichten, also nicht etwa nur ausgeben, nein, heben Sie es ab und versuchen Sie bitte, es loszuwerden, ohne jeden Gegenwert zu erzielen. Allenfalls eine Spende ist drin. Behalten Sie auch keine Restsumme für sich. Stecken Sie keine Geldbündel in Sparstrümpfe und Polsterritzen. Das alleinige Wissen um die Möglichkeit, Geld auszugeben, wird Sie Geld auch ausgeben lassen. Und ist das Geld erst einmal ausgegeben, ist es ums Nichtstun geschehen.

Falls Sie lieber mit einer kopfkissengroßen Plastiktüte mit

verstärkten Tragegriffen aus dem Mediamarkt schlendern möchten, ist das natürlich auch in Ordnung. Was habe ich Ihnen schon zu sagen! Aber ich kann wirklich nichts dafür, wenn das USB-Kabel nicht erkannt wird, der Beamer nur Streifen projiziert, PUK und PIN nicht aufzufinden sind und die Umtauschfrist gestern null Uhr abgelaufen ist.

Frühlingsgefühle

Im ersten Frühling, den ich im Oderbruch erlebte, hatte ich einmal so ausgiebig nichts getan, dass ich auf meiner Bank festfror.

Und das kam so: In Berlin hatte ich nie mitbekommen, wie eine Jahreszeit die andere ablöste. Auf einmal trugen die Berlinerinnen im Kiez schöne Kleider, dann war Sommer. Irgendwann lag im Park Schnee. Gut, Winter. Aber wann genau war es Sommer geworden? Wann Winter? Im Oderbruch nahm ich mir vor, dass mir der Wechsel der Jahreszeiten nicht mehr so leicht entwischen sollte.

Ein Wechsel des Lichteinfalls, ein Wandel der Farben der Gräser: Keine Frage, dass das Nachspüren solcher jahreszeitlicher Schattierungen nur in der Abwesenheit jedweder Tätigkeit gelingt. Ich setzte mich also auf meine Bank am Grundstücksende. Es war zwar noch eindeutig Winter, es taute nicht und nichts spross oder blühte, aber mich hatte eine schwelende Unruhe ergriffen. Vielleicht war es die Luft, die nicht mehr so schneidend nach Schnee roch, sondern weicher und wärmer.

Ich sah mich bereits in der Badehose im Gras liegen, als nicht der Frühling hereinbrach, sondern es zu schneien begann. Seltsam. Ich war so sicher gewesen, den Frühlingsbeginn zu erleben, dass ich keine Mütze angezogen hatte. Unter Umständen wären auch Handschuhe weiterhin angebracht gewesen, meine Finger spürte ich bald nicht mehr. Schon bedeckte mich eine geschlossene Schicht Schnee. Vor lauter Stolz, mir die Kälte nicht anmerken zu lassen, den Schmerz in Fingern und Füßen nicht zuzulassen, tat ich so angestrengt nichts, dass von Nichtstun im eigentlichen Sinne nicht mehr die Rede sein konnte.

Es ist eine große Herausforderung, im rechten Moment zu erkennen, wann Nichtstun eine zarte Tätigkeit erfordert und wann die totale Tatenlosigkeit. Ein im Nichtstun erfahrenerer Frühlingsbeobachter wäre aufgestanden und hätte sich an den Ofen gesetzt. Ich aber blieb sitzen und fror. Ich wollte mir nicht eingestehen, dass mich mein Wettersinn im Stich gelassen hatte. Die Luft roch ganz und gar nicht mehr nach Tauwetter, sondern so, als näherten wir uns zehn Grad unter null. Kein Lufthauch. Der Schnee fiel senkrecht. Kein Wiesel, kein Spatz, kein Eichhörnchen. Wahrscheinlich hatten sie sich in Höhle, Astloch und Kobel versteckt und noch mal dick mit Moos eingedämmt.

Als ich vor Schmerz nicht mehr sagen konnte, ob ich über null, zwei oder vier Ohren verfügte, kapitulierte ich und stand auf. Genauer: Ich versuchte aufzustehen. Tatsächlich war die leichte Stoffhose, mit der ich den Frühlingsbeginn begehen wollte, auf der Holzbank festgefroren. Statt dem Frühling zu begegnen, hielt mich der Winter fest. Meine Körperwärme war gegen den von unten aufsteigenden Frost nicht angekommen. Was nun? Irgendwas sagte mir, dass Nichtstun nun keine Lösung mehr darstellte. Also riss ich mich frei. Ein kleines Stoffdreieck der Hosentasche blieb auf der Bank kleben. Sobald es sich vom Holz lösen ließe, dachte ich, würde das den ersten Frühlingstag anzeigen. Als der eine Woche später begann, lag ich freilich erkältet …

Auftritt: der Heiland

Lag ich freilich erkältet –, tippte ich gerade, als sich mal wieder der Computer ausstellte. Anders als mein Handy, das sich ausschaltet, sobald ich es auf der Tischplatte ablege, schaltet sich mein Computer neuerdings aus, wenn ich ihn berühre. Wackelkontakt. Der Akku war natürlich schon wenige Wochen nach Kauf ermüdet. Aber nun funktioniert auch der Netzbetrieb nicht mehr. Nur wenn ich den Stromstecker derbe in die Buchse schlage, unter schrägem Druck verwinkle und das Kabel mit einem Faden fixiere und dann hart unter den Computer biege, ist noch eine Nutzung für eine halbe Stunde möglich. In diesem Zeitfenster schreibe ich diesen Text. Ich darf natürlich nicht gegen die Tischplatte stoßen, oder bei geändertem Lichteinfall den Computer in einen anderen Winkel drehen – dann erbleicht sofort der Bildschirm, es wird Akkubetrieb angezeigt und der hält maximal –

Pardon, wieder war alles schwarz.

Stecker in die Buchse schlagen.

Schräg einwinkeln.

Mit Faden fixieren.

Immer noch Wackelkontakt.

Noch mal von vorn. Stecker. Buchse. Winkel. Faden.

Da, ich sehe etwas!

Einige Tage später hatte sich das Zeitfenster, in dem ich arbeiten konnte, auf wenige Minuten verringert. Nach drei Absätzen war durchschnittlich wieder Schluss. Als ich den Computer für jeden Satz einzeln hochfahren musste, wurde es mir zu blöd. Einen neuen Computer zu kaufen, stand freilich nicht zur Wahl. Also ging ich mit dem Netzkabel zum nächsten Mediamarkt.

»Ich hätte gern so ein Netzteil, nur ohne Wackelkontakt.«

»Für welche Marke ist es denn?«

»Keine Ahnung.«

»Sie wissen die Marke von Ihrem Computer nicht?«

»Nein. Steht sie nicht auf dem Netzteil?«

»Eigentlich schon. Das ist aber bereits ein Ersatznetzteil.«

»Dann hätte ich gern ein Ersatznetzteil.«

»Die haben aber inzwischen neue Buchsen.«

»Dann hätte ich gern ein Ersatznetzteil mit neuen Buchsen und einen Adapter für alte Buchsen.«

»Wollen Sie nicht lieber einen neuen Computer? Das lohnt doch nicht mehr!«

Fluchtartig verließ ich den Laden. Das konnte nicht wahr sein: Nun hatte ich nicht im Internet bestellt und keine Hotline angerufen und führte doch wieder dasselbe Gespräch.

Kam ich denn überhaupt nicht voran?

Halfen meine Regeln selbst dann nicht, wenn ich sie eisern befolgte?

Noch auf der Straße zitterte ich. Etwas sagte mir, dass ich sehr, sehr nah dran gewesen war, einen neuen Computer zu kaufen. Wie schick die ausgesehen hatten. Wie billig die waren. Und wie wunderfitzig schnell im Netz.

Ich ging immer weiter, ohne des Weges zu achten, als ich angesprochen wurde.

In einer Querstraße neben dem Mediamarkt lag ein kleines Ladengeschäft. Sein Besitzer sah mich und meine Verzweiflung und winkte mich zu sich in den Laden. Offenbar war es sein Geschäftsmodell, verzweifelte Mediamarktkunden abzugreifen. Der Laden maß kaum zehn Quadratmeter, auf denen vor allem gebrauchte Telefone ausgestellt waren, seltsamerweise verkaufte der Mann aber auch frisch gepressten Orangensaft.

»Womit kann ich dienen?«, fragte er.

»Ich hätte fast einen neuen Computer gekauft! Obwohl ich eigentlich nur –«

»Einen Kabelbruch habe?«

Ich stutzte.

Der Mann schwieg.

Da erst begriff ich, dass mir kein verkaufstüchtiger Ladenbesitzer, sondern der Heiland erschienen war. Er nahm mir das Netzteil aus der Hand und inspizierte es mit genauem Blick, schlug eine geschickte Kompressionsschlaufe um die offenbar unter der Isolierung gebrochene Stelle des Kabels, umwickelte die Schlaufe mit Klebeband und reichte mir das Netzteil wieder zurück.

»Das macht dann fünfzig Cent«, sagte er.

Ich war sprachlos.

Als ich mich wieder gefasst hatte, bestellte ich wenigstens noch einen frisch gepressten Orangensaft dazu.

Er schmeckte ausgezeichnet.

Was tun, wenn Sie aufgefordert werden, einen Neukauf zu tätigen?

Zunächst einmal: Bewahren Sie bitte Ruhe. Nehmen Sie eine angenehme Entspannungshaltung ein. Gerne auf einer Holzbank. Gerne unterm Birnbaum. Schauen Sie der Person, die Sie zum Neukauf auffordert, so lange in die Augen, bis diese Person wegsieht. Begehen Sie nun nicht den Fehler zu antworten. Sitzen Sie die Situation im Wortsinne aus. Es gibt nichts, für das Sie sich rechtfertigen müssten. Ob Staubsauger, Computer oder Handy: Ein unterlassener Neukauf ist ein absolut privater Vorgang. Einem fremden Menschen gegenüber müssen Sie darüber so wenig Auskunft geben wie über Ihr Monatsgehalt.

Wichtig: Ignorieren Sie bitte jedes Nachhaken. Schauen Sie an Staubflusen, die Ihnen vor die Augen gehalten werden, konsequent vorbei. Fangen Sie bloß nicht an zu argumentieren, das verlängert Ihr Elend nur. Überhören Sie den Satz: »Bei Tchibo sind welche im Angebot!« Ganz gleich, wie oft dieser Satz wiederholt wird. Halten Sie stattdessen für besonders putzwütige Mitmenschen Alternativen bereit. Ein Besen im Haus ist im Notfall zu verzeihen. Fühlen Sie sich aber nicht durch die schiere Präsenz ermutigt, selbst Hand anzulegen.

Sie wissen so gut wie ich: Ein Mensch ohne Superhandy und ohne Staubsauger gilt heute als nicht vollwertig. Ein Mensch ohne Superhandy und ohne Staubsauger gilt heute als so absurd wie eine Küche, die über keinen Bananenhalter und keinen Kuchenauskühlgrill verfügt. Dabei ist ein Staubsauger vor allem ein Staubverteiler, der hinten als Feinstaub hinausbläst, was er vorne als harmlose Fluse eingesaugt hat, ein Gerät, das die Lunge schädigt, grauenvoll laut ist und alle zehn Jahre neu gekauft werden muss. Und das Superhandy von heute ist das Gammelhandy von morgen. Der einzige Grund, der für einen Kauf spricht: sich nicht mehr rechtfertigen zu müssen, dass man noch keinen getätigt hat. Die Zeit, in der das nicht gekaufte Neugerät zum Altgerät verkommt, ist die Zeit, in der Sie unterm Birnbaum gar nichts tun.

Ihr Gegenüber hat sich inzwischen getrollt?

Sie aber sitzen noch entspannt unterm Birnbaum?

Meinen Glückwunsch. Wieder haben Sie alles richtig (nicht) gemacht.

Zarter Fortschritt

Mein Computer funktionierte also wieder.

Nach so unerwartet guter Erfahrung fuhr ich ein zweites Mal nach Berlin. Ich hatte genug von Pommes aus Lenes Würstchenbude und von Kartoffeln mit Quark. Ich gebe reumütig zu: Ich fuhr allein eines scharf gewürzten Mittagessens wegen nach Berlin. Mein Fehler. Vollkommen richtig. Ich hätte nicht übermütig werden dürfen. Ich hätte im Oderbruch bleiben müssen. Wer die Geister ruft, muss sehen, wie er sie wieder loswird. Alles richtig. Aber ich war nun einmal vor Ort und hatte Hunger. Also flanierte ich ein wenig umher, ließ mich von der Straße hupen und zwängte mich zwischen dieselrußigen Stoßstangen hindurch.

Dann stieß ich auf ein indisches Restaurant. Es war bis auf

den letzten Platz besetzt. Ein freundlicher Kellner empfahl mir, etwas mit nach Hause zu nehmen. Ich wollte politisch korrekt sein und bestelle fleischlos. Gemüsesabzi. Was auch immer das ist. Nur wenige Minuten später drückte mir der freundliche Mann eine Plastiktüte in die Hand. In der winzigen Küche meiner Freundin schälte ich aus der Plastiktüte eine weitere Plastiktüte, in der wiederum eine Styroporschale steckte, die ihrerseits in Aluminiumfolie eingewickelt war. Das Verpackungsprinzip erinnerte mich an russische Püppchen.

Unter großen Mengen nicht essbaren Verpackungsmaterials fand ich eine kleine Menge essbaren Materials, das sehr gut roch. Daneben lag ein weiteres luftiges Etwas, das in Alufolie gewickelt war. Ich trug eine halbe Rolle Folie ab, bis ein offensichtlich frittiertes Brotstück zum Vorschein kam. Das Essen lag angenehm scharf auf der Zunge, ohne zu brennen, und führte zu einem sonst nur durch ausgiebiges Nichtstun zu erlangenden, den ganzen Körper umfassenden Glücksgefühl.

Doch mit der Befriedigung kam das schlechte Gewissen. Kaum war ich satt, überprüfte ich, ob mich einer der Nachbarn durch das Küchenfenster beobachtet hatte. Verschämt steckte ich Schalen und Folien und Deckel und Töpfchen zurück in die Plastiktüte, die den gesamten Mülleimer füllte. Egal, was ich im Anschluss tat, ich konnte nur an die gefüllte Mülltüte denken. Also trug ich sie hinunter und versenkte sie in dem großen Hauscontainer. Augenblicklich war mein Kopf wieder frei. Etwas sagte mir, dass ich aus dieser Erfahrung das Falsche lernen würde. Und tatsächlich bestellte ich dasselbe Menü eine Woche später noch einmal. Zum Mitnehmen, versteht sich.

Letztlich weiß ich, dass es so nicht weitergeht. Der Begriff der Erbschuld hat eine materielle Bedeutung erlangt. Letztlich zerstöre ich, indem ich geboren werde. Bis vor kurzem hieß es, es könne nur so weitergehen mit dem Wegwerfkapitalismus, alle Alternativen seien gescheitert. Dann folgten Leman Brothers, Fukushima und Naomi Klein. Zwanzig Plastikkosmetiktuben zum Wegschmeißen im Bad, aber keine Alternative in Sicht? Rechner nach zwei Jahren schrottreif, aber keine Alternative in Sicht? Lastwagenstaus von den Pyrenäen bis zum Ural, aber keine Alternative in Sicht? Wir sind noch immer Wegwerfkapitalisten, aber immerhin dürfen wir wieder darüber nachdenken, ob wir welche sein wollen. Ich nenne das zarten Fortschritt.

Wenn das Erdöl endlich versiegen würde, wäre es einfacher. Das Öl ist der Katalysator der Zerstörung, der Anbau in Raubbau verwandelt, Visionen in Größenwahn. Ohne Erdöl fällt nicht nur die Styroporschale vor mir auf dem Küchentisch weg, mit einem Schlag gibt es auch keine Lastwagen und keine Containerschiffe mehr. Und keine Turnschuhe, die zu uns geschifft werden müssen. Mit dem Erdöl verschwindet auch seine Subventionierung, Transport kostet wieder, was er kostet. Wer Wein aus dem Bordeaux haben will, soll ihn haben. Zu seinem Preis.

Ein weiterer, unermesslicher Vorteil liegt auf der Hand. Endlich müssen wir nicht mehr nach Tunesien an den Strand! Keine Animateure mehr, keine Hotelbuffets, keine untertänigen Putzfrauen. Alles Geschichte. Stattdessen: Birnbaum, Bank und Feld. Die Freuden des totalen Zusammenbruchs sind groß, die Stadt gehört wieder den Menschen, die Krebsraten sinken, die Luft ist rein. Allein: Auch wenn dem Szenario keinerlei Schrecken innewohnt, es trifft nicht ein! Wir verfliegen und verballern, was an Erdöl nur so zu kriegen ist, doch das Öl will und will nicht versiegen. Wie kommen wir also schneller zum Ziel? Es gibt nur eine einzige Möglichkeit. Sie lautet: gelingendes Nichtstun.

Aber zurück an den Küchentisch in Berlin. Ich sitze also schon wieder satt und unglücklich vor leeren Styroporschalen, die erst achthundert Jahre nach mir zerfallen werden. Es kommt mir vor wie bei der Spielsucht. Erst der Genuss. Dann das schlechte Gewissen. Auch mich hat der Wegwerfkapitalismus offenbar erfolgreich sozialisiert. Nun bestelle ich schon indisch zum Mitnehmen! Und ich lerne täglich auf den großen Nachrichtenportalen, was mir noch alles fehlen könnte. (Smart Watch, Tablet, Kugelstaubsauger.) Auch wenn ich nichts davon brauche, besitze ich vieles davon. Nur etwas später als die anderen. Ich bilde mir ein, das sei Konsumverweigerung. Ich bin nicht besser, nur weil mein Handy nicht ins Internet kann. Dafür kann es mein Rechner. Keines meiner Kleidungsstücke hält länger als fünf Jahre. Ich komme da einfach nicht raus.

Auch ich habe diesen Abwehrreflex gegen alles, was es radikal anders versucht. Kommune mit Morgenkreis. Frauen in Baumwollsackkleidern. Abendliche Séancen mit dem Medium. Als Clowns verkleidete Globalisierungskritiker, die alte Arbeiterlieder singen. Finde ich auch alles schwierig. Was also tun, wenn man nur einer von achtzig Millionen ist? Absoluter Durchschnitt. Weltmeisterschaft streamen. Tatort langweilig finden. Mal wieder eine Packung Hanuta kaufen. Im Grunde mache ich alles wie alle anderen auch. Nur dass ich ablehne, was ich tue. Psychologisch gesehen ist das nicht zu empfehlen. Wenn ich ohnehin nicht anders als alle anderen bin, könnte ich mir wenigstens keine Gedanken darüber machen.

Zu diesem Dilemma gibt es zwei gegensätzliche Meinungen. Die eine besagt: Wer den Irrtum erkannt hat und weiter irrt, ist am schlimmsten. Der hätte es nämlich besser gewusst. Die andere Meinung besagt: Falsch, der hat den Irrtum wenigstens erkannt. Persönlich finde ich, dass eine Erkenntnis auch zu etwas verpflichtet. Erkenntnis allein reicht nicht. Wer die Welt retten will, muss schon etwas tun. Nämlich nichts. Nicht, indem er die Hände in den Schoß legt, sondern indem er schaut, an welchen Stellen Nichtstun das System aus den Angeln hebt.

Ein indisches Essen habe ich freilich bis heute nicht selbst gekocht.

Ozelotnasen und Ingwerwurz

Kaum wurden die Tage kürzer, sezierte das Kind keine Rosenblätter mehr im Garten, raschelte nicht mehr durch das Laub unterm Birnbaum, sondern legte sich mit triefender Nase ins Bett. Meine Freundin tippte auf eine Mittelohrentzündung, eine eiternde Angina oder ein Lungenemphysem. Ich tippte auf einen Schnupfen. Da sie nicht mehr vom Kinde wich, kam mir die Aufgabe zu, inmitten endloser, abgeernteter Felder per Rad eine Apotheke ausfindig zu machen. Das Superhandy fiel bei der Suche aus, es hatte mal wieder keinen Empfang. Statt einer Apotheke fand ich einen neuen Dorfkrug. Vielleicht konnte der Wirt mir weiterhelfen? Als meine Freundin anrief, kippte ich eben aus Gründen der Höflichkeit am Tresen ein kleines Kräuterschnäpschen.

»Das Kind ist mitten am Tag eingeschlafen!«, rief meine Freundin entsetzt.

Ich sah auf die Uhr. Es war sechs Uhr abends.

Ein zweites Kräuterschnäpschen war angesichts eines Kleinkindes, das um sechs Uhr abends in seinem Bettchen eingeschlafen war, absolut zu verzeihen, wie ich fand. Dann brach ich zur Apotheke auf, die mir der Wirt genannt hatte.

»Das Mittel soll für eine Dreijährige sein?«

»Letztlich für die Mutter.«

Die Apothekerin überhörte das und schlug mir ein homöopathisches Spray vor. Das schien mir ideal. Es würde auf keinen Fall wirken, die Mutter aber beruhigen. Ich kaufte es. Zu Hause war das Kind zwischenzeitlich unter eine Mütze gesteckt worden und schwitzte unter mehreren Lagen Winterdecken. Meine Freundin erklärte, das liege sicher am Fieber. Als ich die Decken beiseitelegte, ging es dem Kind schon beachtlich besser. Meine Freundin drückte zwei Sprühstöße des homöopathischen Mittels in jedes Nasenloch und hielt dem Kind besorgt die Hand. Am Abend wurde ich des Bettes verwiesen, das Kind benötige Ruhe und Platz. Ich hackte eine Runde Holz und trug ein paar Findlinge im Kreis. Anders war an Schlaf nicht zu denken.

Am nächsten Morgen war das Kind genesen. Es sprang aus dem Bett und verdrückte zwei Scheiben Brot mit Butter, eine Tasse Müsli und eine Banane. Das homöopathische Mittel landete nach zwei wirkfreien Sprühstößen in der Hausapotheke. Dort kamen überraschend zum Vorschein: Eine eingedrückte Tube, aus deren gebrochenem Falz ein rötliches Gel quoll, diverse Blisterpackungen, deren Ablaufdaten mehrere Jahre zurücklagen und die ich keinerlei Krankheit zuordnen konnte, eine Packung Nasentropfen, vielleicht auch eine Packung Augentropfen, die so zuckrig verklebt war, dass sie beim Aufdrehen der Pipette laut knirschte. Und dann fand ich noch dasselbe homöopathische Spray, das ich eben gekauft hatte, in zweifacher Ausführung, nun hatte ich drei davon.

Ich überlegte nur kurz. Dann landete die gesamte Hausapotheke im Müll. Wenn sich das Kind das nächste Mal freiwillig ins Bett legt, tue ich: nichts. Ich suche keinen Arzt auf, gehe nicht zur Apotheke, sondern warte ab und lese ihm eine Geschichte vor. Gekaufte, aber nicht genutzte Medikamente sind gut für die Arzneimittelindustrie, gut für die Apotheken, gut für die Logistikbranche und gut für die Verpackungsindustrie. Nur nicht für uns. Letztlich soll eine Hausapotheke mit gekauften, aber nicht genutzten Medikamenten uns nur in Sicherheit wiegen. Falls der Husten wiederkommt, sagt man sich, oder die Entzündung der Nebenhöhlen, dann hat man wenigstens das richtige Mittel parat. Natürlich ist es bis zum Tag seiner Anwendung abgelaufen und wird sofort neu erworben. Doch bis das abgelaufene Mittel neu erworben ist, sind die Beschwerden meist schon verschwunden.

Meine nächste Hausapotheke fülle ich höchstens noch mit Myrrhesträuchern, Ozelotnasen und Ingwerwurz. Und wenn meine Befähigung zum Nichtstun weiter ausgereift ist, lasse ich auch das weg. Dann lege ich mich bei beginnender Krankheit aktionslos ins Bett. Gewöhnlich verstehen wir eine beginnende Krankheit als sofortige Aufforderung zur Abkehr vom Nichtstun. Fieber messen! Wadenwickel! Paracetamol! Arzt! Apotheke! Dabei genügt stilles Abwarten in den meisten Fällen vollauf. Mein Hausarzt sagte einmal, häufige Krankheiten seien häufig, und seltene Krankheiten selten. Das hilft enorm beim Nichtstun, wenn es mal wieder irgendwo zwickt.

Das arme Kind

Sie haben vollkommen recht. Eltern, die von ihren Kindern berichten, sind ziemlich anstrengend. Und wenn in einem Fernsehfilm ein Kind auftritt, klicke ich den Stream auch immer weg. Kinder können nicht spielen. Und, ja, man kann auch mit Kind unglücklich werden. Sage ich auch immer. Aber in diesem Kapitel geht es gar nicht ums Kind, sondern um Umweltschutz.

Lesen Sie selbst.

Kaum war der Schnupfen überwunden, kämpfte das Kind nicht mehr mit seinem kleinen Körper, sondern mit seinem großen Geist. Bekanntermaßen verhält sich der Kindeswille in umgekehrtem Maße proportional zur Kindesgröße. Je kleiner das Kind, desto größer sein Wille. Wie jedes Kleinkind bekommt also auch meines manchmal einen Wutanfall. Diese Wutanfälle entbehren nicht unbedingt schauspielerischer Leistung, und solange man weiß, dass dem Kind außer seinem Willen nichts fehlt, ist es beeindruckend, ihnen zuzuschauen. Die Lippe wird geschürzt, die junge Stirn gefurcht, bald rollt eine zornige Träne die rosigen Wangen herab. Grund: Die Angelschnüre des neuen Angelspiels, bei dem man Meerestiere aus einem Bassin fischt, haben sich ineinander verheddert.

Geduldig drösle ich auf. Langwieriges Aufdröseln verworrener Angelschnüre kommt Nichtstun sehr nah. Vor allem, da der Wutanfall sofort vorbei ist, sobald mein Tun als Hilfe erkannt wird. Noch tränennass lächelt das Kind bereits wieder. Man kommt kaum hinterher. Nach einigen Minuten Entwirrarbeit fällt mir auf: Wutanfälle bekommt das Kind vor allem dann, wenn es im Haus spielt. Nie wollen die intelligenten Schiebebilder, die Aufziehfahrzeuge und Knetmassen so, wie das Kind es will. Dem Kindeswillen sind unbeugsame Formen und Farben ständig im Weg. Warum malt der Blaustift nicht gelb? Warum passt die eckige Figur nicht ins runde Loch? Eine Zumutung, findet das Kind. Und die entflochtenen Schnüre sind auch schon wieder verheddert.

Weniger Wutanfälle bekommt das Kind, wenn man es in den Garten setzt. Grashalme, Blüten und Kieselsteine scheinen in Form und Farbe weniger willensstark. Die lassen sich vom Kindeswillen leichter beherrschen. Seit ich diesen Zusammenhang erkannt habe, gehen wir auch bei Regen nach draußen. Dort spielen wir mit Tannenzapfen, Schneckenhäusern und dem ein oder anderen Regenwurm. Und da Regenwürmer preiswerter als piepsende Wissenstafeln sind, wurde ich schon wieder, wie nebenbei, um jede Menge Erwerbstätigkeit gebracht.

Das Beste, was man nicht tun kann, wenn man der Umwelt etwas Gutes tun möchte, ist natürlich ein Kind. Ein nicht angeschafftes Kind, das spart Kleidung aus bengalischen Ausbeuterbetrieben, Nahrung, die sich von Astronautenpulver nicht unterscheidet, das spart Wasser und Strom. Ein nicht angeschafftes Kind hat auch keinen ökologischen Fußabdruck. Es wird nicht Auto fahren, nicht in Urlaub fliegen und keine Fleischberge essen. Ein beliebtes Argument. Aber kann ein Kind wirklich nur leben, wie es die Gesellschaft ihm vorgibt? Wenn unsere Kinder unseren Wahnsinn entweder weitertragen oder aber vorausschauend gar nicht geboren werden, wird sich an unserem Wahnsinn auch nichts ändern.

Ein Kind, das gebrauchte Sachen trägt, nicht in Urlaub fliegt und Kartoffeln vom Nachbarn verzehrt, ist schon so gut wie nicht geboren. Man muss viel Druck aushalten bei dieser Spielart des Nichtstuns. Vor allem den Reflex derjenigen, denen nun auf der Zunge liegt: Das arme Kind. Ich möchte nicht stilisieren. Sicherlich gibt es schöne Spielsachen für kleine Kinder. Sicherlich hat auch eine Dreijährige an Tunesiens Sandstränden Spaß. Ich will das nicht verdammen. Aber im Morgentau Schnecken aus der Wiese zu sammeln ist auch nicht ganz ohne Freude. Mit großem Ernst überprüft das Kind, dass keines der Tiere die steile Eimerwand zu weit hinaufkriecht, und trägt den Eimer dann zum Nachbarn, wo es gebannt zusieht, wie die Schnecken in den Schnäbeln von Gänsen und Hühnern verschwinden.

Verbotsfreie Zone

Nach dem Schneckenverfüttern wird ein Spielspaten herbeigeschleift und ein Beet ausgehoben. Leider stehen dem Beet einige Sonnenblumen im Wege. Also werden sie vom Kindesfuß umgetreten. Ich springe von meiner Sechsuhrwurzel auf, um das Schlimmste zu verhindern, halte mich dann aber zurück. Zum einen sind von sieben Sonnenblumen bereits alle sieben umgetreten, zum anderen habe ich den Innenhof zum verbotsfreien Raum erklärt.

Erziehung bedeutet in erster Linie, das Kind seines Menschseins zu entfremden, es in die Gesellschaft zu drücken und mithin unglücklich zu machen. Alles ist auf einmal verboten: Auf der Straße den eigenen Körper erkunden, einem Menschen ins Gesicht sagen, dass man ihn nicht mag, mit Straßenschuhen in die Wohnung oder mit Hausschuhen auf die Straße gehen, mit den Händen ölige Nudeln in den Mund drücken, Gläser vom Tisch fegen, weil sie so schön auf dem Boden zerspringen. Ein Kind darf das meiste nur anschauen, nicht anfassen und nicht auf die Straße spucken, wenn ihm ein schlechter Geschmack auf der Zunge liegt, ein sorgloses Suhlen im Dreck ist nicht möglich, etwas könnte giftig sein, etwas anderes versehentlich verschluckt werden.

Mit steigendem Alter kommen weitere Verbote hinzu: im Zug zu laut reden oder im Bewerbungsgespräch zu leise, Autofahrer beschimpfen, im Stadtpark mit der Freundin schlafen. Sicherlich fallen Ihnen aus dem Stand tausend weitere Verbote ein. Tausend Verbote, die dazu da sind, so lange zu führen und zu formen, einzuschränken und hinzuhalten, bis noch die unnötigste Arbeit für nötig erachtet wird. Die Liste der Verbote ist so lang, dass man sich fragt, ob überhaupt irgendetwas, was menschlich ist, erlaubt ist oder ob das Menschsein an sich unter Strafe steht.

Statt sich im Sonnenuntergang ein Pfeifchen anzuzünden, muss man in hell ausgeleuchteten Räumen fragwürdigen Kollegen in die Augen sehen, man muss Kleidung tragen und

Frisuren, ausgeschlafen sein, ohne auszuschlafen, man muss an Kleingeld für den Automaten gedacht haben, man muss essen, wenn Zeit ist und nicht, wenn man Hunger hat, und doch darf niemals der Magen knurren, man muss zu Unfreundlichen freundlich sein und immer schön lächeln und den Zug noch erwischen.

Man muss Wecker stellen.

Im Hof versuche ich, nicht weiter darüber nachzudenken. Soeben rutscht die letzte Sonnenblume von der Spielschubkarre in den Kompost. Jede Bewegung, jeder Tritt, jeder Wurf, jeder Spatenstich, verrät stillen Stolz. Da mir auf der Sechsuhrwurzel gerne einmal die Augen zufallen, sieht es aus, als würde ich schlafen. Wahrscheinlich soll ich mit einem fertigen Beet überrascht werden. Letztlich sind die Sonnenblumen also mir zum Opfer gefallen. Es folgt die Bodenbearbeitung. Mit dem flachen Spaten wird auf die Strünke der abgeernteten Sonnenblumen gedroschen, dann etwas Sand aus der Buddelkiste darübergestreut. Die Bodenmelioration ist damit abgeschlossen. Inzwischen wirft das Schuppendach einen Schlagschatten auf die Sechsuhrwurzel. Ich ziehe auf die benachbarte Siebenuhrrinde um, damit ich weiter in der Sonne sitzen und nichts tun kann.

Durch sträflich unterlassenes Nichtstun haben wir uns eine Welt geschaffen, die dem Menschen weitgehend abträglich ist. Zwischen dem, was wir tun, und dem, was uns guttut, klafft eine scheußliche Lücke. Zum Glück gibt es bewährte Mittel, diese Lücke zu schließen. Das Kind reagiert auf Gebote gern mit Geschrei, der erwachsene Mensch gern mit Alkohol. Chef anbrüllen verboten? Von neun bis fünf Nackensteife vor dem Rechner? Schon wieder in der Hotline? Steuerbescheid nicht kapiert? Überfordert bei der Arbeit? Unterfordert bei der Arbeit? Herdbauanleitung von Ikea nicht verstanden?

Prost.

Kühe, von Natur aus mit gelingendem Nichtstun gesegnet, stehen auf der Weide, fressen Löwenzahn, trinken mal aus dem Fluss und bekommen vom Wiederkäuen kein Sodbrennen. Über Kühe in der Hotline ist nichts bekannt. Folge: Kühe trinken keinen Alkohol. Man kann das Tier in uns unter Verschluss halten, los wird man es nicht. Besonders überfordert sind Menschen in Toppositionen. Politiker, Journalisten, Wirtschaftslenker, Anwälte. Also genau die Berufsgruppen, die sich vom Nichtstun weitgehend verabschiedet haben. Einen abstinenten Börsenhändler ausfindig zu machen, stellt eine gewisse Herausforderung dar.

Das Gehalt als grobes Kriterium, zwischen guter und schlechter Arbeit zu unterscheiden, kennen wir schon. Doch auch die Anfälligkeit für Alkohol hilft bei der Unterscheidung. Wenn Sie viel trinken, ist Ihre Arbeit sofort zu unterlassen. Trinken Sie moderat, erträgt unsere Erde Ihre Arbeit noch den ein oder anderen Tag. Dabei gehört der Alkohol zu den wenigen Dingen, bei denen das Gebot der Tatenlosigkeit eine Ausnahmeregelung erfährt. Das Unterlassen als Königsweg gilt hier nicht, was keine Anleitung zum Suff bedeutet. Ein paar Bierchen reichen, wenn zuvor ausreichend nichts getan wurde, vollkommen aus. Um mehr zu trinken, tut man zu wenig. Um mehr zu trinken, geht es einem, wenn man nichts tut, zu gut.

Meine Überlegungen haben mich ein klein wenig durstig auf der Siebenuhrrinde zurückgelassen. Ich stehe auf und betrachte das neue Beet aus der Nähe. Zwischenzeitlich steckt eine Auswahl großväterlicher Holztiere darin. Ein Holzesel, ein Holzpinguin, eine Holzschildkröte, allesamt bis zur Hälfte im Boden vergraben. Sorgsam wird das Saatgut mit der Spielgießkanne gegossen. Und ich muss schmunzeln und wünsche insgeheim reichhaltige Ernte und guten Wuchs. Hoffentlich lässt sich das Kind niemals einreden, Holztiere könnten nicht wachsen. Denn wenn man Holztiere gießt, wachsen sie auch.

Übermut tut gut

Nach einem guten Jahr tat sich etwas in der Beziehung zwischen meinem märkischen Nachbarn und mir. Ich begann, das Novizentum hinter mir zu lassen, wenn man so will. Falls ich gerade am Holzhacken war, wenn mein märkischer Nachbar mein Grundstück betrat, hackte ich einfach weiter. Die Art, wie ich die Axt hielt, rief keinen Spott mehr hervor. Ich vergrößerte mein Beet und brachte die nächsten Kartoffeln allein in die Erde. Auch hier folgte kein vernichtendes Urteil. Doch es blieb nicht dabei, dass das Kopfschütteln weniger wurde. Manchmal staunte mein märkischer Nachbar sogar. Denn während er meinem Nichtstun die nötige Basis bereitete, zeigte ich ihm dafür die Kür.

Seit letzter Woche plagen meinen märkischen Nachbarn Rückenschmerzen. Er hatte so lange mit seinen Tauben beim Feierabendbier gesessen, dass er gar nicht bemerkt hatte, wie kalt es schon war.

»Tauben, Himmel, Feld«, schwärmt mein märkischer

Nachbar heute und malt weite Kreise mit seiner Pfeife in die Luft. »An deinen Rücken denkste da gar nicht!«

Und so gelingt ihm ausgerechnet eine besonders wichtige Bewegung nicht mehr: das kreisförmige Gleiten der Sense. Das Gras wächst schon lange nicht mehr so schnell wie noch vor einigen Wochen, doch es fehlt auf jeden Fall noch ein Schnitt. Mein märkischer Nachbar kneift sich die Pfeife zwischen die Lippen und versucht es erneut, aber mitten in der Drehbewegung hält er inne und fasst sich ans Kreuz.

»Ick gloob, mir beißt'n Troll!«

Fluchend wirft er die Sense ins Gras. Seine Tauben gurren schon hungrig im Gehege und warten auf frisch gesenstes Gras. Ich spüre, wie mein märkischer Nachbar unter dem Leid seiner Tiere seinerseits leidet. Sofort hole ich ein Trostgetränk seiner Lieblingsmarke. Dankbar nimmt er auf meiner Sonnenuntergangsbank Platz. Doch ich weiß, dass es damit nicht getan ist. Offenbar ist meine Stunde gekommen. Die ganz große Revanche. Wer die Hilfe seines Nachbarn in Anspruch nimmt, um ausreichend nichts zu tun, muss seinerseits auch mal etwas für das Nichtstun seines Nachbarn tun.

Ehrensache.

Heute also: sensen. Heute also: die ganz große Peinlichkeit. Ich wäge ab, was schwerer wiegt. Der Spott, mit dem mein märkischer Nachbar meine mangelnden Fähigkeiten beim Sensen belegen wird. Oder seine Anerkennung, dass ich es wenigstens versucht habe. Eigentlich ist Hilfe nur dann hilfreich, wenn sie dem anderen auch hilft. Was aber, wenn ich für meinen Nachbarn zu absolut gar nichts zunutze bin? In diesem Fall, beschließe ich, zählt auch die Geste.

Zählt auch die Geste, denke ich noch, und schon gehe ich

die fünfzig Meter zum Grundstück meines Nachbarn hinüber und habe unversehens seine Sense in der Hand. Im Augenwinkel erkenne ich, dass mein märkischer Nachbar die Flasche absetzt und erstarrt. Ich greife die Sense auf eine Art, die mir professionell erscheint. Zumindest schneide ich mich nicht.

»Wat wird denn ditte? Sensen für Zurückjebliebene? Preissensen? Ick fürchte, nu beginnt dit Kapitel ›Der Städter und die Sense‹, hahaha!«

Angstschweiß bricht aus. Ich erinnere mich an die durch die Luft wirbelnden Grasstauden bei meinem ersten und bislang einzigen Versuch. Aber zu spät. Nichts geht mehr. Stille kehrt ein. Selbst das Zirpen der Grillen scheint einen Moment auszusetzen. Durch ein Wolkenloch bricht Sonnenlicht zu mir durch. Ich setze den ersten Schnitt.

Und dann das: Das Gras knickt nicht um, sondern liegt sauber geschnitten am Boden. Die Sense klappt nicht wieder zusammen. Auch beim zweiten Schnitt verhakt sich die Spitze der Sense nicht im Boden. Erneut ist das Gras sauber durchtrennt. Mein Nachbar, der auf meinem Grundstück zusieht, wie ich auf seinem Grundstück sense, ist still geworden. Größeres Lob als nachbarliche Stille könnte ich nicht bekommen.

Und so werde ich übermütig. Lässt sich, was ich tue, nicht auch noch wegkürzen? Ich sehe von der Wiese zu den Tauben, die immer hungriger schreien, und dann zu meinem märkischen Nachbarn, der wie erschlagen auf meiner Bank sitzt, ich ringe noch kurz mit mir, dann aber sage ich mit fester Stimme: »Warum dürfen die Viecher nicht einfach raus? Lass sie doch selber knabbern!«

Da ist selbst mein märkischer Nachbar fassungslos. Wahrscheinlich überschlägt er insgeheim, wie viele Stunden, Tage und Wochen er in seinem Leben unnütz mit Sensen verbracht hat. Wenn seine Tauben Hunger haben, öffnet er seither nur noch die Luke ihres Drahtverhaus. Lass sie doch selber knabbern!, murmelt er dann. Was er mit der gewonnenen Zeit anfängt, weiß ich nicht.

Ich hoffe, nichts.

Ich gehe. Ich atme.

Zwar ist der vollkommene körperliche Stillstand, das Sitzen und Schauen, das so unendlich glücklich macht, mit dem Nichtstun durchaus kompatibel. Und doch ist der Stillstand gelegentlich mit einer Pause zu versehen. Nur so erhält sich auf Dauer sein voller Wert. Mit der ländlichen Rundwanderung steht für eine solche Pause vom Stillstand ein Angebot zur Verfügung, das keinerlei Vorarbeit, keinerlei Ausrüstung und keinerlei Nachbereitung bedarf. Eine Rundwanderung auf dem Land wird Ihr Nichtstun weniger unterbrechen als schärfen und Ihrem Nichtstun weiter Kontur verleihen. Um dem Nichtstun nicht den geringsten Schaden zuzufügen, ist es wichtig, sich kein Ziel zu stecken. Kommen Sie niemals an, wo Sie nicht auch aufgebrochen sind.

Ich schließe also das Hoftor hinter mir und verlasse in östlicher Richtung das Dorf. Es ist still. Etwas Staub wirbelt auf. Am anderen Dorfende schreit ein Hahn. Der Aufzugsturm auf der Ruine der alten Bettfedernfabrik neigt sich um ein paar weitere Grad zur Seite. Morgen wird er noch halten und übermorgen, und was danach kommt, ist heute nicht von Belang. Teergeruch strömt aus der Ruine, wie von alten Bahnschwellen in der Mittagshitze.

Unter einem Kirschbaum liegen Schafe im Schatten, Insekten flirren aus den Wacholderbüschen, deren lackierte Nadeln ich im Vorbeigehen zwischen die Finger nehme, die Tiere kreuzen wie Staubkörner durch die stehende Luft. Selbst der Ziegenbock, der im Frühsommer nicht weiß, wohin mit seiner Kraft, döst bewegungslos hinter dem Bauwagen im Schienendreieck. Ich quere die Gleise, endlos nach Osten und endlos nach Westen ein leuchtendes Schienenband. Wieder gelingt es einem Fasan, mich mit laut knarzendem Aufflug zu erschrecken, mein Puls geht schneller, ich spüre seinen Schrei als aufkommende Wärme in meinem Gesicht.

Und dann die Weite.

Nach Westen bis zu den Höhenzügen nur Feld. Weizen. Stoppeln. Nicht mehr gelb, sondern braun. Starr trotzen die Pflanzen einem ohnehin nur selten aufkommenden Wind. Nach Osten geht es weiter in die Senke des Bruchs hinab, die Landschaft ist flach bis an den Horizont. Eine Gruppe Rehe im Feld sieht mich, riecht mich, tänzelt einige Schritte fort, wittert, verharrt, erkennt mich nicht als Gefahr, senkt die Köpfe wieder, niemals gleichzeitig, immer in Reihung, erst das Leittier, dann das Jungtier, erst das Männchen, dann das Weibchen, dann haben wieder alle Tiere die Schnauzen im karger werdenden Wuchs.

Der Scheitelpunkt der Rundwanderung ist erreicht, die Sonne steht mir im Rücken, die Rehe haben die Seite gewechselt, am Wegrand liegt ein lebloser Marderpelz. Große Federbüschel mit blutigen Enden zeugen von einem erst kürzlich entschiedenen Kampf, ich räuspere mich, vom Bahndamm stiebt eine Gruppe Spatzen auf.

Ich gehe. Ich atme.

Mehr nicht.

Auf einmal sehe ich einen Mann vor einem Zelt, der ein grobledernes Hemd über einer Art Lendenschurz trägt. Das Zelt neben ihm ist aus groben Weidenruten gebogen, über die keine Häute, sondern Stoffbahnen gezogen sind. Zwischen dem Mann und mir liegen kaum zwanzig Meter. Wir stehen Auge in Auge.

Da es sich bei dem Mann um keinen Verbrennungsmotor handelt, bin ich ihm wohlgesonnen.

Ich nicke ihm zu. Keine Reaktion.

Einen Moment zweifle ich an seiner Lebendigkeit. Was ist das? Eine Touristenattraktion für gestresste Berliner? Indianerschwerpunkt im Disneyland?

Doch nein, der Mann atmet. Aus irgendeinem Grund grüßt er nicht zurück.

»Hallo«, beharre ich etwas schroff.

Der Mann sieht mit glühenden, vielleicht auch entzündeten Augen herüber.

»Hallo«, nuschelt er dann. Und er stöhnt auf und schlägt sich auf den Mund und tritt voller Wut mit seinen nackten Füßen die umliegende Wiese platt. Dann hebt er eine Kekstüte auf und reißt die Verpackung wie von Sinnen entzwei.

»Ich wollte nicht stören«, sage ich.

»Hast du aber. Bei Sonnenuntergang wäre ich fertig gewesen! Vier, fünf Stunden noch!« Er krümelt und schmatzt und schiebt sich einen Keks nach dem anderen in den Mund.

»Ich habe nur Hallo gesagt.«

»Letztes Mal kam kurz vor Ende die Bundespolizei und wollte wissen, ob ich einen Ausweis dabei habe. Dürfen die: Zollgrenzbezirk. Aber wo soll ich hier bitte sehr einen Ausweis verstecken?«

Der Mann weist an seinem sparsam bekleideten Körper herab.

»Kurz vor Ende?«, frage ich vorsichtig.

»Auch einen Keks?«

»Danke.«

»Vier Tage habe ich nicht gegessen, vier Tage habe ich nicht geschlafen, vier Tage habe ich nicht gesprochen, ich war so nah dran wie noch nie, und dann kommst du und guckst und nickst und grüßt, was das Zeug hält, da ist mir der Gruß einfach rausgerutscht.«

»Tut mir leid«, sage ich.

»Meine Schuld«, sagt der Mann. »Aber was suchst du hier überhaupt?«

»Ich? Nichts.«

»Ist ja interessant. Das suche ich nämlich auch!«

Und er krümelt sich die letzten Kekse in den Mund und geht in die Knie, tapst in sein Zelt, wo er sich offenbar im Kreis bewegt, hier und dort beult sich eine der Zeltbahnen aus, als würde er gegen sie boxen, dann höre ich ihn schluchzen »so kurz vor Sonnenuntergang« und »alles umsonst« und »noch mal von vorne«, und beschämt wie selten schleiche ich mich von seiner Niederlage, die auch zu meiner geworden ist, davon.

Blowin' in the wind

Am nächsten Tag will ich mich bei dem Mann entschuldigen. Mit meinem zwanghaften Grüßen habe ich ihn um seine Suche nach dem Nichts gebracht. Und das kurz vor seinem Ziel. Wie borniert von mir, einen Gruß zu erwarten. Warum ist mir das wichtig gewesen? Ich nehme mir vor, künftig ausnahmslos alle Menschen freundlich anzulächeln, andersherum aber von niemandem einen Gegengruß zu erwarten. Das ist doch völlig unerheblich, so ein Gruß. Nutzloses Gewese. Gruß oder Nichtgruß unterscheiden sich letztlich um einen Muskeltonus am Mundwinkel. Durch ein Reiben der Stimmbänder. Biedere Materie. Unerheblich. Irrelevant.

So überlege ich, als eine späte Sonne noch einmal ein Gefühl von Wärme aufkommen lässt, indem sie Dunst aus den gelb gewordenen Wiesen treibt. Arme und Beine jucken, unter dem Hemd wird mir heiß. Nach einer Stunde Wanderung durch Wind und Weite glaube ich, den Ort unserer Begegnung wiederzuerkennen. An einer Stelle ist das Gras flachgetreten, der Feldweg läuft in wenigen Metern Entfernung daran vorbei. Könnte passen. Ansonsten spricht allerdings nichts dafür, dass sich hier ein Mensch aufhält. Kein Haus. Keine Hütte. Erst als ich näher in die brusthohen Gräser eintrete, erspähe ich zwischen zwei schwankenden Rohrkolben das Zelt.

Um das Zelt herum ist eine kreisförmige Fläche ins Gras gesenst, der Schnitt scheint anschließend sogar gemäht worden zu sein. Neben einer Feuerstelle erkenne ich den Mann vom Vortag, neben ihm sitzt eine etwa gleichalte Frau auf einem

Regiestuhl. Nicht alt. Nicht jung. Beide tragen sie dieselben Kleider, im Grunde keine, außer weiten, ledernen Hemden voller Stickereien. Die Sonne hat die Haut der beiden bereits rot gebrannt. Vielleicht sind sie auch mit Tonerde eingerieben, das ist nicht ersichtlich. Zwischen dem Weidenrutenzelt und der Feuerstelle liegen ein Rinderschädel mit schwarzen Horntrichtern aus Blech und eine Tafel, auf der ein Regenbogen und eine Taube prangen. Dahinter verliert eine Mohnblume ein Blütenblatt an den Wind.

»Ich möchte dir etwas sagen, Bruder«, flüstert eben die Frau. Sie steht auf und kniet sich vor den Mann, ohne ihn zu berühren. »Eben flogen drei Bussarde über uns. Ich glaube daher, es hat sich Besuch angekündigt.« Sie weist mit flacher Hand auf den Mann und auf sich und dann in meine Richtung. Ich zucke zusammen. Unmöglich, dass sie mich gesehen hat. »Und so möchte ich dir nun die Chanuppa reichen.« Sie hebt ein übergroßes, hölzernes Rauchutensil vom Boden, stopft und entzündet es und reicht es dem Mann. Beide verbeugen sich voreinander, dann steht die Frau wieder auf und setzt sich auf ihren Sitz zurück.

Die beiden schweigen. Der Mann saugt Rauch ein. Beim Ausatmen fächert er den Rauch hinter sich, wie sich eine alte Frau Parfüm an den Hals wirft. Er verneigt sich vor den Himmelsrichtungen. Er grüßt die Wolken. Er liebkost die Erde. Die Frau sitzt in sich versunken. Dann nimmt auch sie die Pfeife, dann atmet auch sie in den Wind. Gemeinsam entzünden sie anschließend ein kleines Feuer aus Birkenholzrinde, mich erreicht feiner Rauchgeruch durch das hohe Gras.

Ohne jedes Geräusch ziehe ich mich zurück.

Nicht ein einziger Halm unter mir knackt.

Ich bin tief beeindruckt.

Menschen, die mit schönerem Aufwand weniger getan hätten, habe ich in meinem Leben nicht gesehen.

Meiner Entschuldigung, finde ich, ist damit Genüge getan.

Umfassendes Tätigkeitsverbot

Von den Mühen der Rundwanderung und den unerwarteten Eindrücken erhole ich mich mit einer Boulevardzeitung unterm Birnbaum. Nur eine Boulevardzeitung ist zum Erholen unterm Birnbaum restlos geeignet. Auf dem Titelblatt ist eine Fotomontage zu sehen. Darauf liegt Berlin unter einer dichten Sandschicht begraben, nur der Fernsehturm ragt noch hervor. Titel: ›Die Klimakatastrophe kommt! So können Sie die Versteppung verhindern.‹ Darunter hat die Redaktion eine Liste zusammengestellt, die mir das Klimaretten erleichtern soll: Fahrgemeinschaften ins Büro bilden. Mit dem Nachtzug in den Skiurlaub fahren. Nur auf Langstrecken fliegen. Solche Dinge.

Und schon bin ich um meine Erholung gebracht.

Irgendwas stimmt da nicht.

Ich lege die Zeitung beiseite und den Kopf in den Nacken, um die goldenen Birnen über mir zu betrachten. Es dauert nicht mehr lang bis zur Ernte. Eigentlich könnte ich mich freuen. Leider liegt aber eine Boulevardzeitung mit Verhaltensregeln neben mir. Kaum habe ich die Außenwelt in die Innenwelt gelassen, zerfasert mir das Nichtstun zur Grübelei.

Es erscheint mir wenig wahrscheinlich, dass sich der Klimawandel aufhalten lässt, indem ich ab sofort Langstrecke fliege. Viel lieber als das Klima rette ich ohnehin mich selbst. Ich stehe nicht gern im Stau. Ich bin nicht gern bewegungslos hinter ein Lenkrad geklemmt. Ich lasse das Auto nicht stehen, weil ich das Klima retten will, sondern weil mich das Auto krank macht. Genauer: Weil mich die Abwesenheit des Autos glücklich macht.

Zum Beispiel hier, auf der Bank, unterm Baum.

Kein Auto. Keine Ampel.

Kein Moped. Kein Auspuff.

Manche Grüne missverstehen den Gedanken vom Nichtstun und üben Verzicht. Konsumverzicht. Autoverzicht. Flugreisenverzicht. Gelingendes Nichtstun setzt jedoch nicht auf Verzicht, gelingendes Nichtstun setzt auf das unermessliche Glück, das es bedeutet, den ganzen Mist nicht haben zu müssen. Es setzt auf die Freiheit, nicht schon wieder im Flugzeug, im Auto, im Zug sitzen zu müssen. Gelingendes Nichtstun ist Mehrwert, nicht Verzicht.

Wer verzichtet, überlege ich, setzt eine Betroffenheitsmiene auf. Er macht sich klein, damit die Gesellschaft genesen kann. Wer nichts tut, geht genau andersherum vor. Er will vor allem sich selbst glücklich machen. Er macht sich nicht klein, er erkennt seine Bedürfnisse. Unter dem Birnbaum glücklich zu sein, das schadet zwar dem Weltklima nicht, doch ist die Klimarettung nur Nebeneffekt. Unterm Birnbaum ist es unglaublich angenehm, das Klima zu retten. Es genügt, sich selbst zu retten. Was egoistisch daherkommt, ist eine schöne Form des Altruismus. Letztlich ist Nichtstun sowohl egoistisch als auch eine gute Tat.

Wer nichts tun will, hat auch kein Geld, um Ski zu fahren oder ans Meer zu fliegen. Doch den eigentlichen Verzicht würde ich vor dem Skilift oder an der Südsee leisten: Kein Birnbaum! Kein Feldblick! Meinem märkischen Nachbarn, der Zeit für ein Bier, aber keine Zeit für einen Urlaub hat, geht es ähnlich. Auf seinem Gemüsebeet zu stehen ist ihm Arbeit und Erholung zugleich. Arbeitnehmer hingegen können gleich doppelt schaden. Erst durch ihre Arbeit und dann durch die nötige Erholung davon. Nur wenn es mir vor lauter Arbeit so schlecht geht, dass ich im Urlaub weit weg muss, leide ich fürs Weltklima, wenn ich zu Hause bleibe.

Ich ziehe die am tiefsten hängende Birne am Ast zu mir herunter und überprüfe den Reifungsgrad. Noch wenige Wochen. Sanft schaukelnd schnellt sie in die Ausgangsposition zurück. Da hatte ich mir vorgenommen, mir nichts vorzunehmen, schon gar nicht das Weltklima, sondern auf der Bank nichts zu tun, bestenfalls die schräg aus dem untergegrabenen Acker ragenden Halme zu zählen, besser noch den Himmel nach ungesehenen Wolkenformationen abzusuchen – und dann das.

Sinnlose Grübelei. Zerstörtes Nichtstun. Praktisch schon heftigstes Tun!

Dabei gibt es kaum einen ökologischen Missstand, der sich nicht durch Nichtstun beheben ließe. Um das Klima zu retten, wie es die Zeitung auf meinem Schoß beabsichtigt, schlagen wir Trassen durch die Republik, zerstören mit Solarparks die Landschaft, setzen Windparks in die See, bis sie wieder verfallen. Einfacher wäre es vielleicht, wenn die Energiewende nicht in den Ingenieurbüros, sondern in den Köpfen der Menschen stattfände. Wenn wir nicht in Aktionismus verfielen, sondern weniger täten. Statt eine Pause einzulegen und nachzudenken, wie es weitergehen soll, folgen wir der Erwerbsethik und suchen das Heil in möglichst aufwändiger Rettung.

Ich komme zu dem vorläufigen Endergebnis, dass unterlassenes Nichtstun unter Strafe gestellt werden sollte. Wer zur falschen Zeit nicht ausreichend gar nichts tut, mutet seinen Mitmenschen in der Folge ebenfalls unnötige Taten zu, die zu immer neuem unterlassenem Nichtstun führen, um die Folgen des zuvor unterlassenen auszubessern, durch Verschlimmbesserungen, die ihrerseits zu Folgeunterlassungen von Nichtstun führen und uns zu endlosen Tatenketten verknechten, indem wir Asbest verbauen und sanieren, indem wir Benzin destillieren und aus dem Auspuff filtern, indem wir uns weniger beschäftigen als beschädigen, es ist so verfahren, da hilft nur noch ein generelles, umfassendes und sofortiges Tätigkeitsverbot.

Ich suche in meiner Hosentasche, mit Erfolg.

Schon das Schnipsen des Funkenrädchens beruhigt mich. Beinahe durchsichtig frisst sich die Flamme durchs Deckblatt der Zeitung, greift auf den Sportteil über, macht vor dem Lokalen nicht halt, dann gebe ich sie frei, lodernd steigt die Zeitung aus meiner Hand in den Himmel auf. Und das war dann auch meine letzte Tat für diesen bis zum Verbrennen der Zeitung vollständig klimaneutralen Tag.

Urlaubsstreik

Es folgt die letzte Anekdote vom Kinde, von dem sich viel lernen lässt, da es große natürliche Gaben im Nichtstun mitbringt. Neulich trug es einen seit langem vermissten Turnschuh herbei. Im Turnschuh befanden sich, wie in ein Körbchen gebettet: eine Walnuss, drei Kieselsteine und zwei Gänseblümchen. Offenbar setzt der Trieb, Gegenstände um sich zu horten, früh ein. Vielleicht können wir gar nichts dafür, wenn wir unsere Wohnungen mit immer neuen Konsumungütern vollstellen. Sind mal wieder die Gene an allem schuld? Vielleicht. Aber unsere Gene verweisen auf eine Zeit, in der das Sammeln harmlos war. Nichts spricht dagegen, seinen Haushalt mit Walnüssen und Gänseblümchen anzufüllen.

Kleinkinder sammeln heute aber auch sprechende Bücher, piepsende Wissenstafeln und blinkende Miniaturrechner. Ihre Eltern wollen nicht, dass die Kinder den Anschluss verpassen. Das kann ich verstehen. Ins Computerzeitalter kann man nicht früh genug finden, sagen sie sich. Dabei geht es einem Kleinkind nicht um die gesammelten Gegenstände, sondern ums Sammeln an sich. Am besten lässt es sich freilich sammeln, wenn sich die Eltern neben dem Kind im Garten zurücklehnen und das Kind endlich einmal in Ruhe lassen.

Auch mir selbst sollte früh viel geboten werden. Schwimmkurse, Gitarrenunterricht, Flugreisen in den Osterurlaub sogar. Nicht wiedergutzumachen. Meine schönste Kindheitserinnerung aber setzt ein, als mein Vater und ich in Urlaubsstreik traten und zu Hause blieben, jeden Tag Eis aßen und

Papierflieger ins Tal warfen, dessen Grund sie nie erreichten, da die warme Sommerluft sie immer weiter nach oben trieb. So viel kann man richtig machen, wenn man nicht zu viel tut. Darauf schnell noch ein Bierchen, natürlich mit Blick auf das freie Feld.

Früher erbaten Kinder auf ihren Wunschzetteln keine Geschenke, sondern Gottes Segen. Auch keine Lösung. Bevor sie aber Gottes Schöpfung auf ihre Wunschzettel schreiben, empfiehlt es sich, gar nichts zu tun. Umfassendes, konzertiertes und nachhaltiges Nichtstun ist zum Wohle unserer Kinder mit Dringlichkeit geboten. Wenn auch Sie die Schöpfung bewahren wollen, tun Sie bitte sofort nichts. Studieren Sie keine Umweltwirtschaft, fördern Sie nicht die Energiewende, ersetzen Sie Ihr Auto nicht durch ein spritsparendes, tun Sie einfach nur nichts.

Rezeptvorschlag für den Herbst

Zutat: eine Birne
Zubereitungszeit: null Sekunden.
Aufwand: entfällt

Es wird Sie nicht überraschen, dass Sie für das Rezept keine weitere Zutat als eine Birne benötigen. Verzichten Sie unbedingt auf einen Topf oder einen Backofen. Stellen Sie keinen Zucker, kein Mehl und keinen Schmand bereit. Bereiten Sie keinen Kuchenboden, überlegen Sie nicht, ob Mürbeteig mit oder ohne Puddingboden Ihre Frucht am besten zur Geltung bringt, schneiden Sie die Birne keinesfalls in Schnitze und auch nicht in Stücke, verkochen Sie sie nicht zu Kompott und schon gar nicht zu Sirup, belassen Sie die Schale unbedingt an der Frucht.

Und nun, nachdem Sie alle Vorbereitungen nicht getroffen haben, ziehen Sie die Birne einfach direkt am Zweig zu sich herunter und essen Sie sie, am besten ohne jedes Pflücken, direkt vom Baum.

Guten Appetit!

Nichtstun an Weihnachten

Das Schönste an meinen alten Fenstern sind die Eisblumen, die im Winter meine Sicht auf die verschneiten Felder schmücken, auf den milchigen Dunst am Horizont, vor dem Baumskelette stehen, schwarz verknorpelt, wie hingetuscht. Vom Birnbaum fliegt ein einsamer Rabe auf, Schnee bricht herunter, der Eiszapfen unter der Dachrinne vom Schuppen ist schon wieder länger geworden, und hinter mir in der Stube bollert der Ofen, inzwischen mit einiger Fachkunde geheizt.

Leider kommt noch der schönste Winter in der schönsten Region dieses Landes nicht ohne ein Weihnachtsfest aus. Eine der größten Belastungen für ein rundum gelingendes und glückverheißendes Nichtstun stellt die Bescherung dar. Schließlich gilt es beim Nichtstun nicht nur zu erkennen, was einem nicht fehlt, sondern auch dafür zu sorgen, dass man es nicht bekommt. Es gibt wenig im Leben, was ich mehr fürchte als den Moment, in dem Schweigen einkehrt.

»Wollen wir dann?«

Die letzte Bescherung meines Lebens ist nun schon einige Jahre her. Schon während der Vorspeise hatte mir der bunt verpackte Stapel Bauchschmerzen bereitet, Bauchschmerzen, die sich während des Hauptgangs zu einer Kolik verdichteten. Aus dem Vorsatz, nichts zu schenken, war der übliche, hüfthohe Haufen aus Kästchen und Päckchen geworden, und noch vor dem Öffnen ahnte ich, um wie viel Nichtstun mich das alles bringen wird, diese längliche Rolle dahinten, die quadratische Box unterm Baum.

In den Vorjahren hatte ich versucht, die Geschenkmenge zu reduzieren, indem ich in möglichst kleinem Kreis gefeiert hatte. Doch gerade diejenigen Verwandten, die nicht vor Ort waren, hatten umso größere Pakete geschickt, mit sowohl pinken als auch batteriebetriebenen Wuschelschweinen, die watscheln und schnorcheln können, mit ho-ho-ho-singenden Vollplastikweihnachtsmännern und elektrischen Kofferwiegesets von Tchibo. In völliger Verkennung meiner Absicht meinten die abwesenden Verwandten, den familiären Zusammenhalt durch Materialfülle unter Beweis stellen zu können. Ganz so, wie es später der Großvater mit den vielen Holztieren versuchte.

Also änderte ich die Taktik und lud die Verwandtschaft zum bislang letzten Weihnachtsfest großzügig ein. Leider wurde auch das missverstanden. Aus der länglichen Rolle schälte sich bald eine Goretex-Sporthose mit abtrennbaren Thermounterbeinen, aus der quadratischen Box ein elfteiliges Magnetherzenset für den Kühlschrank, zwischendurch folgten immer wieder ein Schnellkochbuch und der ein oder andere Haarschneider von Tchibo mit sieben Aufsätzen für stufenlosen Schnitt. Noch heuchelte ich Freude, doch die Heuchelarbeit ging mir zunehmend schwer von der Hand.

Es bedurfte größter Disziplin, um sich durch das komplette Material zu arbeiten, und wenn das Geschenkmassiv auch kleiner wurde, wuchs an anderer Stelle der Papierberg, im Grunde schichteten wir nur von links nach rechts. Zwischendrin gab es folgerichtig Schnaps. Nach einem neuen Rasierapparat (Gillette Tripple Sensor Soft Glide System) wurde aus meiner Magenkolik ein Ganzkörperkrampf, ich bekam zunehmend schlecht Luft. Ich wickelte noch schnell eine blau lackierte Gartenkugel für den Balkon, ein Skimützendoppelpack und einen Schlüsselbundsuchpiepser ab, dann erlitt ich ein heftiges Augenlidzucken, das von der Verwandtschaft als Ausdruck der Freude verstanden wurde.

Ich hielt durch bis zum Geruchsbäumchen für mein nicht vorhandenes Auto, Duftrichtung Südseestrand, Farbrichtung magenta-mauve, Wirkstoff kann Allergien hervorrufen, dann sackte ich zusammen und japste mit letzter Luft: Aufhören! Erbarmen! Ich kann nicht mehr! Dann kippte ich um. Seltsamerweise musste ich die Verwandtschaft im nächsten Jahr gar nicht erst ausladen. Auch Pakete blieben nun aus. Dem weihnachtlichen Nichtstun sind seither keine Grenzen gesetzt.

Nur das Kind bekommt natürlich weiter seine kleinen Paketchen. Doch das ist nicht weiter schlimm. Es beherrscht eine besonders listige Art, Geschenke beiläufig zu entsorgen. Mit kleinen, ungeübten Fingern versucht es, die neu eingegangenen Babybücher, für die es längst zu groß ist, in das Bücherregal zu sortieren, das freilich von zuvor geschenkten Babybüchern bereits lückenlos aufgefüllt ist. Und was macht das kluge Kind? Es sortiert das neue Babybuch nicht senkrecht, sondern horizontal ein, indem es den Neuzugang hinter die Buchreihe wirft, wo es nie wieder gesehen wird und natürlich niemals vermisst.

Hier also der Rat für gelingendes Nichtstun an Weihnachten: Laden Sie bitte nur solche Verwandte ein, die gerade pleite oder absolut geizig sind. Bei konsequenter Vermeidung von solventer Verwandtschaft sparen Sie sich nicht nur die Entsorgung dessen, was ungebeten eingeht. Sie sparen sich auch die Besorgung von Kontergeschenken. In der Zeit, in der Sie sonst mit Ihrem Bruder streiten, können Sie mit einem Grog auf dem Schoß gar nichts tun. Nur wenn Sie große Sehnsucht nach Vorwürfen, schlechtem Gewissen und Lebenslügen sowie einem solarbetriebenen Wackeldackel für die Hutablage Ihres Autos haben, sollten Sie sich an Weihnachten zahlreiche Verwandte ins Haus holen.

Aber sagen Sie hinterher bitte nicht, es habe Sie niemand ausreichend gewarnt.

Mein Hof ist mein Hirte

Mein Hof hat dieses Buch eröffnet, und mein Hof soll dieses Buch beschließen. Allein meinem Hof, einsam versteckt in den östlichen Weiten des schönen Landes Brandenburg, kommt es zu, meinem Buch einen Rahmen zu verleihen. Denn was ich über das Nichtstun gelernt habe, von meinem Vater im Elektrofachgeschäft, von Pierre und Marie im Umgang mit der Staatsgewalt, von meinem märkischen Nachbarn auf märkischem Acker, hat mich für den Umgang mit meinem größten Lehrmeister erst fit gemacht.

Wie es mit guten Lehrmeistern so ist, habe ich als Schüler verschiedene Phasen mit meinem Hof durchgemacht. Zunächst war ich ihm verfallen und hinterfragte ihn nicht. Ich glaubte, sein Erwerb wäre der alleinseligmachende Weg ins Glück, die einzige Möglichkeit, ab sofort nichts zu tun. Doch dann, als das Unerhörte geschehen und ich tatsächlich als Eigentümer ins Grundbuch eingetragen war, entpuppte sich der Hof als einzige Aufforderung zum Handeln.

Ich begann zu zweifeln und stellte meinen Lehrmeister in Frage. Wie sollte ich nichts tun, wenn der Hof mit Schlackenwolle belastet war? Wenn es ins Bad hineinwehte? Um wie viele Jahre Nichtstun würde es mich bringen, aus bröckelnden Wänden einen Landlusttraum zu erschaffen? Wieso hatte sich der Hof als mein Retter aufgespielt, wenn er mir nun all diese Arbeit aufbürdete und einen Keil in die Beziehung zu meiner Freundin trieb? Wusste er nicht, dass ich mich niemals für ihn, sondern immer für sie entscheiden würde?

Also befreite ich mich vom ungesund großen Einfluss meines Lehrmeisters. Ich versuchte, eigene Wege zu gehen. Zeitweise dachte ich gar an Trennung. Doch heute bin ich froh, dass wir diese schwierige Zeit durchgemacht haben. Dass wir nicht aufgegeben haben. Nach einer nötigen Phase der Emanzipation weiß ich heute umso mehr, was ich an ihm habe. Zwar war er es, der mich in Schleifstaub versenkte, aber es war auch er, der mir beibrachte, dass ich gar nicht hätte schleifen müssen. Er war es, der mir beibrachte, das Unvollendete zu lieben. Er war es, der mir aufzeigte, wie weit man kommt, wenn man gar nichts tut. Am Ende habe ich weniger den Hof renoviert, als der Hof mich renoviert hat.

Vielleicht kennen Sie das? Wenn Sie eine Mietwohnung

übernehmen oder gar ein Haus beziehen, nehmen Sie sich vor, mit Verve und Engagement alles dem eigenen Geschmack anzupassen. Wie haben die vorherigen Bewohner das ausgehalten?, wundern Sie sich. Das verschlissene Laminat. Die Schmutzränder um die Lichtschalter. Die Fettschicht über dem Herd. Die Tapete wird also geweißt, das Fett entfernt, nur für richtiges Parkett fehlt erst einmal das Geld. Ein paar Tage stören die Kratzer und das hässlich aufgemalte Holzmuster noch. Doch dann nehmen Sie den Blick wieder vom Boden, und das Laminat fällt nie, nie wieder auf.

Nach anfänglichem Baumarktfuror bin ich ganz gut darin geworden, Mängel am Hof entweder bestehen zu lassen oder aber mit vereinten Mitteln der Nachbarschaft zu beheben. Wenn man vom gekitteten Mauerriss im Badezimmer absieht und von den größten Lücken im Fußboden, die mit neuen Schalbrettern bedeckt sind, sieht der Hof im Oderbruch heute noch immer so aus wie am Tag, als ich ihn kaufte. Nicht der Hof hat sich verändert, sondern das Gefühl, das ich ihm gegenüber entwickelt habe. Ich habe mich mit der Elektrik aus realsozialistischen Zeiten angefreundet und vermisse auch keine dreifach verglasten Kunststofffenster. Der Hof ist wohnlich geworden, indem ich ihn bewohnt, und nicht, indem ich ihn saniert habe. Nach einigen Anfängerfehlern (Tapeten herunternehmen statt überstreichen, Fremdmeinungen einholen statt ignorieren, giftige Schlackenwolle unterm Dach sanieren, mit der ich niemals in Kontakt gekommen wäre, wenn ich sie nicht saniert hätte) hat das unglaublich viel Arbeit eingespart.

Im Winter fühlen wir uns wie in einer Tropfsteinhöhle. Wo sie keine Eisblumen bilden, sind die Fenster dann rund um die Uhr beschlagen. Wenn man die Scheiben berührt, rinnt Kondenswasser herab. Die Feuchtigkeit hat aber einen angenehmen Nebeneffekt. Sie lässt das Fensterholz aufquellen, so dass sich Lücken und Löcher zwischen Fenster und Rahmen von alleine schließen. Ohne jede weitere Tat! Anfangs führte ich noch eine lange Liste mit Dingen, die mich um den Schlaf brachten: Dachanker in der Fassade verkleiden. Eisenträger im Keller lackieren. Torbogen neu aufmauern. Unterspannfolie im Dach erneuern.

Manche Punkte blieben so lange unerledigt auf der Liste stehen, dass ich irgendwann nicht mehr wusste, was sie bedeuteten. Zum Beispiel: Flur Acryl auf Leisten wegen Fasern und Türrahmen überall. Ich weiß wirklich nicht mehr, was das meinte. Tatsächlich war das Stehenlassen auf der Liste ein guter Ansatz. Je länger die Punkte stehenblieben, umso weniger dringlich wurden sie. Am Ende löste ich die meisten Probleme beim Bau, indem ich sie ignorierte.

Normalerweise verschieben wir Dinge, die wir heute erledigen sollten, auf morgen und bereuen dann morgen, dass wir sie heute nicht erledigt haben. Ich habe einen anderen Vorschlag. Erledigen Sie heute nichts. Verschieben Sie es auf morgen. Verschieben Sie es dann um einen weiteren Tag. Irgendwann wird sich Ihr Tun von allein erledigt haben. Glauben Sie mir. Ich kenne mich aus. Statt den Hof zu renovieren, stellte ich eine Holzbank aufs Grundstücksende. Auf ihr verbringe ich meine Tage.

Wenn heute Wochenendtouristen vor meinem Hof stehen bleiben und sich gegenseitig auf sogenannte Makel hinweisen, wenn ausgestreckte Finger auf Mauerlücken und durchscheinende Dachsparren zeigen, dann möchte ich mich manchmal aus dem Fenster lehnen und fragen, ob sie auch die undichten Fenster bemerkt hätten und den Riss unter dem Stahlanker am Dach, und ob sie auch wüssten, wie glücklich ich mit all diesen Mängeln bin. Ohne meinen Hof wäre ich niemals so schnell so erfolgreich im Nichtstun geworden. Ohne meinen Hof würde ich noch heute glauben, ein Provisorium sei ein Notbehelf, dabei ist ein gutes Provisorium weit mehr, nämlich ewig und zeitlos und auf dem besten Weg in die Beständigkeit. Mein Hof ist mein Hirte. So soll es sein.

Ein letzter Rest Würde

Nichtstun ist schön, können Sie sich aber zeitlich nicht leisten? Sie haben eine Familie, einen Freundeskreis, einen Job? Um nichts zu tun, müssten Sie Ihr Leben so radikal umstellen, dass von dem bisherigen nicht viel übrig bliebe? Und dann, wenn Sie nichtstuend auf der Bank säßen, vermissten Sie dann nicht all das, was Sie heute noch tun? Ist Nichtstun nicht verfrühte Vorbereitung aufs Ende? Alles richtig. Und alles falsch.

Auch ich dachte, ich müsste meine Lebensumstände ändern, indem ich einen Hof kaufe, auf dem gelingendes Nichtstun erst möglich sei. Der Irrtum war brutal, trieb meine Freundin beinahe zur Trennung und mich beinahe zur Trunksucht. Man muss nichts schaffen, um nichts zu tun, man muss allenfalls etwas weglassen. Nichtstun bedeutet, das Aufgeblähte abzukürzen und sich wie am Ausgabeschacht eines geknackten Spielautomaten zu freuen, wie der Ertrag von alleine herausströmt, nicht in Form silberner Münzen, sondern in Form von unendlich viel freier Zeit.

Nichtstun ist weniger eine unterlassene Handlung als eine verinnerlichte Haltung, die noch dann weiterhilft, wenn man gerade besonders viel zu tun hat. Selbst, wenn man gefangen ist, morgens in der Eile, abends am Kinderbett, ist Nichtstun der einzig gangbare Weg, sich selbst zu befreien. Selbst wenn ich als Vater Kinderlieder im Falsett anstimme, ist Nichtstun noch der beste Weg, einen letzten Rest Würde zu bewahren. Nichtstun heißt nicht, dass ich nicht singe, Nichtstun heißt, dass ich zufrieden damit bin, außer dem Singen nichts anderes zu tun.

Es ist nichts künstlich aufzubauen für ein gelingendes Nichtstun, es genügt, die bestehenden Muster zu schleifen. Man muss nicht die Lebensumstände verändern, sondern den Blick, den man auf sie wirft. Statt mehr zu arbeiten, um mehr Freiräume zu genießen, genieße ich die Freiräume, die sich auftun, wenn ich weniger arbeite. Statt viel zu verdienen, um weit zu kommen, verdiene ich lieber wenig und bleibe vor Ort. Wer nichts tut, tut vor allem eines. Wer nichts tut, kürzt ab. Wer nichts tun will, darf niemals Dinge kaufen, die helfen sollen, Zeit einzusparen, denn diese Dinge werden Zeit niemals einsparen, sondern allenfalls einfordern, ganz gleich, ob es sich um einen bald reparaturbedürftigen Staubsauger handelt oder um einen insektizidbelasteten, märkischen Hof. Nichtstun erfordert tatsächlich einfach nur nichts.

Seien Sie gern leidenschaftlich beim Nichtstun, und genießen Sie, was Sie nicht tun, in vollen Zügen, freuen Sie sich schon heute auf das, was Sie morgen nicht tun werden, erstellen Sie praktische Listen mit allem, was Sie nicht getan haben, und rechtfertigen Sie sich nie für das, was Sie nicht tun wollen, vollbringen Sie Heldentaten am besten, indem Sie keine begehen, tun Sie bitte besonders da nichts, wo andere umso mehr tun, verweigern Sie jede Großtat und pflegen Sie stattdessen das Tatensparen, denn auf guten Rat folgt niemals eine Tat.

Markieren Sie ruhig im Kalender, was Sie nicht getan haben, reißen Sie Seiten aus Ihrem Tagebuch, oder lassen Sie abends Revue passieren, was Sie tags unterlassen haben, stecken Sie einmal ab, was Sie morgen nicht tun wollen, seien Sie offen, und lassen Sie jederzeit zu, dass Sie die Tatenlosigkeit überkommt, beglückwünschen Sie sich, wenn Sie den Bus verpassen oder an der Kasse in der längsten Schlange stehen, wieder haben Sie Zeit gewonnen, gar nichts zu tun.

Scheuen Sie sich durchaus nicht, aufzuschreiben, was Sie bis zum dreißigsten, fünfzigsten, fünfundsechzigsten Lebensjahr nicht erreicht haben wollen, stellen Sie gern zusammen, was Sie nicht hören, nicht lesen und niemals ausprobieren wollen, nutzen Sie Silvester, um das kommende Jahr in absolut umfassender Tatenlosigkeit zu verplanen, lassen Sie sich durch Momente, in denen Sie doch einmal zu Tätigkeit verdammt sind, nicht entmutigen, es kommen tatenlosere Zeiten, seien Sie stolz, wenn Ihre Biographie kurz ausfällt.

Werden Sie tätlich, wenn man Sie tätig sehen will, behalten Sie in guter Erinnerung, was Sie nicht getan haben, und wenn sich wirklich nicht vermeiden lässt, etwas nicht zu tun, dann achten Sie möglichst darauf, es wenigstens nicht zu beenden, lernen Sie Kompromisse und Provisorien zu schätzen, pflanzen Sie keine Frühlingsblumen, die landen im Herbst doch nur auf dem Kompost, schippen Sie lieber keinen Schnee, er wird von alleine schmelzen, machen Sie einen guten Wein auf, wenn Ihnen das Nichtstun einmal besonders gelungen ist, schauen Sie ins Kaminfeuer, und legen Sie mehrere Stunden am Stück die Beine hoch.

Vor Tagen, an denen Sie ausgiebig nichts tun werden, achten Sie bitte auf ausreichend Schlaf, essen Sie gesund und nicht zu spät, gehen Sie immer wieder im Detail durch, was Sie nicht tun werden, damit Sie dann, wenn es darauf ankommt, nicht versehentlich doch etwas tun, haben Sie immer Traubenzucker in Reichweite, wenn Sie nicht gefordert sind, nutzen Sie für eine erste Gliederung des zu bewältigenden Nichtstuns gern ein Büro mit Flipchart, weihen Sie Freunde ein, wenn Sie nichts tun, damit diese Sie an Ihrer Tatenlosigkeit messen können, seien Sie kreativ im Benennen dessen, was Sie nicht tun oder, besser noch, benennen Sie gar nichts, vergessen Sie alle Regeln sofort wieder, und befolgen Sie bitte nur eine: Tun Sie in jedem Fall nichts.

Und Schluss

Es würde mich glücklich machen, wenn der Kauf dieses Buches der einzige Umweg ist, den Sie gehen müssen, um zu gelingendem Nichtstun zu finden. Wenn ich alle weiteren Umwege stellvertretend für Sie gegangen wäre, würde das meinen Umwegen im Nachhinein Sinn verleihen. Studieren Sie bitte nicht. Kaufen Sie keinen Hof. Ziehen Sie nicht aufs Land. Bleiben Sie einfach, wo Sie sind. Seien Sie glücklich mit oder ohne Kind, mit oder ohne Partner. Schaffen Sie keine

Rahmenbedingungen fürs Nichtstun, sprengen Sie lieber durch Nichtstun den Rahmen. Setzen Sie sich unter einen Birnbaum oder auch nur ins nächste Wartezimmer, es ist nicht von geringster Bedeutung. Für gelingendes Nichtstun ist niemand verantwortlich außer Ihnen selbst.

Das Schöne am Nichtstun ist, dass Sie noch heute, gleich nachdem Sie dieses Kapitel beendet haben, mit dem Nichtstun beginnen können. Sie benötigen kein Instrumentarium, keine Hilfestellung, kein Geld. Selbst wenn Sie gerade an Ihrem Arbeitsplatz sitzen und diese Zeilen heimlich lesen müssen, führt ausschließlich Nichtstun aus Ihrem Dilemma. Wie Sie nun wissen, heißt das nicht, dass Sie nicht mehr arbeiten müssen, es heißt zunächst einmal nur, dass Sie zufrieden mit Ihrer Arbeit sind. Wenn Sie nicht aufhören können zu arbeiten, dann arbeiten Sie eben weiter, das ist doch nicht schlimm. (Hauptsache, Sie steigen nicht auf.)

Nichtstun ist kein geschlossenes System und keine Ideologie. Auch Teillösungen sind immer willkommen, auch erste Ansätze, auch Nichtstun als Irrtum und Versuch. Ausnahmslos jedes Nichtstun ist willkommen, sei es noch so überschaubar und lückenhaft. Auch eher bescheidene Tatenlosigkeit hilft mit, ein erfolgreiches Wirtschaften zu verhindern. Nichtstun produziert nichts und konsumiert nichts. Es fährt keinen Geländewagen und liegt nicht in Tunesien am Strand. Es macht den ganzen Quatsch einfach nicht mit.

Nichtstun ist ein Vorhaben fürs Leben, und so bleibt Ihnen zur Kündigung noch viel Zeit. Lernen Sie bis dahin den Stillstand in allen Facetten neu schätzen. Genießen Sie, sich zurückzulehnen und sitzen zu bleiben. Seien Sie stolz auf alles, was Sie unterlassen, und wenn es nur eine Nichtigkeit ist.

Schöpfen Sie aus den Untergangsszenarien der Zukunft neue Hoffnung, aus entvölkerten Landstrichen und dem Versiegen von Kohle, von Gas und von Öl. Auch wenn es bis dahin noch dauert: Je größer die zivilisatorische Klatsche, desto nachhaltiger das Nichtstun, das darauf folgt. Es ist die brachialere Lösung. Aber so herum geht es auch.

Wenn Sie Ihren Ehrgeiz noch nicht für immer verabschieden mögen, dann verwenden Sie ihn bitte darauf, nichts zu tun. Und wenn Sie unbedingt etwas tun möchten, dann schenken Sie dieses Buch gern all denen, die fleißig sind. Nicht, um mich reich, sondern um die Fleißigen glücklich zu machen. Haben Sie Nachsicht mit den Fleißigen, auch wenn Ihnen der Fleiß komisch vorkommt. Helfen Sie den Fleißigen aus ihrem Fleiß heraus. Kopieren Sie dieses Buch, wenn Sie für seinen Erwerb nicht arbeiten möchten. Laden Sie es illegal aus dem Internet. Es geht hier nicht um ein paar lausige Tantiemen. Es geht hier um die Rettung der Welt.

Ich danke Suskia, Selma, Florian, Peter, sowie Gérard, Edita, Bernd, Monika, Mandy, Ralf, Regina, Oskar, Ina, Mario und allen anderen märkischen Nachbarn.

Maike van den Boom
Wo gehts denn hier zum Glück?
Meine Reise durch die 13 glücklichsten Länder der Welt
und was wir von ihnen lernen können
352 Seiten. Gebunden

Maike van den Boom reist in die 13 glücklichsten Länder der Welt. Von Australien über Panama bis Island entdeckt sie einen anderen Umgang mit der Zeit, mehr Vertrauen, Respekt, mehr Konsens, mehr Gelassenheit und Humor, einfach ein unerschütterliches Wir-Gefühl.

»Wenn Sie möchten, dass das Glück länger bei Ihnen verweilt als nur auf eine Tasse Kaffee, dann bieten Sie ihm etwas mehr an als fünf Minuten Pause, eine Woche Urlaub oder zwei Mal wöchentlich Sport. Die Menschen in den glücklichsten Ländern der Welt haben mir gezeigt, wie wir das Glück dazu überreden können, unser Leben dauerhaft zu begleiten.«

fi 2-2297 / 1